领导力10堂课

从0到1培养赋能领导力

10 Leadership Workshops

Empower Your Leadership

沈小滨 著

中国法制出版社
CHINA LEGAL PUBLISHING HOUSE

前言

PREFACE

承蒙学员、朋友厚爱，建议我写一本关于领导力的书籍。作为专业的咨询顾问与培训师，为企业的中高管做领导力培训时经常面临一个困境：想给学员推荐阅读书籍，总是找不到合适的。上网一查，关于领导力的书籍可谓不少，但适用的却不多，而且以译著类作品居多，中国本土的领导力书籍较少。各种领导力的思想和流派，让人眼花缭乱，但感觉缺乏一本通俗的、适合企业中高管阅读的实用操作手册。于是下定决心，运用我 10 年的培训与教学经验，写一本适合企业中高管阅读的领导力书籍，力求直观、明了、实用性高、可阅读性强，而且尽量有趣。

我希望本书能回答下面这些领导力难题：

❖ 什么是领导力？站在领导者和被领导者的角度，领导力有什么不同？

❖ 为什么领导力越来越重要？我们如何学习和培养自己的领导力？

❖ 领导者要具备什么样的素质与能力？如何培养和提升自我素质

与能力？

❖ 领导力有什么样的不同风格？不同领导力风格的影响是什么？

❖ 如何提升个人、团队与组织的领导力？提升领导力的路径与方法是什么？

❖ 如何实施因人而异的高效情景领导？

❖ 领导与管理的区别是什么？如何成为一名优秀的领导者？

❖ 不同的领导力大师与流派有哪些？他们的核心观点是什么……

如何与众不同，我想到三个定位：

第一，化繁为简。这是一个信息爆炸的时代，极简是更好的选择，因此，这本书的第一个定位，就是简单一点、敏捷一点和通俗一点。敏捷的更易学习，通俗的更好理解，简单的更好应用。

第二，图形化、表格化。一图胜过万言，我尽量发挥咨询师的“PPT 天赋”，把一些领导力的理论，通过图表的方式让其更简洁、更直观、更富逻辑地呈现出来，让读者更容易抓住核心要点。

第三，案例化。理论思想很重要，配上这个时代的最新案例，帮助读者更好地学习和理解领导力，期待更多的学以致用和实战结合。

全书通过领导力的 10 堂课，聚焦领导力的本质、特质行为、素质与能力、权力与责任、行为风格、角色胜任、领导力修炼、领导者的战略思维、高效情景领导和十大领导力流派 10 个方面，为企业的中高管、新任经理人、后备干部、领导力培训师和领导力的学习者，提供一套敏捷的领导力框架和一条清晰的领导力提升路线图。

全书采用三段论的思维逻辑，首先回答 Why（为什么），其次回答 What（是什么），最后回答 How（如何做），抽丝剥茧，通过理论、案例和图表的方式，讲述一个一个的领导力故事。

10 年磨一剑。我为企业中高管讲了 10 年的领导力课程，出版和翻译了 10 多本领导力方面的著作，注册了 10 门领导力的版权课程，期待我用心写的这本书，能够成为你学习领导力、提升领导力的一个催化剂，帮助你从优秀走向卓越。

北京知行韬略管理咨询有限责任公司首席管理顾问

沈小滨于北京

目录

CONTENTS

第三课　领导者的权力与责任

第四课　领导者的素质与能力

第五课　领导者的角色胜任

第六课 领导力的行为风格与特征

第七课 领导力的艺术：因人而异的高效情景领导

第八课 领导力修炼之旅：从优秀到卓越

第九课　领导力的“色”与“戒”：管理与领导到底有什么区别

第十课　十大著名领导力导师及其核心观点

10 Leadership Workshops
Empower Your Leadership

第一课

VUCA 时代，呼唤领导力

领导力的时代需求

鲍勃·约翰森（Bob Johansen）在《领导者决定未来》一书中指出，世界正在急剧地变化，我们正处在一个动荡的（Volatile）、不确定的（Uncertain）、复杂的（Complex）、模糊的（Ambiguous）VUCA 世界中。

如何应对 VUCA 世界的挑战？如何减少不确定性带来的恐惧感？如何应对动荡环境的冲击甚至颠覆？如何在一个不确定的时代，制定一个确定的战略？如何在目标不清晰的时候，达成目标？如何在目标变动的时候，学会跟踪目标、锁定目标，打好移动靶？这是我们今天所面临的真实挑战。环境越是动荡，越需要领导者；方向越是不确定，越需要快速的学习能力；通往未来的道路越复杂，越需要领导者的导航。VUCA 时代，我们真的需要卓尔不群的领导者。

事实上，美国著名的领导力研究机构 CCL（Creative Center of Leadership，即创新领导力中心）认为，VUCA 这个词已不能完全反映我们这个时代所面临的挑战，他们创建了一个新词——RUPT（Rapid，急速的；Unpredictable，莫测的；Paradoxical，矛盾的；Tangled，错综复杂的）。从 VUCA 到 RUPT，领导者所面临的挑战更为艰巨。

一个急速发展的、变幻莫测的、相互矛盾的、众多问题交织在一起的新世界，需要新的领导力，需要更多的领导者，需要领导者在复杂环境中撬动相生相克的“两仪”，在矛盾中生存，在对立中统一。时代正在呼唤新的领导者！

21 世纪是领导力的时代

为什么说 21 世纪是一个领导力的时代？因为这是一个知识经济的时代，知识型员工越来越多，他们对领导力的要求也越来越高。管理知识型员工与管理蓝领员工有很大的不同。知识型员工的特点是，员工往往比管理者对工作了解得更多，比管理者更专业，比管理者更了解如何做好工作和完成任务，这就要求管理者放弃传统的指令模式，更多地采用授权与信任，从微观领导转型为宏观指导。例如，开发一款软件，设计一个有创意的 H5 页面，这些与管理生产线上的装配工就有很大的不同。管理蓝领工人，可以将流程固化，但管理软件开发等人员，却不能这样做，它需要更多的激励和授权。

几年前，我看过一本书中有这样一段话，让我印象深刻：我们可以把一匹马牵到河边，但是我们却不能逼迫那匹马喝水。由此我想到今天的企业管理：我们可以聘用一个人，可以聘用一个人到一个固定的工作岗位，可以聘用一个人到一个固定的工作岗位让他做一份固定的工作，但我们聘用不了什么呢？我们聘用不了他的心，聘用不了他的大脑，聘用不了他的聪明才智，聘用不了他的创造性，聘用不了他的全身心投入。总之，聘用一个人的手和脚容易，但聘用一个人的心和大脑却很困难。这也是中国企业在当下转型、创新和升级中所面临的现实挑战。

管理知识型员工，需要更人性化的方式，需要更高超的领导艺术。

领导力不仅是一门科学，更是一门艺术。

21 世纪是一个快速变化的时代，快速变化的时代需要快速应对的行动力，需要快速决策的领导力。任正非的做法是，要让听得见炮声的人指挥。一名真正优秀的员工，不再是一个被动的执行者，同时还是一个主动的决策者。我们对一线员工的要求越来越高，领导力已不再是一个高高在上的权柄，领导力也需要深入一线，让员工也成为领导者。人人都是领导者，人人都有领导力，是这个时代的需求。员工越有领导力，企业越有竞争力。

领导力的不同定义

有“世界第一 CEO”美誉的杰克 · 韦尔奇说：对企业而言，领导力比战略更重要。杰出的领导者能够改变世界，改变历史，把企业带向成功。华为也好，阿里巴巴也好，腾讯也好，都有伟大的领导者。企业可以没有产品，没有技术，没有市场，没有客户，却不能没有领导力。

管理大师德鲁克说：领导者是拥有追随者的人，没有追随者就没有领导者。德鲁克对领导力的定义是：所谓领导力，就是要将人们的愿景提高到一个更高的境界，将人们的绩效提高到一个更高的标准，将人们的个性发挥到极致。在德鲁克的眼中，管理是一门博雅艺术，领导力则是这门博雅艺术中的催化剂。

德国军事理论家和军事历史学家、近代西方军事战略学的奠基人克劳塞维茨在《战争论》中有一段非常著名的话：要在茫茫的黑暗中，发出生命的微光，带领着队伍走向胜利。这就是英雄，英雄就是在关键时刻凸显出来的。这里的英雄，就是今天的领导者。

美国第六任总统约翰 · 昆西 · 亚当斯说：如果你的行为能激励他人梦想更多、学习更多、行动更多、成就更多，那么你就是一个领导者。

长征是震惊世界的伟大壮举。毛泽东在《论反对日本帝国主义的策略》一文中写道："长征是历史记录上的第一次，长征是宣言书，长征是宣传队，长征是播种机。"长征是中国共产党人拥有领导力的最好体现。所谓领导力，就是要带人们去他们原本不想去的地方；所谓领导力，就是要带人们去做他们原本不想去做的事情。

10 Leadership Workshops Empower Your Leadership

第二课

重新定义领导力

领导力的历史源远流长，德鲁克最喜欢的领导力角色是古希腊的军队领导者色诺芬。英国著名的领导力大师约翰·阿代尔则写了一本《孔子论领导力》，并认为孔子是世界上第一位关于领导力的伟大导师，这可以算得上是中国最早的领导力人物。

领导力是一个外来词，英文的 Leadership 由“Leader”+“ship”组成。所谓领导力，其本质是由领导者衍生出来的某些特性与特质。在英文中，除了 Leadership，还有一些后缀加“ship”的词汇，如 Friendship、Craftmanship，可以让我们更好地理解什么是领导力。“Friend”+“ship”指的是朋友之间的友谊；“Craftman”+“ship”指的是工匠精神。由此我们可以发现，“ship”这个后缀是对一个角色所应具备的素质能力的抽象概括。因此，在这种意义上，Leadership 一词，翻译成领导力，其本义是指领导者之道、领导力之道。清华大学的杨斌教授，秉持的就是这样一种观点。

在网上搜索关于领导力的定义，各路流派、大师不胜枚举。于是有人感慨，有多少人对领导力感兴趣，有多少人试图定义领导力，就有多少种关于领导力的定义。到底什么是领导力？如何定义领导力？领导力做些什么？领导力的产出结果是什么？领导者需要什么样的素质与能力？如何赢得追随者？从不同的角度，我们可以对领导力有不同的定义。了解领导力的不同定义，其实是学习和认知领导力的一个过程，它帮助我们打开视角，更好地理解领导力的本质。

库泽斯和波斯纳的领导力观

在众多的领导力定义中，我最喜欢库泽斯和波斯纳关于领导力的定义。他们在《领导力》一书中提出，所谓领导力就是“动员大家为了共同的愿景而努力奋斗的艺术”。细细品味这句话，可以从中找出三个主题词，一个是动员，一个是愿景，还有一个是艺术。

第一个主题词是动员，就是发动的意思、鼓舞的意思。在现实生活中，我们见过很多动员的场景。在动员的时候，领导讲什么？如果动员的时候我们讲：“同志们，红包都给你们准备好了，你们向前冲吧！”你会不会感觉把一件特别神圣的事情给做低了。动员的时候，人们总是会讲一些崇高的东西，往往是那些我们愿意用生命去换的、比金钱和生命更重要的东西。领导者是否会做动员，是区分领导者是否优秀的一个标志。

第二个主题词是愿景。什么是愿景呢？愿景就是未来要达成的那个目标。人不仅是活在当下的，也是活在未来的。哀莫大于心死，一个没有愿景目标的人，生活就会缺少一些意义。如何创建愿景、如何共启愿景，是领导者特别重要的一项能力。

第三个主题词是艺术。库泽斯和波斯纳二位大师把领导力定义为一种艺术。领导力到底是科学还是艺术？科学和艺术有什么不同呢？我们说，牛顿三大定律是科学，爱因斯坦的相对论也是科学。科学有什么特点呢？就是具有普遍适用性。那么艺术呢？艺术就不具备这一特性。比如，有人认为美的东西，另外一些人则可能认为丑，凡·高的向日葵和毕加索的金发缪斯也并不是每一个人都欣赏得了的。领导力是一门艺术的意思是说，领导力并不具有普适性，并不是在任何场景都通用的方法。比如，领导张三的方式并不一定能领导好李四；更特别的是，今天领导张三有效的方式，明天并不一定适用。这就是领导力的艺术性。领导力的艺术就在于，它是因人而异、因事而异、因环境而异的。

但领导力不仅仅只有艺术性。领导力是一门艺术，同时也具有科学性。领导力的行为是可以学习的，领导力的学习是有一套流程的，这些都是领导力的科学部分。总之，更普遍的共识是，领导力既是一门科学，也是一门艺术。

我的领导力观：一个中心、两个基本点

物理学上的力是一种相互作用，力的属性有大小、方向和作用点。我们借用物理学上的概念，就领导力而言，其也是一种相互作用，是领导者与被领导者之间的相互作用，领导力也有大小、方向和作用点。影响领导力的因素，我们把它叫作领导环境。由此，可以构建一个领导力的基本模型，即一个中心、两个基本点。一个中心是以环境为中心，两个基本点是领导者和被领导者，如图 2-1：

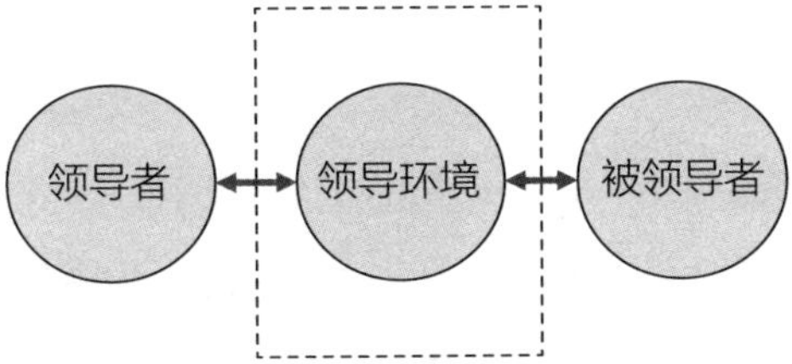

图 2-1 领导力基本模型

到底什么是领导力？所谓领导力，站在领导者的角度，就是领导者对被领导者的影响力，我们将其公式化表达为：

领导力 = 影响力

你影响的人越多，影响的程度越高，影响的时间越长，就说明你的领导力越大。

站在被领导者的角度，什么是领导力呢？所谓领导力，就是被领导者对领导者的追随力。给一个公式，就是：

领导力 = 追随力

为了更清晰地表达领导力的属性，我们需要在追随力的前面加一个定语，也就是“自愿的”，领导力是自愿的追随力。追随你的人越多，追随的意愿和行动越强烈，就说明你的领导力越强。

▸ 影响力因子

领导者凭什么影响被领导者？涉及的因素众多。在众多的影响力因子中，对不同的人，影响力因子不同。哪一个因子影响力最大，排在第一位的是什么，对不同的被领导者是否不同，这是领导力艺术的一部分。

▸ 追随力因子

从追随者的角度看，被领导者凭什么追随领导者呢？权力、金钱、能力、威信、人格魅力，都有可能是追随力因子。影响追随力的因素也有很多，对不同的人或不同的事情，追随力因子会因人因事而变化。如何清晰地了解追随者喜欢什么，需要什么，排在第一位的追随力因子是什么，也是考验领导者的魅力所在。

▸ 领导力的环境因素

领导者和被领导者之间是如何发生关系的呢？一个路人甲，一个路人乙，是不可能构成领导者和被领导者之间的关系的。沃伦·本尼斯说：“说到根本，领导力只涉及三样东西，一是领导者，一是追随者，还有一个共同的目标。”因此，领导者和被领导者若要发生关系，需要一个共同的目标。共同的目标是领导力的基础。

影响力因子也好，追随力因子也好，领导力的本质是一种关系。领导者和被领导者的关系至少涉及如下几个方面：（1）关系的好坏；（2）信任度；（3）任务的属性；（4）对目标的认同。领导力如何发挥作用以及作用的大小，需要考虑上述的环境因素。

关于领导力的另外七种经典定义

- ▸ 斯多格迪尔（Stogdill，1948）：领导力是对一个组织起来的团体，为确立目标和实现目标所施加影响的过程。
- ▸ 达夫特（Daft，2008）：领导力是在领导者和追随者之间产生影响力的一种关系。
- ▸ 安东纳基斯（Antonakis，2012）：领导是一个影响他人的过程。
- ▸ 麦克斯韦尔（Maxwell，2011）：领导力即影响力。
- ▸ 泰瑞（Terry，1971）：领导力是影响人们达成群体目标而努力的一种行为。
- ▸ 巴斯（Bass，1990）：领导力是领导者影响追随者实现目标的过程。

- 罗宾斯（Robbins，2011）：领导力是影响一个群体实现愿景或目标的能力。

领导力的本质内涵与应用发展

领导力的发展历史源远流长，比管理这门学科更早。西方最早的领导力历史，可以追溯到圣经故事中的《出埃及记》；中国的领导力历史，则可以追溯到孔老夫子的《论语》。英国著名的领导力大师约翰·阿代尔专门写了一本《孔子论领导力》。现代管理之父彼得·德鲁克则认为："第一部系统论述领导力的著作是《居鲁士的教育》，其作者色诺芬本人就是卓越的领导者，该书至今仍是这方面的最佳著作。"

近代领导力的发展历程，有如下一些代表性人物，他们从不同的角度对领导力的发展做出了贡献，他们的观点可以帮助我们更好地理解领导力的发展历程，以及更好地学习和应用领导力。

- 英国历史学家托马斯·卡莱尔（Thomas Carlyle）撰写了《论历史上的英雄、英雄崇拜和英雄业绩》，人物包括帝王、先知、教士、诗人、文学家等，提出了英雄的特质论，他崇拜的英雄是腓特烈大帝。
- 英国科学家、探险家、进化论的提出者达尔文的表弟弗朗西斯·高尔顿（Francis Galton）是最早的优生学提出者，著有《遗传的天才》一书，他指出，领导力的品质具有天生和遗传特性，是优秀人的专属特质。
- 美国心理学家、人格心理学家、人本心理学先驱奥尔波特（Gordon Willard Allport）系统地提出了人格特质理论，并把它分为两类，一类是共同特质，另一类是个人特质。

- 巴纳德（Barnard）在《经理人员的职能》一书中，系统论述了领导者最重要的特质。
- 考利（Cowley）、斯多格迪尔（Stogdill）专注领导力特质研究，做了一个著名的领导力项目，研究了163项特质，得出的结论是某些行为特质确实与高效领导有关。
- 勒温（Lewin）、利皮特（Lippitt）和怀特（White）作为社会心理学的先驱，提出了领导风格类型理论。其中关于“专制”和“民主”两种不同领导风格的实验表明，团体的凝聚力受领导者的工作作风的影响。一般而论，民主的小组更富有成果，内聚性较强，小组内成员对待领导的态度也较好，小组成员间的分歧干扰更少，民主小组在活动的创造性上相对也较高。与民主小组相比，专制小组在活动中不是更放肆就是更漠然，当小组领导不在时，会爆发出更放肆的行为。另外，在这个实验中，勒温等还发现一个奇怪且令人迷惑的现象，即从民主过渡到专制，要比从专制过渡到民主更容易一些。
- 斯多格迪尔（Stogdill）和沙特尔（Shartle）提出了领导行为可以按两个维度进行划分：制定规则和人文关怀。
- 费德勒（Fiedler）提出了费德勒模型，认为领导效果会受到多方面因素的影响，涉及领导者、成员关系、任务结构和职位权力的影响，等等。
- 赫塞（Hersey）和布兰查德（Blanchard）提出了情景领导理论，指出有效的领导要基于情景，因人而异，因事而异，因阶段而异。他们把领导力分为四种方式：授权、参与（教练）、说服（指导）、命令。
- 布莱克（Blake）和莫顿（Mouton）在情景领导四方格的基础上，

进一步提出了管理九方格理论。

- 豪斯（House）提出了路径—目标理论（Path–Goal theory）。该理论认为，领导者的工作不仅是让下属达到他们的目标，而且还要为下属提供必要的过程指导和支持，以确保个体的目标与组织的总体目标相一致。豪斯认为，有效的领导者，要在实现目标的过程中帮助下属，为下属清除工作中的障碍和危险，从而使下属工作得更为容易。
- 亚历山大·奥斯本（Alex Osborne），头脑风暴的创造者，提出了横向领导力（Lateral leadership）的概念及创新方法。
- 维克托·弗鲁姆（Victor H.Vroom）提出了领导力的期望理论，他认为对人的激发强度，取决于目标达成后，满足个人的需要的价值的大小。
- 葛伦（Glenn）提出了领导—成员交换理论，一个及时响应领导的下属，会得到领导的认可，变为“圈内人”。
- 豪斯（House）提出了领导魅力理论，一个自信且具有强掌控力和强说服力的人，显得更有领导魅力。
- 格林里夫（Greenleaf），提出了仆人式领导力，强调领导者要具有奉献和服务精神。
- 伯恩斯（Burns）提出了两种领导力类型，即变革型领导力和交易型领导力。
- 加巴罗（Gabarro）和科特（Kotter）指出，领导者要善于“管理老板”，即“向上管理”。
- 费舍尔（Fisher）和夏普（Sharp）论述了横向领导方式，通过目标、思考、计划、激励、反馈5个步骤凝聚人心，达成组织任务。
- 戈尔曼（Goleman）在情商和领导力之间做了大量的研究，提出了6种领导风格类型，分别是专制型（Coercive）、权威型

（Authoritative）、亲和型（Affiliative）、民主型（Democratic）、领跑型（Pace setting）、教练型（Coaching）。

- 博得斯基（Badowski）根据自身在 GE（美国通用电气公司）与韦尔奇相处的经验，总结了向上管理的 15 个要素。
- 斯滕伯格（Sternberg）作为美国心理学家，致力于教育领导力研究，提出了 WICS 理论，强调智慧（Wisdom）、智力（Intelligence）、创造力（Creativity）和综合能力（Synthesis）是领导力的核心要素。
- 路桑斯（Luthans）和阿弗里奥（Averid）提出了诚信领导力理论，强调自信、乐观、希望、回复力是一种积极心理资本。
- 约翰·安东纳基斯（John Antonakis），瑞士洛桑大学心理学家，提出了领导过程模型，认为领导者应该像美国前总统奥巴马那样，发挥自己的特质，善用巧妙的修辞来说服和鼓舞人们。他认为："精妙的说辞是一个聪明人既能发挥其聪明才智，又能为大众所理解的唯一途径。"
- 贝克（Baker）提出了节点社群的概念：互联网时代，每个人都是一个信息节点，都是领导力的一部分。人人都是领导者，人人都有领导力。分布式领导力是一个互联网时代的产物。

关于领导力的四个主要流派

有关领导力的理论很多，大致可以分为四种理论学派：早期的特质理论和之后的行为理论、情景理论和变革理论，如图 2-2 所示。按照时间的顺序，20 世纪 40 年代末，也就是领导理论出现的初期，研究者主要从事的是关于领导者的特质研究，研究的是一些伟大领袖式人物。比如，托马斯 · 杰弗逊、亚伯拉罕 · 林肯和甘地，形成了所谓的“伟人论”，其核心观点是：领导能力是天生的。20 世纪 40 年代末至 60 年代末，人们开始认识到领导力不仅是关于领导者的，而且也是关于被领导者的。领导力是一种关系，一种领导者与被领导者之间的关系，领导者的行为与风格对领导力有重大影响。20 世纪 60 年代末至 80 年代初，出现了情景领导力理论，其核心观点是：领导力是与情景有关的，在一种情景下有效的领导，在另一种情景下可能无效，有效的领导需要考虑不同情景的影响。20 世纪 80 年代初开始，变革领导力成为研究的焦点，它对领导力的作用过程进行了广泛的研究，领导力的研究开始扩展到愿景和价值观，以及人的行为动机等方面。其核心观点是：有效的领导不仅是一种交易，还需要愿景、信仰和精神的力量，它们会对领导力产生重大的影响。

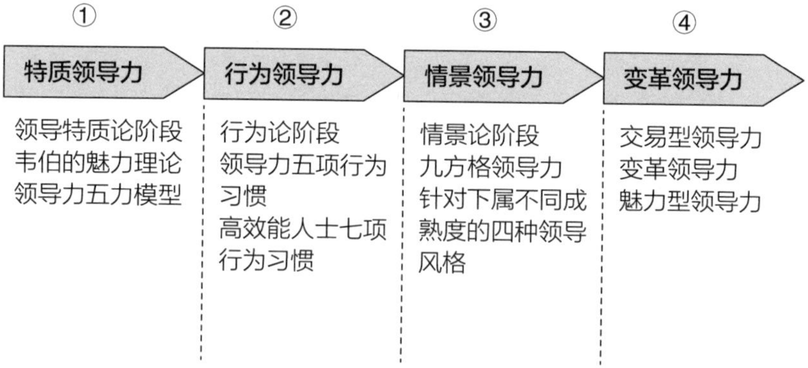

图 2-2　领导力的四大流派

10 Leadership Workshops Empower Your Leadership

第三课

领导者的权力与责任

领导者拥有什么样的权力？领导者的责任是什么？领导者的客户是谁？领导者要满足什么需求？并不容易回答。搞清楚领导者的权力与责任，有助于更好地发挥领导力。

领导力的三方面需求

为什么需要领导者？什么时候需要领导者？领导者要扮演的角色是什么？没有买卖，就没有伤害；没有需求，也就没有领导者的必要。从团队和组织的角度看，领导者的使命是因为团队需要领导者，因为团队有一个共同的目标或任务，人们期望领导者能够带领团队、帮助团队前进，不仅推进团队成员之间的合作，还要关心团队成员每一个人的需求，把大家凝聚起来，一起努力拼搏和奋斗，完成一己之力完成不了的任务。领导者的角色需求，可以用图 3-1 的三个圈来表示。

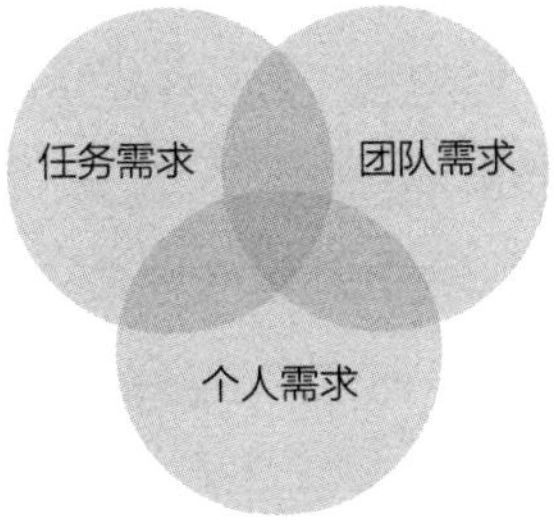

图 3-1 领导力的需求

在任务需求方面，人们期待领导者能够明晰项目的目标，做好项目的计划，监控项目的过程，达成预期的结果；在团队和个人需求方面，人们不仅期望能得到相应的物质回报，还要有精神的激励，包括在工作方面的认可和能力方面的提升。领导者扮演好自己的角色，发挥好自己的职责，使用好自己手中的权力，是领导者的责任与义务之所在。由此，我们可以说领导力首先是一种责任，其次是一种权力。

领导力要回答的四个根本问题

作为领导者，需要回答四个方面的核心问题。

▸ 凭什么让人追随你?

世界上没有无缘无故的爱，也没有无缘无故的恨。领导者在发挥领导力之前，必须回答“凭什么让人追随你？”这个问题。理由越充分，领导力的根基越牢固。

阿里巴巴的第二号人物蔡崇信，当年为什么愿意放弃 580 万元的年薪，选择拿 500 元的月薪跟马云创业？蔡崇信说，他做事看人。最初接触时，马云的一个举动让蔡崇信非常感动。

“我见过他们 18 个创始人，都是马云的学生，一群没出过国的人，但个个精力旺盛，龙精虎猛，感觉很奇特。我跟马云说，你把股东名单发给我，我给你注册公司，马云就发来了传真，18 个人都在上面。虽然他们都是马云的学生，但马云把他们看作创始人和伙伴。与同伴分享，这在创始人中可不常见，我就动心了。”

蔡崇信说：“跟谁干，很看重感觉，有没有操守，品格如何，值不值得信任，有没有友情。如果觉得对方会照看你，你就有纵身一跃的勇气。我绝对相信人的因素。”做事最重要的是，跟对人。一个人要追随你佩服的人，然后和他一起做事。如果你看不上你的领导或老板，你很难获得成功。

▸ 凭什么凝聚人心?

人心齐，泰山移。大家都懂得这个道理。但是人们性格各异，出身背景不同，诉求也不一样，领导者凭什么凝聚大家，让大家在目标上达成共识、在情感上产生共鸣、在合作中相互合作呢？把人凑在一起容易，把大家拧成一股绳很难。马云说，员工为什么离职？就两个原因：要么钱没给够；要么心受伤了。凝聚团队不仅需要物质，还需要精神。

2000 年，孙正义投资 2000 万美元入股阿里巴巴，占据 3/4 的股份。现在看来，孙正义是非常有眼光的，当时他已经投资了新浪和网易，但还是坚持在阿里巴巴上砸出大价钱。事后孙正义表示，是被马云的创业理念打动了。孙正义发现马云的创业合伙人多达 18 个，马云能说服 18 个人跟他一起创业并能均衡不同性格的合伙人，说明他的领导能力超强。实践证明孙正义的眼光相当厉害。

吴起是战国时期的著名军事家、常胜将军，著有《吴子兵法》一书，流传后世。吴起身为将军，却一点儿将军的架子都没有，吃穿都和士兵们一样，睡觉也随便找个地方就行，出行也不骑马，士兵都愿意跟他在一起。

一天，有个士兵长了个疮，吴起知道后，来看这个士兵。

吴起说："疮的脓必须吸出来，吸出来也就好了。"

吴起手下的人都知道，吴起又要亲自吸脓了。果然，吴起让士兵脱了衣服，然后自己俯下身去，用嘴对着疮，把脓给吸了出来。过了两天，士兵的疮好了。

其他的士兵都非常感动，去了这个士兵的家，对这个士兵的母亲诉说了此事。这个士兵的母亲听后，立即大哭了起来。

士兵们说："你的儿子只是个士兵，现在将军亲自给你儿子吸疮口的脓，你应当高兴、感谢，怎么倒哭起来了？"

这个士兵的母亲摇了摇头说："你们不知道，当年他父亲也曾长过疮，也是吴公亲自为他吸的脓，结果他爸爸作战不要命，最后战死了。现在吴公又吸我儿子的疮脓，我想儿子也快死了，因此才哭的。"

这一说大家都震动了。

凭什么凝聚人心，不仅要靠利益，还要靠人心。胜则举杯相庆容易，败则拼死相救困难。

▸ 凭什么激励人们？

美国管理学家贝雷尔森和斯坦尼尔给激励下的定义是："一切内心要争取的条件、希望、愿望、动力都构成了对人的激励。它是人类活动的一种内心状态。"人的一切行动都是由某种动机引起的，动机是一种精神状态，它对人的行动起激发、推动和加强的作用。领导者的一个重要作用，就是要做拉拉队队长，想尽一切办法激发团队的正面情绪，同时还要想尽一切办法消除团队的负面情绪。激发的背后，是对人性的把握。美国心理学家道格拉斯·麦格雷戈提出了XY理论，X理论认为：多数人天生懒惰，尽一切可能逃避工作；多数人没有抱负，宁愿被领导批评，也不愿承担责任，视个人安全高于一切；对多数人必须采取强迫命令，软硬兼施的管理措施。Y理论则相反，它认为，一般人并非天生厌恶工作，多数人愿意对工作负责，并有相当程度的想象力和创造才能，人们有爱的需要、尊重的需要和自我实现的需要。如何激励人心，是一门大学问。

我在培训中，经常问学员：能不能告诉大家，你上一次涨工资是什么时候？有人调侃地回答：老师，我们有好几年都没涨工资了。不满的情绪写在脸上，课堂里响起一片笑声。我接着问：你上一次涨完工资以后，高兴了几天？这个时候，课堂中的笑声更大了，期待着对方讲实话。学员回答：没有几天。有个别学员回答：一直到今天，都还很兴奋！这个时候，班里的笑声达到了高潮。

据大数据统计，人性使然，大多数人涨完工资以后，都高兴不了几天。如果有人到现在还激动，那一定是特殊人才，对这样的人，HR是一定要多多关照的。这样的人多半就是虚伪。这个调查告诉我们一个真相，工资是否增长，与一个人每一天、在每个项目中工作的积极性并没有直接的关系。请不要误会，我并没有说涨工资不重要。如果员工的薪资报酬长时间低于行业的平均水平，会发生什么呢？员工就会辞职，就会离开公司。这是自由人的正常选择，也是市场经济的法则。赫兹伯格著名的双因子理论，一个叫保健因子，另一个叫激励因子，讲的就是这个原理。员工的满意与不满意是两回事。员工的满意往往受到心理层面的因素影响，也就是所谓的激励因子，像工作的动机或成就感等。员工的不满意则往往受到物质层面的因素影响，称为保健因子，如拿多少薪水、工作环境如何等。员工期望找到一份好工作，工资高，事儿少，还要离家近，这就是保健因子，但并不一定让人在工作中有激情、有干劲、有创造性。激励人心，真的是一门大学问。

▸ 凭什么使众人行？

领导者如何让团队心往一处想，劲儿往一处使，创造出一个富有激情的、能打胜仗的团队呢？激励一个人难，激励一群人更难，长期激励一群人朝着一个目标努力，更是难上加难。华为真正的厉害之处在于，几十年如一日地坚持以客户为中心，以奋斗者为根本，指挥着千军万马，通过“利出一孔”，达成“力出一孔”。如何使众人行，考验着领导者的智慧。

法国工程师林格曼曾经设计了一个引人深思的拉绳实验：把测试者分成 1 人组、2 人组、3 人组和 8 人组。要求各组用尽全力拉绳，同时用灵敏的测力器分别测量其拉力。结果，2 人组的拉力只是单独拉绳时 2 人拉力总和的 95%；3 人组的拉力只是单独拉绳时 3 人拉力总和的 85%；而 8 人组的拉力则降到单独拉绳时 8 人拉力总和的 49%。

“拉绳实验”中出现的“1 + 1 < 2”的情况是一个非常有意思的社会现象，对团队的管理意义重大。为什么会出现这种现象呢？从物理学的角度看，只要大家的重心高度不一致，出力的方向不一致，节奏不一致，其合力就会打折扣。从管理学的角度看，一个人一旦加入一个组织，不管他愿意不愿意，都会对组织起到某种程度的破坏作用。因此，能一个人做的工作，最好不要安排两个人去做，除非组织有其他的目的，比如，因为分工、专业化或人才培养的需要。社会心理学家还有一

个解释，认为集体工作时存在一个普遍的问题，那就是“社会浪费”。

如何使众人行？如何提升拉绳的效率？参加过拔河比赛的人都知道，要想赢得比赛的胜利，有如下几项至关重要的因素：（1）团队领导，统一指挥；（2）组织协同与组织设计，例如，决策把胖子放在前面，还是后面；（3）节奏一致，大家一起喊口号；（4）大家齐心协力，110%付出；（5）相互信任，绝不轻言放弃……还有特别重要的一条，让拉拉队来现场，提升团队的士气。

权力与领导力

人们对领导力有太多的误解。领导者有权力，但有权力不一定就有领导力。人们喜欢权力甚过领导力。我们在课堂上，让大家做选择，喜欢要权力还是领导力，有领导调侃回答说：我们喜欢硬权力，那些伟大的领导力理论，还是给老师留着好。

德国社会学家马克斯·韦伯认为：“权力意味着在一定社会关系里，哪怕是遇到反对，也能贯彻自己意志的任何机会，不管这种机会建立在什么基础之上。”权力展现出的是一种对他人和团队的控制的力量，以及对资源的支配。从影响力的角度看，权力是可以影响人的，在这种意义上，权力是影响力的一部分。但是权力并不总是有效，有权力并不一定有领导力，因为权力是一种强制性的力量，至于他人心里是否真的愿意，是否真的服从，则是另外一回事。有的人身居高位，看似有很大的权力，却没有多少影响力，我们把这样的人叫作傀儡；有的人没有什么权力，但是他的影响力很大，比如，思想意见领袖。莎士比亚的戏剧《李尔王》中有一段台词，让我印象极其深刻：“在您的神气之间，有一种什么力量，使我愿意叫您做我的主人。”这才是真正的领导力！

权力是一剂猛药，效力很高，却容易让人上瘾。意大利的古典政治学家马基雅维利在《君主论》中指出：被畏惧远比被热爱好得多，也就是说更为有效。这是马基雅维利的权力观，一种统治阶级的权力思想。

权力是一把“双刃剑”，就像弹簧，哪里有压迫，哪里就有反抗。压迫越大，反抗越强。但是，权力同时也是领导者的一种资源，权力可以影响决策，权力可以控制过程，权力可以影响结果，权力甚至可以操纵思想。权力可以是有害的，权力也可以是一个中性的工具。优秀的领导者要注意权力的双面属性，学会正确地运用权力。

美国的社会心理学家约翰·弗伦奇和伯特伦·瑞文早在 20 世纪 50 年代就提出了关于权力的五种来源，分别是法定性权力（legitimate power）、强制性权力（coercive power）、奖惩性权力（reward power）、专家权力（expert power）和参照性权力（referent power）。我把这个模型稍做一点修改，把强制性权力与法定性权力合并在一起，增加一项个人魅力，形成一个新的权力的五种来源，请见图 3-2：

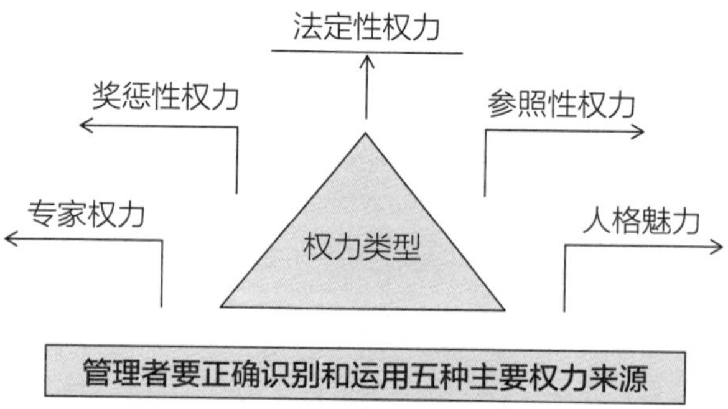

图 3-2　新权力来源模型

▸ 法定性权力

法定性权力来源于组织中的地位，基于组织的任命，如企业中的总经理、总监等。家族世袭的地位，也是一种法定性的权力。法定性权力是受组织保护的，拥有资源的支配权，同时具有一定的排他性。法定性权力如果用一句通俗的话来表达，就是可以发号施令。

法定性权力可以是长期的，也可以是短期的，或是临时的。比如，网络矩阵组织中的项目经理，其权力来自项目发起人签署的项目章程，授予其动用资源和管理项目团队的权力，项目结束后，其法定的权力也相应解除。

▸ 奖惩性权力

奖惩性权力包括奖励和惩罚两个方面，它是基于法定的或流程的权力，对他人实施物质与精神的奖励与惩罚，以达成领导者或组织的目标。如加薪、晋升、授予荣誉。好的奖惩不仅是指官位升迁等，还有表扬与批评，事实上，表扬与批评是所有领导者的一项重要权力。如何表扬，什么时候表扬，是公开表扬，还是私底下表扬，是领导力的一种艺术；反之，什么时候批评，是公开批评，还是私底下批评，也是领导力的一种艺术。

表扬和批评是公开的好，还是私下的好呢？这要因人而异，因事而异。一般来讲，表扬要公开为好，批评要私下里为好，但是也不尽然。什么样的批评需要公开，且公开后的效果更好呢？有一句成语，最能反映批评的艺术，叫作"项庄舞剑，意在沛公"。表扬也好，批评也好，有时不仅仅是冲着当事人去的，更多的还想警示其他人，帮助团队不犯类似的错误。因此，当批评涉及的是一个团体行为，公开比不公开要好。

表扬和批评，哪一个应该更多一些呢？在这方面，美国著名的市场调查公司盖洛普做过一个研究，提出了一个非常有意思的 PNR 公式，即表扬对批评的比例。

想象一下，一个好的团队，一个好的领导，对下属的表扬与批评的比例应该多少为好？有人说，2∶1；有人说 5∶1；还有人说 10∶1。盖洛普公司的建议是 3∶1 最好。当然，在这个方面，社会科学与自然科学不一样，不能那么教条地去理解。比如，表扬对批评的比例 4∶1 行吗？ 2∶1 行吗？答案是可以的。在这里，表扬对批评的比例，显然与团队的情况有关，比如，团队所在的行业、团队的发展阶段，以及企业的文化等。但盖洛普公司的 PNR 数据，有两个结论不能违反。其一，表扬必须多过批评；其二，不能只有表扬，没有批评。现实生活中，什么样的领导，只有表扬，没有批评呢？我们发现，往往是一些老好人，那些没有原则的领导者，才会只表扬，不批评。一个好的团队领导者，一定要学会和运用好 PNR 公式。

非常有意思的是，对于企业组织而言，盖洛普公司的建议是，表扬对批评的比例是 3∶1。企业是一个组织，那么家庭呢？家庭也是一个组织。PNR 的原理是否也可以应用于家庭呢？答案是肯定的，而且我们的建议是比例要更高，比如 5∶1。再进一步，对待家里的小朋友，其 PNR 比例与对待配偶相比，是更高，还是更低呢？没有绝对的标准答案，这与个体的不同情况有关，但据我们调查的大数据，绝大多数人的回答是，我们对待自己的小孩，表扬比例会比对待配偶更高一些。好孩子都是夸出来的，这是现代的教育理念。回想自己的童年，感觉这其实是一种社会的进步。

总之，运用奖惩性权力，需要因人而异，用俗语讲叫作“看人下菜碟”，不能搞“一刀切”。比如，给一个月薪只有几千块钱的生产线上的工人几百元钱的奖金，是很有激励作用的，但是拿来奖励一个年薪几十万元的公司高管，其作用则会微之甚微。

▸ 专家权力

专家权力指的是一个人是某个行业或专业领域的意见领袖，是技术上的权威，是大咖级的人物，人们在遇到专业问题时，都愿意倾听他的意见。专家权力与法定性权力相对应，它不需要依赖任何的职位和外在的任命，它的影响力来自个人，来自个人的专业可信度。在西方，专业人士往往是指一些值得羡慕的职业人员，如医生、律师、咨询师、理财师等。苏格拉底有一句名言：无论在什么情况下，人们总是愿意服从那些他们认为最棒的人。什么是最棒的人？当一个人生病的时候，会服从医生的指示；打官司的时候，愿意服从律师的意见。事实上，当我们下棋或做运动时，也最愿意听从教练或其他高手的建议。这便是专家的影响力。

在北京大学，当年有一个国宝级的老教授，他的名字叫季羡林。季老先生在北大没有行政职位权力，但是他的影响力很大。在北京大学，有众多这样的思想意见领袖，比如林毅夫教授、陈春花教授、周其仁教授等。在每个单位，都有一些像季羡林老先生这样的代表性人物，他们凭借其自身的专业能力，登高一呼，就能应者云集。所以，对搞技术的人、做专业的人来说，特别是年轻人，不要抱怨自己没有权力，指挥不了人。当下最重要的是学习，只要你够专业、够有水准，就会有人听从你的意见、服从你的指挥。

专业能力不仅表现在专业技能上，还表现在思想层面上。从影响力的时间维度，我们发现下面的社会规律非常有意思。什么样的人能影响世界 1000 年？圣人，如孔老夫子。什么样的人能影响世界 100 年？伟人，如毛泽东、邓小平。什么样的人能影响世界 10 年？那些知名的企业家和运动员，都可以做到这一点，如马云、马化腾、乔布斯、乔丹、科比。什么样的人能影响世界 1 年？什么样的人对这个世界没什么影响？不难发现，越物质的东西，影响的时间越短；越精神的东西，影响的时间越长。精神的力量是一种更高层次的影响力。

▸ 人格魅力

人格这个概念源于希腊语“Persona”，原来主要是指演员在舞台上戴的面具，类似于中国京剧中的脸谱，后来心理学借用这个术语来说明：在人生的大舞台上，人也会根据社会角色的不同来更换面具，这些面具就是人格的外在表现。面具后面还有一个实实在在的真我，即真实的自我，它可能和外在的面具截然不同。简言之，人格是一个人的显著的性格、特征、态度、行为习惯和内在价值观的有机结合。

魅力（Charisma）是一个古希腊词汇，有一些宗教色彩，意思是“上天赋予的才能”，能够显现神迹和预测未来。而魅力型领导力，则是由德国社会学家马克斯 · 韦伯提出的，认为魅力型领导具有一些天生的特质，能够对追随者产生深刻的影响，追随者愿意无条件地接受他们的使命和行动指示。

魅力的呈现有多个方面，可以是外在的，也可以是内在的。比如，我们可以说足球明星贝克 · 汉姆是有魅力的，玛丽莲 · 梦露是有魅力的，这更多源自他们的外貌，还有他们的球技和演技。对于一个普通人来说，一个人的魅力，除了外貌和高雅的气质，还有一个重要的因素，那就是谈吐能力。一个能说会道的人，一个幽默的人，一个在大众场合能够演讲并赢得喝彩的人，往往会被认为是有魅力的人。因此，在这种意义上，魅力也是可以训练的一种技能。就魅力而言，沟通与表达能力，对一个人的成功而言是至关重要的。

我在企业做培训时，经常有高管说，他们特别佩服自己的老板。为什么呢？只要老板一上台，讲三分钟的话，下面听讲的人都跟打了鸡血一般。这就是老板的个人魅力。

除了上面讲到的外在的魅力，还有内在的魅力，我们把它叫作人格魅力。从领导力的角度而言，人格魅力表现出来的最大特质是什么呢？

哥们儿、姐们儿一群人一起去吃饭，到结账的时候，我们发现，总会有人在正确的时间、正确的地点、做“正确”的事，他们不是去上厕所，就是去接电话。我们可以肯定地说，这样的人是没有魅力的。什么样的人有魅力呢？那些抢着结账的人，是有魅力的，但还不是最有魅力的。什么样的人最有魅力？是那些偷偷地去埋单同时还不说的人。一个低调谦逊的买单者！

这是生活中一个活生生的小案例。这个案例的背后却能够说明一个道理，那些自私自利、不愿意付出的人，很难成为有人格魅力的人。从人际关系的角度看，人格魅力的本质是不自私，是奉献。再进一步，比奉献更高的，那个词叫牺牲，这样的人是有魅力的。“奉献 + 牺牲”，让人变得更伟大，是人格魅力的本质。

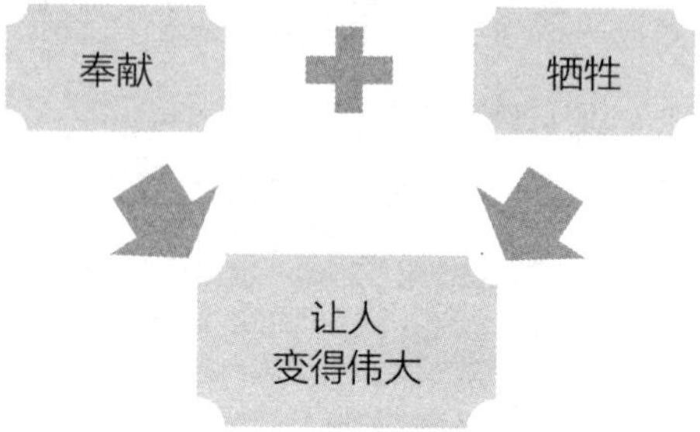

图3-3 人格魅力的本质

2006年张维迎竞选北大光华管理学院院长。想象一下当时的场景，在北京大学，一个讲民主和科学的地方，台下坐着的都是教授，张维迎讲一些什么，才能够赢得大家的认同和选票呢？讲政治？讲理想？还是讲愿景？讲这些在大的原则方面肯定都没有问题，但如果只讲这些东西，恐怕还赢得不了北大教授们的选票。张维迎讲什么最能打动北大教授的心？想象一下，假如你将来有这样竞选的机会，你会讲一些什么？这是真正考验一个人的时候。

当年，张维迎讲了三句话，就是这三句话，打动了北大光华管理学院的老教授们。

（1）任何时候，如果多数人不支持我，我马上辞职；

（2）任何时候，发现有人比张维迎做得更好，我马上辞职；

（3）任何时候，有任何证据证明张维迎做的任何一件事是出于私心，是利用院长的职位谋求私利，我马上辞职。

张维迎没有什么长篇大论，为什么三句话就打动了人心，是因为他表现出的人格魅力。

关于人格魅力，我最喜欢一名前南斯拉夫的阿尔巴尼亚人，一个印度的修女、诺贝尔和平奖获得者德兰修女的一段名言，堪称人格魅力的最佳典范。德兰修女说：

人们经常是不讲道理的、没有逻辑的和以自我为中心的，不管怎样，你仍然要原谅他们。

即使你很善良，人们可能会说你是自私的和动机不良，不管怎样，你仍然要善良。

当你取得成功，你会有一些虚假的朋友和一些真实的敌人，不管怎样，你还是要取得成功。

如果你诚实和坦率，人们可能会欺骗你，不管怎样，你还是要诚实和坦率。

你多年建造的一切，人们可能在一夜之间把它摧毁，不管怎样，你还是要去建造。

如果你找到了平静和幸福，人们可能会嫉妒你，不管怎样，你还是要快乐。

你今天所做的好事，人们可能在明天就会忘记，不管怎样，你还是要做好事。

你把你最好的东西给了这个世界，但是这个世界仍然觉得不够，不管怎样，你仍然要把你最好的东西给这个世界。

你看，说到底，这是你和上帝之间的事情，与其他人怎么说无关。

因此，人格魅力，更多的是关乎一个人的内在修为，是奉献，是牺牲，是让人变得伟大。

▸ 参照性权力

参照性权力（Reference Power），指的是一个人想要学习另外一个人，想把自己变成那个人的样子，比如邯郸学步。世界是我们的一面镜子，每个人都有自己的偶像，特别是青春年少的时候。如果一个人景仰另一个人到了要模仿他的行为和态度的地步，那么这个人对你就拥有了参照性的权力。名人、明星是众所瞩目的焦点，拥有大量的“追星族”。名人、明星具有较大的参照性权力，因此，企业往往会请电影明星、体育明星和社会名流来做广告，利用的就是参照性的权力，产生的是爱屋及乌的影响力。

我把参照性的权力做一些扩展，参照性的权力还可以用另外一个成语来表达，非常贴切、非常传神——狐假虎威。所谓参照性权力，是指借用他人的力量，来提升自己的影响力。越是在没有权力的情况下，一个好的领导者，一个优秀的经理人，越要懂得借用他人的力量。比如，一个好的项目经理，在项目开工启动会上，会做什么？项目启动会对一个项目的成功至关重要。有经验的项目经理，都非常重视项目的启动会。他们一定会请公司的老板或者其他有影响力的人参加项目的启动会，让他们讲几句话，哪怕只是待上几分钟都可以。

有一个关于参照性权力的真实故事，它说的是如何借用外部第三方的力量，如何向上领导、影响自己的上级，非常有意思。

一家大型制造企业要变革，请来了咨询公司为企业做业务流程重组，优化公司的内部运营管理流程，特别是要把原来分散在各个院所的项目统一到公司的 PMO（Project Management Office，项目管理办公室）进行集中统一管理。咨询公司设计完方案后，PMO根据老板的指示，按照咨询公司建议的方案，要求下面的部门执行和落地。战略设计是一回事，执行又是另一回事。咨询公司有个不成文的惯例，就是只做战略方案，一般都不参与战略的执行。他们往往是做完设计方案后，收完钱就走人。这也是中国企业咨询项目成功率不高的原因之一。

咨询公司的方案洋洋洒洒好几百页PPT，一切看起来都很专业，但实际操作起来就遇到了挑战。项目管理办公室按照咨询公司的建议推动变革，遇到重重阻力，根本推行不下去，理由各种各样，包括方案的不合理和资源不足等。于是，PMO负责人跟老板反馈问题与困难，老板当然很生气。老板参加过很多培训，还特别喜欢华为文化。他知道任正非当年学习IBM公司推行IPD（Integrated Product Development，集成产品开发）的故事，要先僵化，后固化，再优化。他把PMO的人狠狠地骂了一通，说他们的推行力度不够，要求他们无条件地执行，没有任何商量的余地。项目管理办公室的人很无奈，最后心生一计，首先认错，承认认识高度不够，然后提出了一个请求：老板，我们接受您的批评。我们的认识高度确实不够，您批评得对。可是这个项目管理方案，涉及的干系人很多，利益面很广，流程很复杂，我们过去都没有经验，能不能让咨询公司的人给我们再做一些专业的培训，帮助团队统一思想，更好地执行和落地。这样的请求，老板是不太可能拒绝的。

于是，项目管理办公室请来了咨询公司的人，把执行中的问题与困难一五一十地摆上了桌面。这一次，咨询公司不但没有给出答案，还讲了一段雷人的话：我们的意思不是这样的，你们的老板理解不到位。

接下来的事情会如何进行？咨询公司再次找到老板，解释了方案的来龙去脉以及约束的边界和条件，什么时候、什么条件以及如何推行这套方案更好。

最后的结局是老板做了让步，做了调整。项目管理办公室的一场危机也得以解除。

借力打力，也是一种领导力的生存技巧。有一些时候，特别是在自己缺乏影响力的时候，如何借助第三方的力量，借助外部的力量，借助客户的力量，达成领导力的目的，这既是一种技巧，也是一种艺术。

参照性的权力，是一种高级的影响力技巧，它可以来自老板，也可以来自客户、专家和第三方等。

执行力与领导力

中国的企业在过去是很少讲领导力的，只讲执行力。中国的老板们也都普遍认为，他们不缺领导力，缺的是中下层的执行力。大家对执行力情有独钟，开口闭口执行力，会上会下执行力，因为这样就可以推卸领导者的责任。万科的郁亮不愧为北大的高材生，他是中国大公司 CEO 中第一个站出来指责执行力的人，他认为“执行力的理念是上级推卸责任给下级很便捷的手段”。这是他在一次媒体见面会上的讲话，他甚至提及自己也不建议万科的同事看执行力方面的书。背后的原因不难理解，部下执行力差，往往是老板领导力弱的反映。

“执行力”一词的流行，始于拉姆·查兰的成名之作《执行》一书，中文版在 2003 年出版。翻开该书的第一页，上面赫然写着“献给杰克·韦尔奇，他是我们这个时代最杰出的执行者”的字样。当时的杰克·韦尔奇号称“世界第一CEO”。遗憾的是，在我校对这本书的时候，杰克·韦尔奇先生离我们而去了。谁为这本书写了序？是当时联想集团的柳传志，柳传志是那个时候“中国第一CEO”。柳传志在序言中写道：“有效的执行是需要领导者亲力亲为的系统过程，企业领导人只有将战略、人员与运营进行有效的结合，才能决定企业最终的成功。结合的关键则在执行。”至于作者本人，则开宗明义：“执行应当是一名领导者最重要的工作。”这样看来，对于企业的各级管理者来说，执行和领导几乎就是同义词了。事实上，执行力与领导力，是不同范畴的概念，在大多数情况下，当我们谈及执行力的时候，指的是下级对上级；而当我们谈论领导力的时候，指的则是上级对下级。这是执行力与领导力的一个不同之处。

在另外一个层面，执行力与领导力又密切相连。上级有领导力，下级才可能有执行力。领导力与执行力是呈正相关的关系。如果用一个公式，就可表述为：**下级的执行力＝上级的领导力。**一名领导者，可能既是下级，也是上级，因此，优秀的领导者既要有执行力，也要有领导力。

王总让刘会计做一个财务核算，周五提交。刘会计很认真，周五按时提交了报表，公司的营收情况及应收、应付账款等，也一目了然，但王总不满意。为什么呢？王总关注的重点是几个事业部和区域的营收情况，特别是与去年的对比，月度增减与趋势变化。由于王总没有交代清楚目标，导致刘会计没有提交上级想要的结果，这样的事情恐怕不是个案。

下级完成的工作，不是老板想要的，如果要追究责任，打谁的板子呢？

有人说要打老板的板子，有人说要打下属的板子，还有人说双方要各打50大板。这个问题我们分开来讲，一码事归一码事。从下属的角度看，一个好的下属，一个好的员工，做一件事的时候，如果把老板的意思理解歪了，一定是下属的错，一定要被打板子。一个好的下属应该怎么做呢？一定要问清楚老板：

> 老板，我复述一下您的要求，看我理解得对不对？
>
> 您的意思是……
>
> 您要求的重点是……
>
> 您期望我做的是……
>
> ……

如果这样与老板确认，出错的概率就会大大减少，可惜很多人不会这样做。

当然，对上级而言，一个好的领导，在交代一件重要的工作的时候，都不会给下属犯错误的机会。老板应该怎么做呢？图3-4的五步流程，是一个非常好的工作方法。

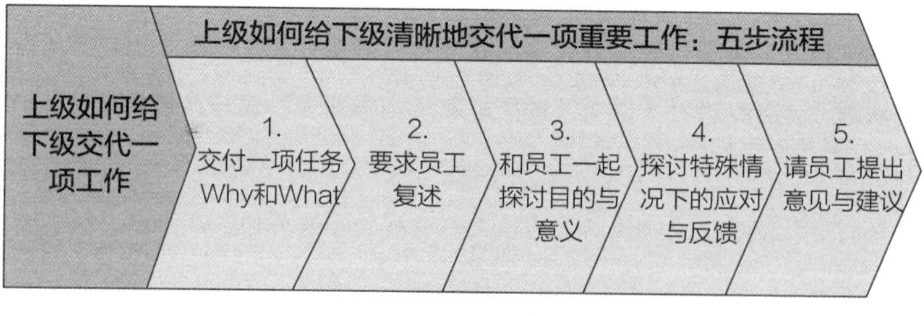

图3-4　任务布置的五步流程

上级给下属交代一件事情，除讲清楚工作的任务外，还要强调重点，好的领导还会强调意义。光单向地讲一遍还不够，一名有领导力的领导还会主动寻问，特别是对那些没有经验的、第一次安排的、容易出错误的重要事情。老板要问：

小刘，能不能请你复述一下，我刚才交代给你的工作：

工作的目标是什么？

工作的重点是什么？

需要注意的问题是什么？

我期望的报告格式是什么？

……

总之，当我们在强调下属的执行力时，也一定要强调上级的领导力。领导力与执行力，是一个手掌的两面。没有领导力，不可能有执行力，更不可能有好的结果。拉姆·查兰在《执行》一书中（请注意，是《执行》，不是《执行力》）指出了执行力不高的三个方面：

第一，公司的战略不清，方向不明，目标也不具体，造成执行力低下；

第二，公司的组织架构和流程问题，导致执行力低下；

第三，选人、用人不当，特别是上级不懂得培养人、训练人、赋能于人，造成执行力低下。

那些简单粗暴的执行力案例，如《把信送给加西亚》《没有任何借口》，不过是领导者推卸责任的借口，现在是该反思领导力的时候了。先有领导力，后有执行力，在知识经济的今天，在充满不确定性的时代，领导者有领导力，下属的执行力才会更靠谱。

追随力与领导力

什么是领导力？**领导力涉及三个方面的内容：领导者、被领导者与领导环境。**从领导者的角度看，就是领导者对被领导者的影响力。用一个公式，**即领导力 = 影响力**。如果你影响的人越多，影响的程度越大，你的领导力就越高。

从被领导者的角度看，领导力是被领导者对领导者的追随力，**即领导力 = 追随力**。本质上，领导力是人们对领导者的自愿追随力。

那么，凭什么让人们追随呢？权力、地位、金钱、能力、威信、人格魅力？影响追随力的因素有很多。从追随力的角度看，领导力的主角是追随者，而非领导者。追随者喜欢什么、需要什么？领导者做什么，人民群众才会追随？这是领导力真正的 DNA。

▸ 领导力五项实践和四大核心素质

领导力的唯一定义，就是要有人追随。那么，受人尊敬的领导者要具备什么样的素质与能力，才能赢得人们的追随？美国领导力大师詹姆斯 · M. 库泽斯和巴里 · Z. 波斯纳做了大量的实证研究，提出了令人信服的数据，在我翻译的《领导力》和《信誉》两本书中，分享了其研究成果。

首先，两位学者探寻个人最佳领导力的故事。他们询问各色各样的领导者，什么时候发挥了领导力？在那个最佳领导力时刻，他们做了什么？最终总结出了卓越领导者的五项行为实践，即以身作则、共启愿景、挑战现状、使众人行和激励人心（见图 3-5）。研究表明，卓越领导者的五项实践对下属工作的敬业度影响巨大：当领导者“非常频繁”

或“几乎总是”践行这五项行为时，95.8% 的直接下属在工作中持有很高的敬业度；当领导者“几乎没有”或者只是“偶尔”践行这五项行为时，只有 4.2% 的下属具有敬业度。

图 3-5 卓越领导者的五项行为实践

其次，库泽斯和波斯纳两位教授询问普通大众，受人尊敬的领导者应该具备什么样的素质与能力，才能赢得人们的追随。通过几十万份样本的数据统计，排在前四位的选项分别是诚实、有胜任力、能激励人、有前瞻性。其中有 84% 的人选择了诚实这一项，另外三项分别是 66%、66% 和 62%。

非常有意思的是，五项行为实践与四项素质与能力，彼此之间关系紧密。通过看一个人是否诚实，判断他是否以身作则；通过看他是否有胜任力，判断他是否能够挑战现状和使众人行；能激励人与激励人心是同一个意思；有前瞻性与共启愿景也正好一致。两位大师从领导者和被领导者不同维度所做的实证研究，结论是一致的。

影响力与领导力

简单地讲，影响力是指一个人对他人的思想与行为产生影响的能力。影响力的产生来自两个方面，一是权力性的影响力；二是非权力性的影响力。权力性的影响力往往带有强制性，来源于一个人的法律地位、职位或武力等。权力性影响力对人的影响带有强迫性、不可抗拒性，往往是通过外在推力的方式发挥其作用。这样的影响力不是领导力。

与权力性影响力相反，非权力性影响力是软性的，它不是通过外在的强制性方式影响他人。影响他人可以有很多的技巧，涉及从心理学到社会学的很多方面，其中有一本名叫《影响力》的书籍，罗伯特·西迪尼奥在书中提出了影响力的六大武器，请见图 3-6。罗伯特·西迪尼奥说："如果人们因为你喜欢他们或因为彼此拥有共同点而喜欢你，那么他们更容易受你的影响。人们通常会礼尚往来。如果你帮助了他们，他们也会帮助你。你采用什么姿态（如合作），对方也会采用相应姿态。"罗伯特·西迪尼奥根据社会心理学实验揭示的六种影响力技巧，在本质上是中性的，也不属于领导力。

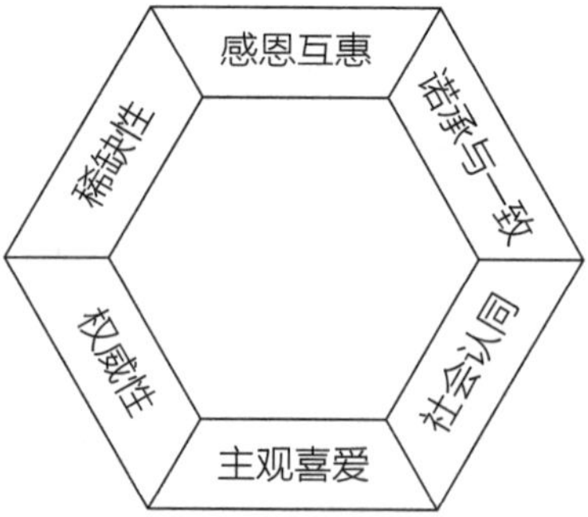

图 3-6　影响力的六大武器

就影响力的技巧而言，影响力行为问卷（Influence Behavior Questionnaire，IBQ）把影响力的技巧分为九类，分别是：

（1）理性劝说；

（2）鼓舞性诉求；

（3）磋商一致；

（4）投其所好地逢迎；

（5）个性化诉求；

（6）交换与交易；

（7）联盟策略；

（8）施压策略；

（9）合法化策略。

能够对他人施加影响的不仅有上面的六大影响力武器和九大技巧，还有各种"江湖手段"，它们不能被列为领导力的范畴。

闭上眼睛，想一想，背一背，你能说出多少三十六计：趁火打劫、浑水摸鱼、瞒天过海、笑里藏刀、顺手牵羊、调虎离山、李代桃僵、指桑骂槐、隔岸观火、借尸还魂、声东击西、围魏救赵等，这些是计谋，也不属于领导力。有人说，这可是中国的优秀传统文化。是的，孙子兵法也好，三十六计也好，确实是中国的传统文化。但要记住，三十六计是有适用范围的，它起源于战争，适用于敌我矛盾，不能把它用来领导团队。

扪心自问，做一点反思：你对你的上级用过三十六计吗？你对下属用过三十六计吗？一个人要么影响他人，要么被他人影响。一个有领导力的人，一定是有影响力的。

领导者的影响力，来源于领导者的人格魅力，来源于领导者与被领导者之间的相互信任与相互支持。构成非权力性影响力的主要因素有：

品格因素、才能因素、知识因素和情感因素等方面。领导力是领导者对被领导者的影响力。领导者是一个拥有追随者的人，没有追随者的人不叫领导者，是追随者造就了领导者，伟大的追随者造就伟大的领导者。领导力一定来源于一个高尚的人，一个脱离了低级趣味的人，一个有益于人民的人。库泽斯与波斯纳关于领导力的五项最佳实践与四大核心素质，是对领导力的最好阐述。

领导力不是权力、不是职务、不是地位、不是谋略。一个有领导职位的人，有领导权力，不一定有领导能力，不一定有领导力。领导力是一个让人自愿追随的能力。领导者要有心甘情愿的追随者，没有追随者，就没有领导力。这是对领导力最好的定义。在这里，我们可以看到，领导力的主角是追随者，而不是领导者，正是追随者让一个领导者成为领导者。如果没有追随者，领导者便不能被称为领导者。

职位权力与领导力

领导者凭什么影响他人，有两个方面，一是职位的权力；另一个是非职位的权力，如图 3-7：

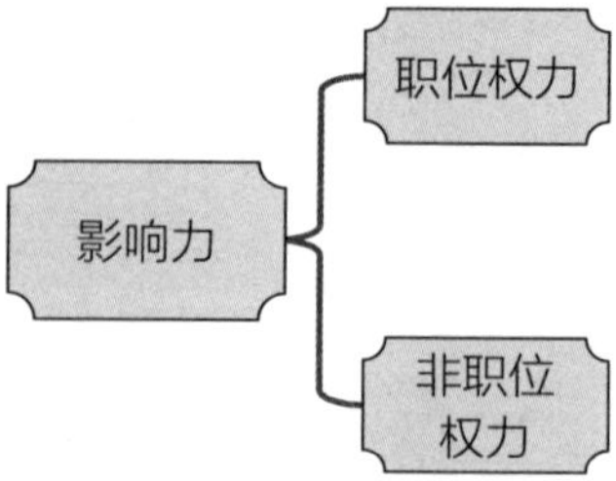

图 3-7　职位权力与影响力

领导者凭借组织赋予的法定权力可以对他人实施影响。但是，用职位权力命令他人、影响他人，往往有三个方面的副作用。

第一，让人口服心不服。哪里有压迫，哪里就有反抗。下属迫于上级的威严，当面不敢反抗，不得不接受意见，但心理上并不服气。当面一套，背后又一套，执行力打折，结果变形，便成为一种自然而然的事情。如果蓝领工人还可以这样管理的话，那么，管理知识工人，这样的方式与方法显然是不可行的。

第二，影响的人数有限。用职位权力可以影响哪些人呢？大都是那些直接汇报的下级。在组织结构上，管理的幅度一般也就那么几个人到十几个人。军队中最小的组织单位叫班，一个班的建制也就 9 ~ 12 个人。为什么会这样呢？因为一个人的精力有限，能够亲力亲为照顾到的就是这个幅度。现代 IT 技术发展了，组织扁平化了，管理的人数可以多一些，但仍然不过几十人。一个部门的领导，管不了另外一个部门的人，这叫现官不如现管。所以，用职位权力做管理，可以管理的人数一定是有限的。

第三，职位权力在本质上不属于自己。职位权力是从哪里来的呢？组织可以通过一纸红头文件任命你，也可以通过一纸红头文件把职位权力收回去。在这种意义上，一个人的职位权力，并不是属于自己所有，而是属于组织的。无论职位高低，管理者都要小心使用自己手中的权力，正确看待自己手中的权力，不能忘乎所以，恣意妄为。我在为众多高级领导干部讲课指出职位权力并不属于他们自己时，能够感觉到他们眼神的变化。

那么，什么样的权力能够让人心服口服，能够在人数上不受限制，能够让权力是属于自己的呢？**这种权力就叫作非职位权力**。构建一种属于自己的、不受外界影响的个人权力，是真正的领导力所在。

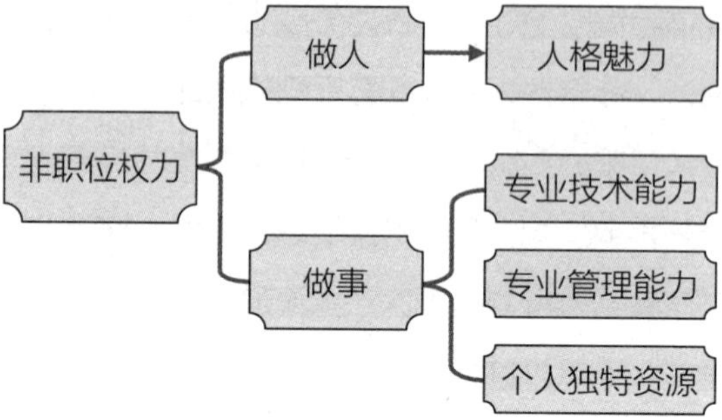

图 3-8　非职位权力

国家行政学院的刘峰教授在区分领导力与影响力时，把领导力分为两种：一种是狭义的，另一种是广义的。狭义的领导力是指非权力性影响力，它不等同于权力，与权力没有任何关系。任何一个人因其人格的完美、道德的高尚或业务的专长都可以形成领导力。广义的领导力是指领导者权力性影响力和非权力性领导力两项之和。一定要知道，领导者必须也能够运用好广义领导力，普通人则重在提升非权力性领导力。

软权力与硬权力

借用当下 IT 与互联网技术的新语言，领导力可以分为软权力与硬权力两个部分。一个人有领导职位，往往拥有一定的职位权力，我们把它叫作“硬权力”，但拥有职位权力，不一定拥有领导力。事实上，我们看到很多拥有同样职位权力的人，却拥有不一样的领导力。在职场工作中，领导力是职位权力和非职位权力的叠加，是硬权力和软权力共同发挥作用的结果。

职位权力是硬权力，是领导力的基础；非职位权力是软权力，是领导力的高阶部分。领导者的硬权力往往是确定的，是一个常数，受到时空限制的，而领导力的软权力则是不确定的，是变化的，拥有无限的可能性。同一级别的领导者虽然拥有同样的硬权力，却可能因为软权力的不同，而拥有完全不同的领导力。领导力既与领导权力和领导能力相关，又与领导者的魅力和魄力相连。

在这个世界上有两种人。**一种人是晋升后拥有很高的职位权力，拥有很大的硬权力，却缺乏相应的领导能力，缺乏领导的软权力。**在实际工作中，其表现出某种程度的不胜任现象，尽管有了领导岗位，但领导的素质与能力远远没有到位。之所以如此，是因为彼得原理（The Peter Principle）的作用。彼得是一位管理专家，根据千百个有关组织中不能胜任岗位的失败实例的分析，归纳出一种现象叫作彼得原理。他发现一个特别有意思的现象：在一个等级制度中，每个人都会被不断提拔，一直到一个他不能胜任的职位为止。彼得指出，每一个员工在原有职位上工作成绩表现良好，也就是胜任，就将被提拔到更高一级的职位，因为如果不被提拔，人才就有可能流失。如此这般，人才总是不断被提拔和任用，一直到他所不能胜任的岗位。由此彼得的推论是：每一个职位最终都将被一个不能胜任其工作的员工所占据。在众多的官僚层级组织中，我们发现的真相是，工作任务多半是由尚未达到要求、不胜任阶层的员工完成的。一个真实而无奈的现实是，每一个职工最终都将达到自己的彼得高地，在该处他其实是不能胜任的。

人们又是如何被提拔的呢？往往有两种方式。其一是上面的“拉动”，即依靠裙带关系和熟人等从上面拉；其二是自我的“推动”，即自我成长和进步等。在一个非竞争的环境里，在一个不健康的文化中，相互拉动式的提拔情景并不少见。于是很多人，可能有职位、有权力，却没有领导能力和领导力。

还有另外一种人，他们拥有很强的领导力，拥有很多的软权力，但可能缺乏相应的职位或岗位，缺乏相应的硬权力。在这种情况下，也有两种人。一种人可能悲观失望、愤愤不平，在抱怨和委屈中生存，不断从优秀走向平庸。事实上，社会是一个大熔炉，环境是一个大熔炉，有人在此得到磨砺，走向成功；有人在此沉沦，走向失败。当然也有另外一种人，他们坚信世界是公平的，软权力是自己的，领导力是自己的，他们只是缺乏一个机会，所有的不公平其实是环境在考验他，看他是否有真才实学。大数据表明，当一个人拥有足够多的软权力的时候，硬权力一定不会离他太远，成功只是早晚的问题。这是所有成功人士的一条必由之路。

有一个神秘的领导力方程式，在硬权力和软权力之间，要先有软权力，后有硬权力。无论从哪个角度看，领导力的提升与领导职位的晋升之间都存在很大的因果关系，而且是强关系、正关系。在本质上，领导干部的成长是领导干部自我修炼和自我提升的一个过程。

如果一个人先拥有的是职位权力，可能是一种幸运，也可能是一种不幸。如果先拥有了职位权力，却缺乏相应的软权力，缺乏与之匹配的素质与能力，就要经常提醒自己，要慎用硬权力，应该努力学习、认真做事、谦虚做人、谨慎对待自己手中的硬权力，少使用硬权力，多使用软权力，这往往是一种更明智的选择。历史的经验告诉我们，滥用硬权力的结果只有一个，今天给予你硬权力，明天还可以被收回。

刘峰教授对硬权力与软权力有过一段精彩的描述。他说：硬权力是外在的、法定的、有限的和强制性的，带来的只能是下级对上级的服从，它是一个“常量”。不管你的能力大小，只要居于同一职位，就能拥有相同的硬权力。硬权力不是万能的，但没有硬权力又是万万不行的。软权力是内在的、个人的、无限的，它是一个“变量”，带来的是下属和群众对上级领导发自内心的认同。软权力来源于领导干部高尚的品德、过硬的作风、超群的能力、丰富的经验和卓越的绩效等，这些都是与个人相关的素质与能力。

总之，用一个公式表达，**领导力 =f（硬权力、软权力）**。领导力并不是简单地等于硬权力与软权力之和；领导力更像是硬权力与软权力之积，**即领导力 = 硬权力 × 软权力**。当一个领导者缺乏信誉，不被人信任的时候，其硬权力往往不起作用，至少要被打一个大大的折扣。软权力是领导力的基础，信誉是领导力的基石，最终软权力就像是领导力的一个二极管，一个真正的放大器。多使用软权力，少使用硬权力，是卓越领导者的领导力特征。

关于领导力的三个结论

从领导力与硬权力和软权力的关系中，可以得出三个指导原则，对领导力实践具有特别重要的意义。请见图 3-9：

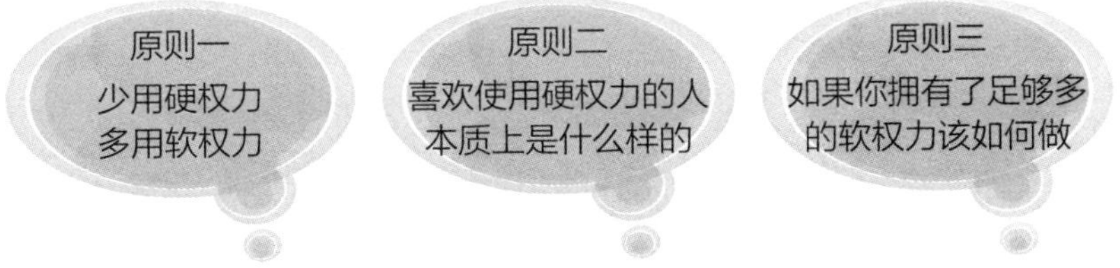

图 3-9　领导力实践指导原则

▸ 原则一：少用硬权力，多用软权力

在这里，我们说的是少用硬权力，多用软权力，并没有说不用硬权力，更没有说硬权力没有价值。什么时候需要用硬权力呢？有人说，是问题严重的时候；也有人说，是遇到原则性问题的时候，这些都不是必要条件。什么时候需要用硬权力，一个基本的指导原则是：在一件事情面临时间节点压力的情况下或说紧急的情况下，在用软权力解决不了的情况下，我们不得不使用硬权力，先解决事的问题，事后再解决人的问题。但只要时间允许，能够用软权力解决的，尽量不用硬权力。

硬权力的好处是什么？是效率，是来得快，就像是吃退烧药，先解决救急的问题。但是凡药三分毒，使用硬权力，总会带来一些副作用。

那么，对于软权力和硬权力，“少用”和“多用”到什么程度呢？这也要因人而异、因事而异。我们可以借用意大利经济学家发明的帕累托法则，即 20/80 法则，或者说关键少数法则，指导我们的管理实践，掌握好软权力与硬权力的分配。

图 3–10　领导力“20/80 法则”

▸ 原则二：向内反省，为什么我们平时喜欢使用硬权力

看一看身边那些成功的领导者，我们发现一个规律：那些喜欢使用硬权力的人，在本质上，是因为缺乏软权力，不得不使用硬权力。使用

硬权力，不仅伤身、伤己，同时也伤别人。培养个人的软权力，多使用软权力，少使用硬权力，是优秀领导者的成长之道。

▸ 原则三：软权力是领导力的核心，是追随力的基础

如果一个人有了硬权力，确实可以帮助提升影响力；但如果没有硬权力，也不是就没有影响力，还可以发挥软权力的影响力。当一个人有了足够多的软权力的时候，硬权力迟早会到来。对于年轻人而言，当自己势单力薄、人微言轻的时候，不必抱怨自己没有硬权力，这正好是培养自己软权力的时候，当自己拥有了足够多的本事，培养出了足够多的能力，发展出足够多的软权力时，硬权力一定不会离自己太远。如果你没有软权力，硬权力迟早也会离你而去。用地产大亨王石的一句广告语：用你的经历定义你自己。软权力是一个人最好的领导力。

第四课

领导者的素质与能力

领导力的二元模型

领导力是一个外来的词汇，翻译自英文的 Leadership。细细品味，前人的翻译，还真是精彩。所谓领导力，是由“领”和“导”构成，是“领”+“导”。一个好的领导者，既要“领”，又要“导”。在中国文化语境下的领导力，就是一个简单明了的二元模型[①]，请见图 4-1：

图 4-1　领导力二元模型

领导力的“领”，重在带领和率领，具体表现为四个方面，即**“四领”：领方向、领目标、领路径、领方法**。因此，在这种意义上，“领”是关于战略、关于目标、关于方向、关于意义、关于路径与方法的，更多与事的层面有关，体现的是关于如何达成目标的科学的一面。领导力的“导”，也表现为四个方面，即**“四导”：事前引导、事中辅导、事后励导、事前—事中—事后的全过程的教导**。“四导”更多地表现为与人相关的激发与激励，更多与人有关，最能体现领导力的艺术，见图 4-2。

① 刘峰：《简约领导》，国家行政学院出版社 2012 年版，第 54 页。

图 4-2 “四领”与“四导”

▸ 领导力的二元素质与能力，即领导力 = 决策力 × 影响力

领导力素质与能力模型，也是一个外来的产物。我翻译过不少的领导力专业书籍，西方各种领导力流派，包括首屈一指的美国创新领导力中心（CCL）都有自己的领导力模型，国内广为传播的库泽斯和波斯纳的《领导力》一书的领导力五项最佳实践，就是其中的一个代表。越简单的东西，越容易传播，越能为众人服务。领导力对于企业中高管而言，其最重要的素质与能力要求最终可以精简为两个核心要素，**即领导力 = 决策力 × 影响力**。领导力的基本构成就是决策力和影响力这两个要素。

在领导力的二元模型中，领导力要发挥“领”和“导”这两个方面的作用，有“四领”和“四导”。怎么“领”，往哪儿“领”，需要决策力；怎么“导”，如何“导”，需要影响力，这是领导者的两大核心素质与能力。决策力重在战略的制定，重在价值方向的选择，重在共同愿景的确立，重在目标路径的计划；影响力则重在选人用人，重在激励和凝聚，重在激发情感与意愿，重在赢得群众的自觉认同与追随。

什么情况下，我们说一个人有决策力呢？他需要具有魄力和魅力。魄力指的是决断力、果敢和担当，是敢承担责任；魅力则是赋予那些总是能决策对的领导者，他们或理性，或感性，总是能做出对的决策，是一个有魅力的领导者。

什么情况下，我们说一个人有影响力呢？一个有影响力的人是指一个能团结群众的人，一个能够团结一切可以团结的力量的人，一个能把不同的人凝聚起来的人。领导者团结的人越多，我们说他的影响力越大。

决策力也有两个环节，一个是“决”，一个是“策”。所谓“决”，是决断，是拍板。很多领导者，善于执行，却不善于决断，要么不敢决断，缺乏一份胆识和魄力；要么不会决策，不懂科学决策的流程与方法。所谓“策”，是策划，是倾听，倾听不同的意见和方案。很多领导者，特别是一些强势的领导者，不善于策划，不愿意策划，总是喜欢独断专行。为什么不愿意策划，不愿意倾听，不愿意听不同人的意见呢？原因是害怕自己受影响，最终影响自己的决定。本来自己想得好好的事情，在听了不同的人的不同意见以后，反倒没了主意，让自己不知如何决策是好。就决策而言，一件事，如果领导者自己想清楚了，对于一个成熟的领导者而言，倾听不同人的意见，倾听不同的方案，并不会影响自己的最后决策；一件事，如果领导者自己没有想清楚，倾听不同人的意见，最后调整和优化自己的决策，只会让自己的决策更科学、更完善，这难道不是一件好事吗？听多数人的意见，与少数人商量，最后自己一个人拍板，是精英决策的一贯套路。领导力并不只是影响他人，接受他人的影响也是领导力。

“策”的环节，重在集思广益，不断打开思维空间和选择空间，通过群策群力、集思广益的方式，发现各种可能性，用的是发散思维方法；“决”的环节，则是决断，做出舍九取一的抉择，选择最佳的或最可行的现实方案。“策”主要取决于决策者的认知能力和分析能力，需要信息输入，需要知识方法；而“决”则主要依赖决策者的智慧和勇气，需要见识和胆识，需要取舍和判断。在“策”的阶段，要多做加法和乘法，要打开思维的空间，想法越多越好，越有创意越好，不要受条条框框的限制；在“决”的阶段，要多做减法和除法，通过聚焦战略与目标，通过赋值权重的方法，把不可行、不成熟的方案去掉，把不符合使命、愿景和价值观的理念剔除掉。

从时间的先后顺序上看，对于决策的两个环节而言，是先决后策，还是先策后决呢？这里也有学问。先决后策，是以自我为中心，“策”只不过是一种形式。先策后决，是以团队为中心，“策”成为一种科学决策的手段。一个好的决策，一个科学的决策，强调的是先策后决，多策少决。“策”要知识，“决”要胆识；“策”要民主，“决”要集中；“策”要倾听，“决”要果断；“策”要多元化，“决”要专一化。

影响力也有两个环节，第一个环节是“激励”，要想尽一切办法激励群众、发动群众、感召群众，最终影响群众，影响的人越多越好；第二个环节是“凝聚”，要凝聚人心、凝聚情感、凝聚力量，形成凝聚力，形成战斗力，最终把群众组织起来，为了共同的目标而奋斗。影响力是一门艺术，也是一门技术，可以用利益吸引人，可以用情感打动人，可以用理想感召人，也可以用使命驱动人。

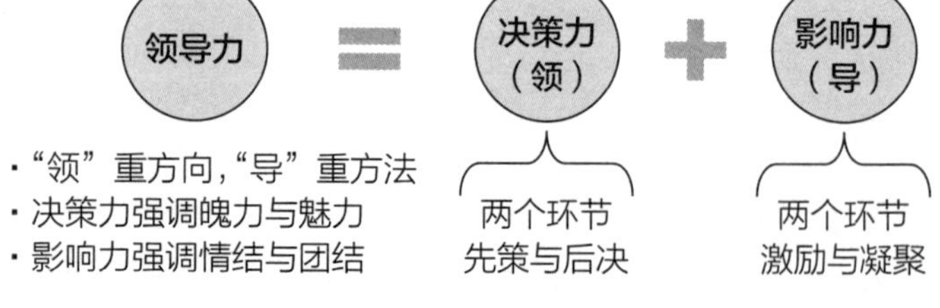

图 4-3　决策力与影响力

总之，领导力的二元关键素质与能力，一是决策力，二是影响力，可以作为领导者提升领导力的一个基本行动指南。

领导力的“四动模型”

领导者要做什么，如何做好事前、事中、事后的全过程领导，企业中高管领导者要具备的素质与能力要求，可以用领导力的“四动模型”进行阐述，如图 4-4 所示：

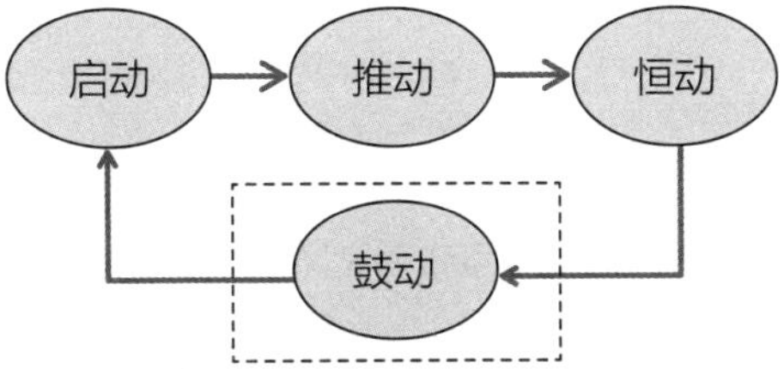

图 4-4 领导力的“四动模型”

▸ 启动

启动的意思是指在团队没有方向、没有目标的时候，需要一个领导者站出来，为团队指明方向，为团队明确目标，把团队从静止状态推动到运动状态。领导者经常要扮演的角色就是“第一推动”。

领导者凭什么启动呢？领导者的方向感从何而来？领导者的动力从何而来？

领导者的方向和动力，来自领导者的内心，来自领导者的理想，来自领导者的信念。领导者就是这样的一个特殊人群，在没有表扬、没有激励、没有掌声、没有认同的时候，能够用自己的左手温暖自己的右手，是一个能够自动自发的人。一名领导者之所以成为领导者，首先是因为他自己愿意成为一名领导者。

▸ 推动

一名好的领导者，必须有推动能力。做任何一件事情，不可能没有困难，不可能没有不确定性，不可能没有风险。所谓推动，意思是说，当面临困难和挑战的时候，领导者能够带领团队，见山凿洞，遇河搭桥，克服一切艰难险阻，直至达成目标。能否把一件事情做成功，最考验领导者的真实能力。领导力最终总是要靠结果说话的。

▸ 恒动

一件事做完了，并不意味着这件事情就结束了，好的领导者还要学会思考，学会做经验与教训的总结，想一想如果事情重新再来一次，如何做得更好？这件事我们做得好的方面是什么？做得不好的方面是什么？我们从中学到了什么？我们如何把经验教训转化为团队的智慧？我们如何把学到的经验与教训转化为企业的机制与流程？没有最好，只有更好。所有的这一切，都与事后的反思有关，关于“恒动”的思考，绝对是一门学问，是优秀与卓越之差别。一件事，有的人做了 10 年，但还是在低水平的层次上不断重复；有的人就善于总结，总结出很多的套路和打法，形成了经验和智慧。

▸ 鼓动

启动是在事前，推动是在事中，恒动是在事后，在事前—事中—事后这一过程中，领导者还要做什么？一名好的领导者，还要会做鼓动的工作。未来是光明的，前途是曲折的。鼓动的意思是说，当团队面临困难的时候，当团队丧失信心的时候，当团队干劲不足的时候，当团队想撤退的时候，这些时候永远需要领导者，需要领导者做宣传与鼓动工作，需要领导者做拉拉队队长，给团队打气，给团队输入信心和力量。一名好的领导者不仅是一个现实主义者，还是一个未来的乐观主义者，不断给团队输入激情和正能量，不断激励和鞭策团队，克服困难，勇于前进。

领导力的“推力”与“拉力”

领导力有时候需要推力，有时候需要拉力，推力和拉力哪一个更好呢？什么时候需要推力？什么时候需要拉力？

在一次高管领导力的课堂上，一位身价百亿的董事长显得很兴奋，对“四动模型”赞不绝口，在晚饭席间，他很谦虚地说：“沈老师，我能不能给您的‘四动模型’改一个字？”我回答说：“您别客气，请说。”于是，董事长说：“我能不能把‘四动模型’中的‘推’改成‘拉’？”我知道他话中有话，便问他：“为什么呢？”他是这样回答的：

“你看，老师，您都是在大公司工作，你们的团队人才济济，流程制度规范都很清晰。领导者只需要在适当的时候做推动就可以了。但是，在我这不行呀。我们这里的人才不足，流程制度也不健全。执行的时候，恐怕‘拉动’比‘推动’更好。”

这位董事长自己文化水平不高，但是极有悟性，他在餐巾纸上给我画了起来。一个一个相连的圆圈，形成一个链条。董事长说：“您看，如果我们只是从后面推，由于中间的环节很薄弱，链条就会变形，方向就会跑偏。最好的方式，还是领导者在前面拉着，团队一起跟着向前走。”

这位董事长的直觉是对的，他的选择也是明智的。越是在团队能力不足、体系不成熟的情况下，越需要一个强有力的领导者拉着团队前行。有一句耳熟能详的话，“火车跑得快，全靠车头带”，讲的就是这个道理。我如今把这个链条案例命名为链条理论。

但是，世界在变，你也得变。以前的绿皮火车，怎么跑也就几十公里，从北京到上海，都要一天一夜。如今的高铁，不到 5 个小时，就能从北京跑到上海。绿皮车为什么跑不快，就是因为太过依赖于火车头。动车为什么跑得快，那是因为每节车厢都有动力。

因此，就领导力而言，显然既需要“推”，也需要“拉”，推拉并举，产生合力。什么时候“推”多一点，“拉”少一点；什么事情上“推”多一点，“拉”少一点，这是一门艺术，需要因时、因地而异。一般来讲，当团队能力强，体系完善的时候，可以“推”多一些，多一些授权和放权；反过来，当团队能力不强，体系不完善的时候，可以“拉”多一些，多一些示范和引导。

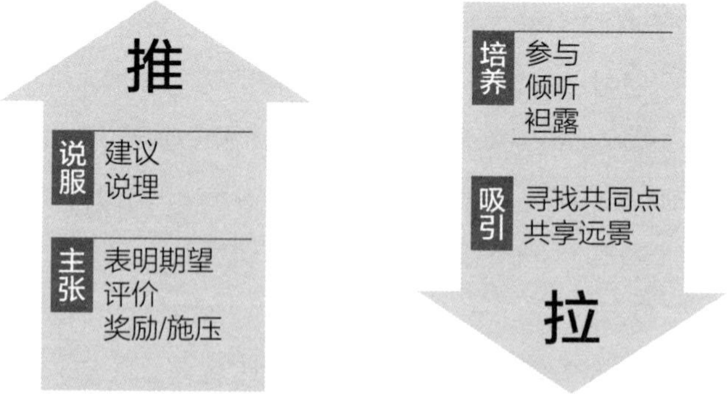

图 4-5　领导力的“推力”与“拉力”

中国的企业家们都是极有智慧的。事实上，京东的人才战略，采用的就是推拉模式。刘强东要开展一项新业务，就会满世界去寻找行业内的顶级专家，然后把团队交给他，让他带着团队跑。团队可能能力不足，可能没有经验，但只要有一个好的空降兵，一个能人，带着大家跑，带着团队学，项目就能够快速地启动。互联网公司与传统制造产业不同的一点，也表现在这里，大家都是通过挖人、猎人，来快速地拓展业务，培养的速度满足不了互联网公司快速发展和扩张的需要。有人戏称，这是一个人才打劫的时代。这种大马拉小车，拖泥带水往前跑的方式，造就了互联网公司的分分合合，事实上，互联网公司的发展，更多的是靠技术和产品驱动，而非管理和领导。

受人尊敬的领导者 20 项素质与能力

库泽斯和波斯纳两位教授通过实证调查的方式，询问了成千上万名普通大众，受人尊敬的领导者应该具备什么样的素质与能力。通过几十万份的样本数据统计，得到了一份非常有价值的素质与能力清单。大数据的统计结果，人们选择最多的排在前四位的选项，分别是诚实、有胜任力、能激励人和有前瞻性。非常有意思的是，领导力的五项行为实践是从领导者的角度，研究领导者在最佳领导力时刻做了什么；而受人尊崇的领导者素质与能力则是站在追随者的角度，研究追随者喜欢什么样的领导者。如第三讲所说，二者研究的方向不同，但得到的结论却高度一致，而且彼此之间存在紧密的关系。两位大师从领导者和被领导者不同维度所做的实证研究，验证了领导力五项实践与四项品质的内在一致性。

库泽斯和波斯纳在过去30多年的持续实证调查与研究中，发现诚实、有胜任力、能激发人、有前瞻性四项品质，一直排在全部20项优秀品质列表的前四位，从来没有改变过。

在这四项品质中，前面的三项，即诚实、有胜任力、能激发人组合起来，就是沟通专家所说的“信息源的可信度”。人们在评估一个送信人时，往往会使用三个标准，即他们是否值得信赖、是否拥有相应的专长、是否拥有激情与活力。这三个标准与受人尊敬的领导者的三项品质（诚实、有胜任力、能激发人）在逻辑上是高度一致的。从沟通的角度，人们在相信一个信息之前，必须首先相信送信的人。同理，人们在追随一个领导者之前，也必须相信领导者这个人。追随者必须首先相信他们的领导者，才会有相应的行动。领导者是否值得信任，是否诚实，是否有胜任能力，是否能激发人，就是领导者的信誉评估。库泽斯和波斯纳说，信誉是领导力的基石。人们不会追随一个没有信誉的人，一个不诚信的人，是不可能感召他人、影响他人的，更不可能让人追随。领导者必须有信誉，必须讲信誉，让人们感到值得追随。没有信誉，就不可能有领导力。

领导者的信誉是这样的重要，当追随者认为上级领导信誉度高的时候，他们会认同自己是组织中的一名成员，拥有强烈的团队精神，认同组织的价值观，对组织有忠诚度，拥有主人翁精神。反之，当追随者认为上级领导信誉有问题的时候，他们只有在严格监管下才会努力工作，他们的工作动力主要是由金钱驱动。他们在公开场合说组织很好，而在私下里则说组织的坏话，当组织出现问题时，他们就会马上更换工作，缺乏对组织的忠诚与好感。总之，领导者的信誉会对员工的敬业度产生直接的影响。所以，股神巴菲特说，投资者最大的财富不是金钱，而是信誉。他推崇的三大准则：一是损失金融事小，但是我们不能忍受损失信誉——哪怕很小也不行。二是建立良好的信誉，需要 20 年；但毁掉良好的信誉，只需要 5 分钟，明白了这一点，你为人处世就会有很大的不同。三是凡是不能光明正大登到报纸头版上的事情，就是会破坏公司信誉的事情。

那么，如何赢得信誉？领导者需要持之以恒，践行如下两项行为：

❖ 践行自己的理念与价值观，确保言行一致；

❖ 对答应的事情投入金钱和资源，兑现承诺，说到做到。

事实上，在判断领导者是否值得信任时，追随者总是会听其言，察其行。比如，领导者讲变革和创新时，人们不仅会倾听，更会看他最后是否会真正行动，是否提供资源，是否自己投入变革和创新的活动之中。如果他们发现领导者不认真的话，就会把他看作虚伪之人，也就不会再追随他的变革了。

领导力的素质与能力模型

如何统一团队的思想，如何做好领导干部的选、用、育、留，如何让领导力的素质与能力要求显性化，如何对干部进行有效的领导力评价，如何有针对性地进行后备人才的培训与培养，提升后备人才的领导力素质，所有的这一切，都需要有一套标准，在专业上叫作领导力素质与能力模型。领导力的素质与能力模型分两类，一类是通用的，另一类是专用的。专用的领导力素质与能力模型，是针对特定的组织，在特定的时期、为特定的战略而设计的。不同的公司，因为它们的组织结构、商业模式和所处行业的不同，其领导力的素质与能力要求也不相同。即使是同一个公司，在不同的发展阶段，领导力的素质与能力模型也会发生变化。

建立领导力素质与能力模型的方法有三种：**一是战略导向法，**基于组织战略与核心价值观，产生一个领导力的素质与能力清单；**二是标杆学习法，**通过行业标杆的学习，基于行业的关键成功要素和本组织的特点，形成自己的领导力素质与能力模型；**三是较为复杂的行为事件访谈法（Behavior Event Interview，BEI），**通过以前的成功经验和事例，抽取特定的领导力要素，形成领导力素质与能力的框架与模型。

如何基于行为事件访谈法，构建一个领导力素质与能力模型，具体实施流程与框架，请见图 4-6：

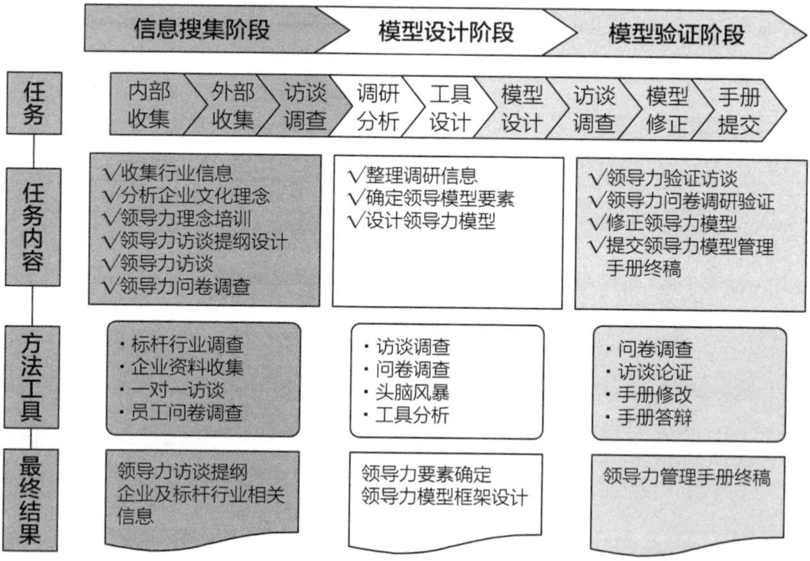

图 4-6　领导力素质与能力模型构建流程

（资料来源：360 百科）

从领导力的发展角度来看，领导力素质与能力的提升，涉及三个不同的层面，即个人领导力、团队领导力和组织领导力。

▸ 个人领导力素质与能力模型

在个人领导力方面，史蒂芬·柯维博士的《高效能人士的七个习惯》是一套经典的个人领导力提升框架。领导力要从领导自己开始，需要跨越三个阶段。首先，要走出依赖期，摆脱以“他人”为中心的状态，也就是从依赖到独立。例如，对于一个还没有长大成人的小孩来说，他们是需要父母照顾的，需要他人的帮助才能生存。“我”是依赖“他人”而存在的。其次，人生的第二个阶段，是从依赖走向独立。一个真正独立的人，不仅在物质上是独立的，而且在精神和情感上也是独立的。可惜很多人，已经是成年人了，但在精神上并不独立。一个真正独立的人，是以“我”为中心的，我可以负责，我可以成功，我可以依靠自己解决问题，我可以选择我想要的生活，我是我的主人。独立自主是赢得他人信任的基础。最后，特别需要指出的是，人生的最高境界不是独立，而是从独立走向互赖。人是一种动物，而且还是一种社会动物。任何人都不是一座孤岛，都需要与人交往，与人发生交易。如何从独立走向互赖，懂得协作，懂得配合，懂得妥协，懂得这个世界是以“我们”为中心的，而不是以“我”为中心的，才是人生的最高境界。一个懂得互赖的人，才能真正开始领导他人。

如何做好自我领导，需要从下面的七项习惯开始磨炼自己：

（1）**积极主动。**积极主动是个人领导力的核心，首先解决的是个人的自我激励与自我领导。一个成功的领导者，永远是基于自身的原则和价值观做选择，秉持的是“我的地盘我做主”“我是我的船长”的原则，坚持为自己的过去、现在和未来的行为负责的态度，而不会轻易被环境所左右。积极主动的人总是充满活力，不埋怨，不悲观，能够充分发挥人类的四大天赋（自觉意识、良知、想象力和独立意志），坚信由内而外的自主改变，积极面对一切挑战。积极主动的人，凡事操之在我，不会受制于人，总是通过改变自己，进而影响他人。

（2）**以终为始。**以终为始并不是简单的结果导向，它比结果导向意义要高得多。对于万物之灵的人类而言，所有的事物都经过二次创造——首先是在脑海里酝酿，做思想上的创造，然后才是实质上的创造。建筑师要先创造一份蓝图，然后才是实际盖房子。人生也需要二次创造，需要先有自己的愿景、使命和价值观，然后才有实际的人生。一个真正有自我领导力的人，绝不会选择随波逐流，而是永远知道什么叫作正确的事情。他们不仅知道自己的航向，也知道自己所要到达的港湾，生活充满意义，从来都不缺少动力。

（3）**要事第一。**人的精力总是有限的。有的人一辈子忙忙碌碌，但没有什么成就。一个有领导力的人，总是非常重视计划与规划，分得清轻重缓急，把自己最宝贵的时间，这个唯一不可再生的资源，投入最重要的事情上面。人生要处理的事情很多，但真正的要事却没有多少。一个有领导力的人，总是懂得抓大放小，把时间和精力投入那些重要和紧急的工作之中，不会让自己陷于整天救火的疲惫状态。学会用脑子打仗，不用执行上的勤奋掩盖战略上的懈怠，是高效自我领导的一种境界。

（4）**双赢思维。**双赢思维是一种基于互敬、互谅、互惠的思考模式，通过与他人的合作与配合，寻求更丰盛的机会、财富与资源。从竞争思维、零和思维到竞合思维、双赢思维，是一种成熟人的思维模式。双赢不是损人利己，也不是损己利人，双赢是从“我”到“我们”，与他人建立一个长期合作互惠的关系。双赢合作不能靠权力，不能靠命令，不能靠压制，而是要靠倾听，要靠理解，要靠在满足自己需求的同时，也要考虑别人的利益。这是一种高级的思维，一种富足的心态。如何避免双输，是领导力的底线之一。

（5）**知彼知己。**领导者肩负的担子是重的，压力是大的，如何赢得他人的理解，他人的支持，为了共同的目标一起努力奋斗，是一门领导艺术。领导他人的过程，或说影响他人的过程，本质上是如何通过沟通赢得信任和支持。沟通的目的通常有两个：一是获取信息，了解对方的需求与愿望；二是传递自己的信息与期望，赢得对方的支持与合作。人人都希望被了解，被尊重，被支持，被倾听。说起来容易，做起来很难。换位思考也好，同理心沟通也好，远不只是一个沟通技巧的问题，而是领导情商和智商的一个综合体现，需要长期的修炼。

（6）**综合统效。**综合统效要解决的问题是如何创造一个第三种选择，既非你的方式，也非我的方式，而是第三种，也就是“我们”的方式。这是一个 1+1 ＞ 2，1+1 ＞ 3，1+1 ＞ 10 的全新方案。优秀的领导者不会满足于 1+1=2 的自然结果。优秀的领导者总是致力团队效能的最大化，期待充分发挥每个人的优势，期待创造一种机会，期待团队发生一种化学反应，实现杰出的团队绩效。

（7）**不断更新。**俗话说，磨刀不误砍柴工。个人若要保持长期的健康发展，发挥持续的竞争优势，需要在生理、情感、心智和心灵四个方面不断更新自己。一个人也好，一个团队也好，不仅要聪明，还要健康，才能持续发展。活到老，学到老，让自己不呈现疲惫状态，永远充满激情与斗志，是一名优秀领导者自律的最高形式。职业运动员总是会保持自己的竞技状态，比如那个坚持凌晨 4 点起床跑步的科比・布莱恩特，职业经理人也一样，也要学会刻意在各个方面提升自己，保持自己的优秀状态。

▸ 团队领导力素质与能力模型

团队之所以能区别于“一伙人”，是因为有如下 5C 的特征：

❖ Common goal——共同目标；

❖ Commitment——坚守承诺；

❖ Communication——良好沟通；

❖ Cooperation——协力合作；

❖ Care——相互关心。

TEAM，所谓团队，下面的定义最能反映团队的本质，让我们一起创造奇迹吧：

❖ Together——共同；

❖ Everybody——每个人；

❖ Achieve——达成；

❖ Miracle——奇迹。

团队之所以为团队，就是一群人在一起，完成一己不能完成的任务。

一个好的团队，不仅要聪明，还要健康。业绩的背后是团队，团队的背后是协作，协作的背后是文化，文化的背后是领导。领导者如何培养和打造一个健康的、和谐的、有战斗力的团队呢？美国的宇航学家、天体物理学家、哈勃望远镜项目负责人查理 · 佩勒林博士以卡尔 · 荣格的理论为基础提出了著名的 4D 领导力模型，强调一个好的团队，要加强培养和塑造下面的八项核心行为。

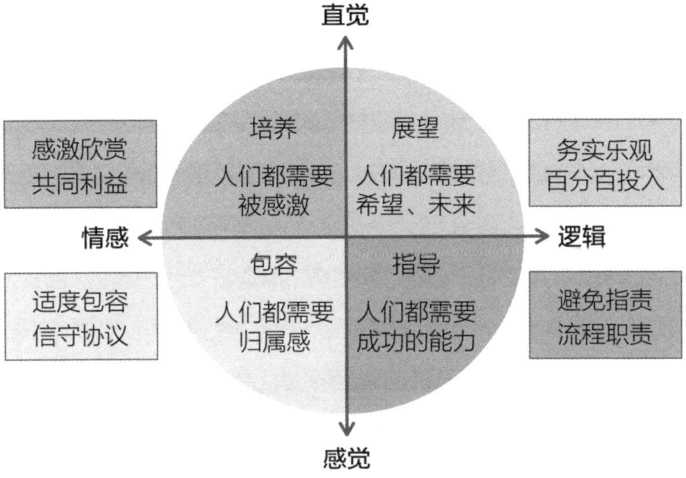

图 4-7 4D 领导力模型

（1）**表达感激与欣赏。**研究发现：70% 的人说在工作中没有得到表扬，70% 的人在工作的时候是心不在焉的，并且还会散布不满的情绪。美国劳工部的调查数据指出，64% 的美国人说他们离职的原因是因为他们没有被欣赏。我在中高管的课堂上经常会做一个调查，即在过去的一个月，从直接上级那里得到批评与表扬的情况。一是表扬多过批评，二是批评多过表扬，三是既没有批评，也没有表扬。猜猜看，绝大多数的情况是哪一种？第三种。马云说，员工离职，要么钱没给够，要么心受累了。在物质激励有限的情况下，如果精神激励也没有，员工怎么能不离职呢？这里说的是感激与欣赏的重要性。当然，不仅是上级对下级需要感激与欣赏，下级对上级也需要感激与欣赏，同事之间也需要感激与欣赏。

（2）**关注共同利益。**从人性上说，没有永久的团队，但可以有永远的利益。共同的目标、共同的愿景、共同的利益，是一群人为什么要在一起的理由。在合作时也好，在处理冲突时也好，任何重要的关系都要关注大家共同的利益，让大家共赢。一件事情，如果在当下不能找到共赢，那么把时间放长一点，总是可以找到共赢的平衡点的。照顾彼此的核心利益，是团队最好的凝聚剂。

（3）**适度包容。**真诚的关系是心与心的联结，是对他人的宽容，由此才会被接纳，才会被倾听，才会成为团队的一分子。以自我为中心的人，往往会导致包容不足，包容不足就会导致愤怒，愤怒之下，一定会造成关系紧张和冲突。真诚的包容不是无原则的退让，不是要戴上一个“面具”，包容是一种成长心态，是对多样性的接纳，是对好奇心的满足。

（4）**信守协议。**信守协议非常重要，只有信守协议才会被认为是一个诚实的、可依靠的人。一个人说过的话，做过的事，如果不能兑现，不能说到做到，那就是没有信守协议，破坏了心理契约合同，触发的是“愤怒的情绪”。关系的破坏也就不可避免。

关系破坏后，就需要修复关系。如何修复关系，下面是一个可操作的五步流程：

①承认错了：“我违反了……”

②坦白发生了什么。

③未来怎么改进。

④表达真诚的歉意。

⑤主动提出和解：我们现在可以重归于好吗？

（5）**承认不愉快的现实。**团队的和谐与高效是建立在真诚的基础之上的，真诚的前提是真实。承认现实、承认矛盾，不回避矛盾、不纠结于矛盾，直面问题，把问题转化为机会，把问题转化为创造力，把问题转化为解决方案，是团队成熟的标志。

（6）**100% 的投入。**计划做一件事是一回事，承诺兑现结果则是另外一回事。我们看一个人专业与否，不仅要看他说了什么，更要看他做了什么。凭什么相信一个人的承诺？我们要看他是否 100% 投入，是否有 100% 的决心和勇气，遇到困难时是否百折不挠，即使发生了环境的变化是否不找借口。一个 100% 投入的人，一个全力以赴的人，才能赢得人们的信任。

（7）**避免戏剧状态。**当情绪不佳时，我们很容易陷入一种“戏剧状态”。美国心理学家卡普曼发现，每个人的心中都有一个戏剧三角形，扮演着这样的三个不同角色：受害者、迫害者和拯救者。一个人总是会在这三种角色中不停地切换，当你扮演了其中一个角色时，周围的人为了维持这个三角的平衡，就会有人有意无意地扮演其他的角色。这样的心理剧在我们每个人的心里，我们每天的生活中不断上演，或许你从未觉察到过。事实上，当一个人陷入“受害者”状态时，一定会有一个“迫害者”存在，当然也一定会有人站出来扮演那个“拯救者”。

陷入戏剧状态会让人产生抱怨，“受害者”抱怨“我什么也做不了”，“拯救者”抱怨“我告诉你应该怎样做”，而“迫害者”则总是指责“都是你的错”。如何避免戏剧状态，使团队进入合作的场域，是确保团队健康的基础。

（8）**角色、职责和权力。**说大话的人总是很多，喜欢说教的领导也总是不少，但真正要把一件事情执行与落地时，却总是缺乏智慧与方法。在团队中一种常见的失败模式是，一旦事情出现问题，人们总是抱怨权力不足或是环境变化太快。团队合作成功的关键，需要建立一种问责的机制，这个机制的核心包括如下三个核心要素，即 RAA：Role，角色；Responsibility，责任；Authority，权力。清晰的责、权、利机制，是团队达成结果的成功保障。

▸ 组织领导力素质与能力模型

华为的 BLM（Business Leadership Model）业务领导力模型是一套完整的组织战略规划与执行落地的方法。这套系统由 IBM 于 2003 年开发，然后被成功引入华为，如今已经进化成为华为的一套独特的组织领导力系统。这套系统好就好在把战略与执行相结合，不仅有战略规划与设计，还有执行与落地的方法论，把战略与执行有机地结合了起来，如图 4-8：

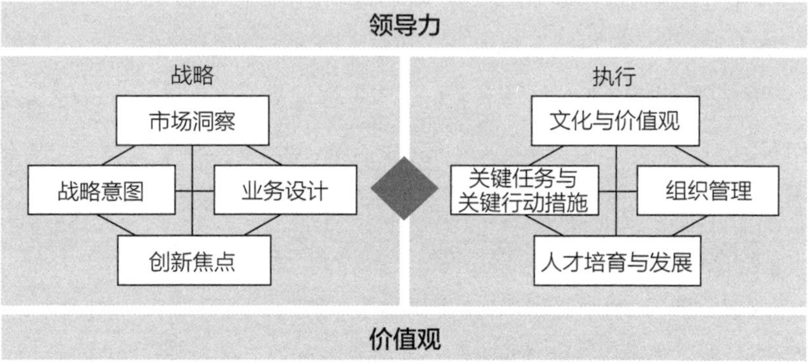

图 4-8　BLM 组织领导力模型的八个黄金法则

第一，战略意图是战略思考的起点。好的战略规划，起始于好的战略意图的陈述和战略目标的表达，这是组织战略规划的第一步。

战略意图本质上涉及的是企业的战略定位，需要澄清的主要问题是：

- 我们如何抓住机会?
- 我们想成为谁?
- 我们想要做什么?
- 我们的业务愿景是什么?
- 我们近期的目标是什么?

第二，市场洞察力决定了战略思考的深度，其目的是洞察未来的机遇和可能遇到的问题与挑战。理解和解释市场上正在发生着什么，对公司未来的发展至关重要。需要研究和回答的问题是:

- 宏观经济的发展趋势是什么?
- 市场的发展趋势是什么?
- 技术的发展趋势什么?
- 客户的需求是什么?他们最想要什么?他们又是怎样在改变?
- 竞争对手正在做什么?

第三，把创新作为战略思考的焦点，其目的是捕获更多的创意。好的创意既是设计出来的，同时也是企业在市场中探索和试验出来的，这是一个相互作用的过程，既不要闭门造车，也不要只是摸着石头过河。创新焦点需要回答的问题是:

- 如何满足客户的新需求?
- 如何满足新客户的需求?
- 如何为客户创造新价值?
- 如何帮助客户在战略上取得成功?
- 如何创新，最大限度地帮助客户?

第四，思考如何做好业务设计。业务创新实践既要考虑如何更好地利用企业内部现有的资源，做好战略控制点的设计，同时也要考虑，如果企业现有的资源与能力不足，如何获得所需要的新资源与新能力。业务设计不是空中楼阁，不能像海市蜃楼一般。业务设计需要回答的问题是：

- 我们的价值主张是什么？
- 我们的盈利模式是什么？
- 我们如何与众不同？
- 我们如何服务客户？
- 我们如何销售？

第五，关键任务的设计决定执行的方向和成败。战略的执行与落地，最后是一个一个的项目。关键任务成为一个一个的战略项目，它把战略与执行联结起来。如何定义好项目目标与范围，如何定义好项目里程碑节点，如何做好项目计划，是关键任务设计的重中之重。任务设计需要回答的问题是：

- 基于任务设计，我们是否清楚地知道要完成哪些关键任务？
- 关键任务的目标与范围是什么？
- 关键成功因素是什么？
- 有哪些事情需要优先执行？

第六，组织是执行的保障。战略决定组织，组织决定流程，流程决定绩效。战略的执行与落地，需要建立相应的组织体系、管理制度、机制与流程，否则执行的效果就会大打折扣。组织保障需要回答的问题是：

- 我们如何重新设计组织结构以完成关键任务？
- 我们如何做好绩效管理工作，确保战略的执行与落地？
- 我们如何做好价值评估与价值分配，确保体系与战略的一致性？

第七，组织战略的背后需要人才战略的支撑。人才的素质与能力、团队的文化、团队的领导力，这些都是战略执行与落地的组织保障。人才如何获得、培养、激励和保留，也是战略执行非常重要的一部分。人才战略需要回答的问题是：

- 我们有完成任务所需要的人才吗？
- 我们有完成任务所需要的技能吗？
- 我们有对这个业务设计必要的训练吗？
- 我们有能力寻找到所需的外部资源吗？

第八，文化与氛围。组织的文化与氛围在很大程度上决定着组织的绩效。组织文化与氛围是组织战斗力的一部分。新战略、新业务，需要的是新文化。构建一个开放、授权、共享的文化与氛围，对企业的转型、变革与创新至关重要。文化与氛围需要回答的问题是：

- 我们的文化价值观支持业务的发展吗？
- 我们需要培养哪种文化？
- 文化如何转型？
- 文化如何转化为行为？

▸ 优秀企业标杆学习：世界 500 强企业领导力素质与能力模型

1. IBM 的三环领导力模型

对于领导力素质能力评价，IBM 有一个经典的三环模型：对事业的热情（Passion for the business）处在环心，致力于成功（Focus to win）、动员执行（Mobilize to execute）和持续动力（Sustain momentum）这三大要素围绕环心运转，见图 4-9：

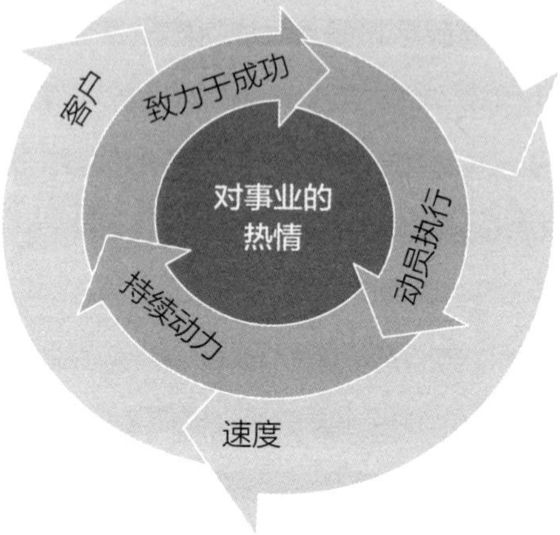

图 4-9　IBM 三环模型

环心：对事业的热情（Passion for the business）。IBM 认为杰出的领导者对事业、对市场，以及为客户提供服务要充满热情。对事业的热情指标包括：充满热情地关注市场的赢得；能够描绘出一幅令人振奋的 IBM 未来蓝图；接受企业的现实，但又要以乐观自信的方式对环境做出反应；表现出对改造世界的技术潜力的理解；表现出对 IBM 解决方案的兴奋感。

要素 1：致力于成功（Focus to win）。IBM 以三大要素来考察领导者是否致力于成功，它包括：对客户的洞察力；突破性思维；渴望成功的动力。

要素 2：动员执行（Mobilize to execute）。所谓杰出的领导是否能够动员团队执行，达到目标，可以从四个要素进行考察：团队领导力；直言不讳；协作；决断和决策能力。

要素 3：持续动力（Sustain momentum）。判定所谓杰出的领导者是否能为组织带来持续的动力，有三条标准：发展组织能力；指导、开发优秀人才；个人贡献。

2. GE（通用电气）的 4E+1P 领导力模型

杰克·韦尔奇认为：领导人应该具备的关键素质可以用“4E+1P”来概括，见图 4-10，这是“GE 领导力模型”的主要内容。

（1）活力（Energy）

活力是指领导者拥有巨大的个人能量，对于行动有强烈的偏爱，干劲十足。所谓充满活力，意味着不屈服于逆境，不惧怕变化，能够不断学习，愿意积极挑战新事物。

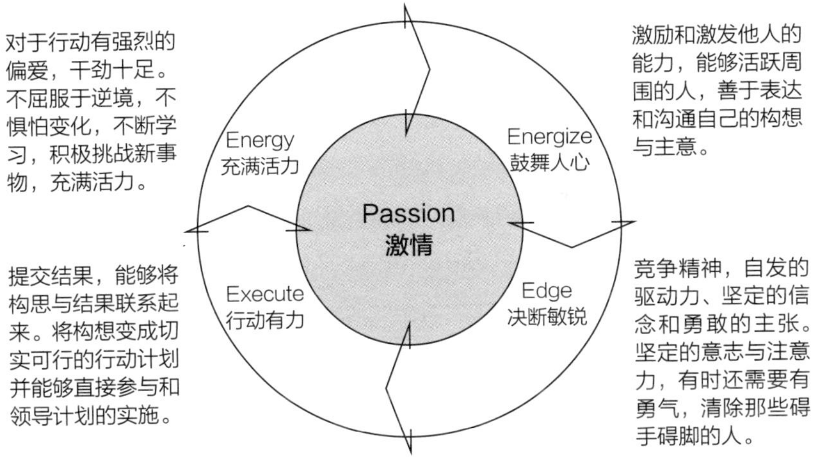

图 4-10 领导力模型

（2）鼓动力（Energize）

鼓动力是指激励和激发他人的能力，能够活跃周围的人，善于表达和沟通自己的构想与主意。韦尔奇认为，这也是一种积极向上的活力，它可以让其他人加速行动。懂得激励别人的人能鼓舞团队，承担看似不可能完成的任务，并且享受战胜困难的喜悦。韦尔奇特别强调，激励别人并不是只会做慷慨激昂的演讲，而是需要对业务有精深的了解，并且掌握出色的说服技巧，创造一种积极的氛围，唤醒他人的思想与行动。

（3）**决断力**（Edge）

决断力体现的是一种竞争精神，一种内在的驱动力，拥有坚定的信念，敢于提出困难的主张，以及有勇气做出艰难的决定。

（4）**执行力**（Execute）

执行力即提交结果，能够将构想变为现实，将构想变成切实可行的行动计划，并且能够直接参与和领导计划的实施。执行力是一项专门的、独特的技能，它意味着一个人知道怎样把决定付诸行动，并继续向前推进，最终完成目标，其中还要经历阻力、混乱，或者意外的干扰。

（5）**激情**（Passion）

所谓激情，是指对工作有一种衷心的、强烈的、真实的兴奋感。充满激情的人能够带动他人的激情，特别在乎别人，比如，对同事、员工和朋友们发自内心地在乎。

3.P&G（宝洁）的 5E 领导力模型

宝洁公司认为领导力的核心要素可以概括为 5 个 E，它们分别是 Envision（高瞻远瞩）、Engage（全情投入）、Energize（鼓舞士气）、Enable（授人以渔）、Execute（卓越执行），如图 4-11。

（1）**高瞻远瞩**是指一个领导者构建愿景的能力，给整个组织指明方向，从而激发团队内心的激情。

（2）**全情投入**是从人和资源两个角度，能够很好地将利益相关者，包括员工、同事、客户以及上级领导等，团结在一个共同的愿景之下，让大家一起努力奋斗。

（3）**鼓舞士气**是指鼓舞团队的热情和士气，使团队始终保持高昂的工作状态。

（4）**授人以渔**是指构建团队整体的能力，培训与教授，重在授人以渔。

（5）**卓越执行**是指率先垂范，亲身投入，结果导向。

在宝洁看来，这 5 个要素是相互交融但又先后有别的。这是一个完善而科学的模型，同时具有很强的可操作性，因为宝洁坚信领导能力不是与生俱来的，是完全可以通过后天培养出来的。要提高个人的领导力，就必须修炼这些重要的素质与能力。

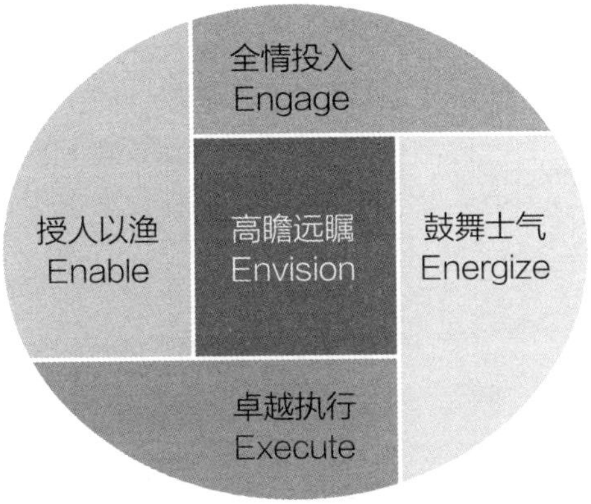

图 4-11 宝洁公司 5E 领导力模型

4. 摩托罗拉的 4E+1E 领导力模型

摩托罗拉虽然倒闭了，但这并不妨碍它是一家伟大的公司，不仅产品与技术曾经独步一个时代，其人才发展与文化也被业界广泛推崇和学习。当年我在摩托罗拉的时候，办公室里贴得最多的就是这样的海报："保持对人永远的尊重""保持高尚的道德情操"，仅这两条，就可以吸引无数有理想、重情怀的青年才俊。2018 年在北京，一群摩托人竟然在北京相聚，怀念和追忆曾经一起奋斗的日子，这时公司都已经倒闭 10 年了。如果不以成败论英雄的话，这才是一家真正优秀的公司！

摩托罗拉的领导力模型很有特色，可以用一个公式来表达，即 4E+1E，分别是眼力（Envision）、活力（Energize）、魄力（Edge）、执行力（Execution）和约束力（Ethics），见图 4-12：

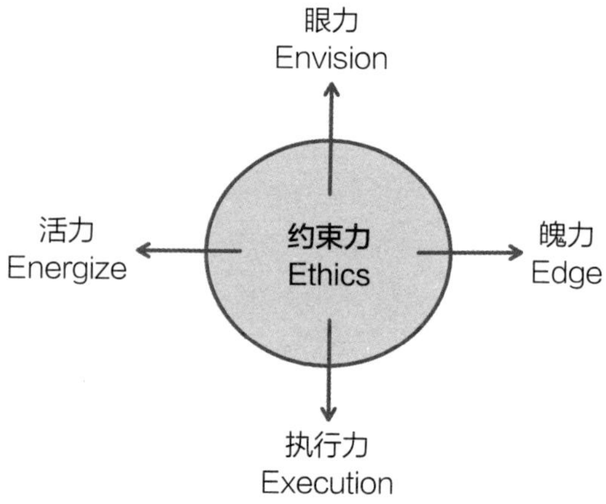

图 4-12　摩托罗拉 4E+1E 领导力模型

（1）眼力（Envision）

眼力指的是作为一名领导者，能否为组织制定和决策一个有效的发展战略和发展目标。所谓有眼力，就是能够敏锐地发现机会，抓住机会，敢于创新和变革，有高要求和高追求。洞察机会与确立目标的能力，这对于领导而言至关重要。成功的领导者总是能够审时度势，从全局考虑和分析问题，不仅能抓住机会，制定发展战略，而且还能将目标明确化、愿景化，使下属真正理解公司的战略，全身心投入其中。

（2）**活力**（Energize）

活力就是要有激情和热情，领导者不仅自己要有激情和热情，还要创造一个有激情和热情的环境，让每一个人满怀希望地投入工作之中。摩托罗拉对“活力”有六项标准：①要表现出对美好理想的热情，创造积极的工作环境，也就是要对公司的愿景、使命倾注热情，为团队创造一个积极的工作环境；②要向下属授权、放权，为下属扫除工作障碍，为下属提供他们工作所需要的资源；③要认可和表扬人们的贡献，使他们能够感受到尊重，尤其是人格上的尊重；④要会辅导下属、指导下属和培养下属，培养人才是领导者的重要任务；⑤要善于交流，要满怀激情地与人交流，善于与不同类型的人沟通，把公司的战略有效地传递下去；⑥创造性地开展工作，勇于提出自己的合理化建议。

（3）**魄力**（Edge）

魄力就是决断力，指的是能够做出大胆的和及时的决定，坚持用高标准要求，推动组织不断向前发展。有魄力的领导者就是要学会一针见血地指出问题的要害，以实事求是的态度表达善意的不满。对业务表现不佳者，敢于给予警告。

（4）**执行力**（Execution）

执行力就是要在目标导向的引导下付诸行动。目标不能停留在纸上、口中和脑海里，必须转化为现实的行动计划与成果。领导者必须能够控制自身和组织成员的行动，采用可行的、有效的管理方式，达成设定的目标。摩托罗拉对执行力有七项标准要求：①按期完成工作，遵守对客户和内部同事的承诺；②通过适当的紧迫感，将团队的注意力集中到重要的成果上来，关注那些能够带来最重要的价值的机会；③参与运营的细节，不是说领导者要事无巨细，什么都管，但一定要贴近运营，要有质感，懂得什么时候应该亲自参与运营，什么时候可以不参与；④具有创新和变革的意识，不断改进工作中的流程和方法；⑤在保证质量的前提下，按时间和预算规定做好项目管理；⑥录用和选拔来自各种背景的、满足业务需要的优秀人才；⑦在团队成员及团队之间，鼓励合作，做好协同和配合。

（5）约束力（Ethics）

约束力指领导者要有道德，要随时随地以道德的方式开展业务，尊重所有的人和文化，不让个人的志向和情绪干扰公司的工作。领导者的特殊地位和手上的权力对公司和团队能够产生巨大的影响，再加上信息不对称，约束机制不完善，因此领导者一定要有很强的自律意识和高尚的职业操守，这是成为优秀领导者的基础。

看到摩托罗拉公司的这个领导力模型，就知道为什么摩托罗拉能够培养出那么多的人才，成为名副其实的中国的黄埔军校。至于摩托罗拉为什么这么优秀，但是却倒闭了，我们把这当作另外一个重大课题，另行研究。

▸ 世界500强公司素质与能力模型的几点启示

通过对世界500强公司领导力模型的研究，我们可以发现一些共性，他们对优秀领导者应该具备的素质与能力，非常重视如下几个方面：激情（Passion）、执行力（Execution）、眼力（Envision）、活力（Energize）、决断力（Edge）。

1. 激情（Passion）

通过我们平时在生活中接触到的上班族，或是在电视媒体上看到的成功人物，不难发现，凡是事业成功的人，都是非常热爱自己的工作的。激情，不单单是领导者，也是每个员工应具备的素质。

只不过，领导者应具备的激情又多了一层含义，不仅是指领导者本身要热爱自己的工作，对事业要怀有激情。同时，领导者还要把这份对工作的激情传递给下属员工，在团队中营造出积极工作的氛围。

所谓激情，用原微软 CEO 比尔 · 盖茨的话说就是："每天早晨醒来，一想到所从事的工作和所开发的技术，将会给人类生活带来巨大的影响和变化，我就会无比兴奋和激动。"所以，微软长期以来形成了自己一套独特的用人之道，只要有激情，只要有潜能，即使不是专家，即使没有经验，只要有开发的潜能，微软就视其为人才。有一次，美国一位部长问比尔 · 盖茨："我在微软参观时，看到每一个员工都非常努力，非常快乐。你们是如何创造这样的企业文化的？"比尔 · 盖茨回答："我们雇用员工的前提是，这个员工对软件开发是有激情的。"可见，在比尔 · 盖茨眼里，激情是微软员工最重要的素质，也是微软成功的前提条件。

越来越多的实践表明，激情被企业视为一项员工最为宝贵的素质，也是企业保持基业长青的关键。激情是成功的动力，激情是创新的源泉。唯有激情，员工才更加主动，更有效能，才愿意全情投入，干好自己的工作。正如亚洲首富孙正义所说的那样："我不是天才，我之所以能成功，关键在于要有激情。当你有一种强烈的激情，而且工作重点非常明确的时候，你就可以变成专家了。你不断地工作，因为你有激情，因为你找到了朋友。一旦有了工作重点，你对事情就有了更深刻的了解，事情就变得很容易了。"

2. 执行力（Execution）

执行力就是把决定付诸行动。公司是商业性质的，要求员工能够不断提升办公效率，保质保量按时完成工作。

当公司确定战略目标后，目标经过层层分解分配给部门，部门再把目标分配给员工。当领导者有了明晰的目标以后，必须采取一系列的行动来实现目标。行动之前，必定会有构想。领导者要做的不仅仅是根据目标提出构想，更重要的是把构想变成切实可行的行动计划，并带领下属执行计划，实现目标。领导者的责任就是要通过各种方式，凝聚团队的力量，推动团队完成目标与任务。当然，在行动的过程中，会遇到困难或意外的干扰，领导者要和下属同心协力，克服困难，找到解决问题的办法，直至达成目标。

3. 眼力（Envision）

领导者能否为组织做好战略规划，为组织设计和制定一个有效发展目标，直接关系到组织的发展与绩效。领导者要有战略思维，能够敏锐地发现机会，推动组织的变革，促进业务的增长。领导者不仅要提出战略构想，同时还要能够提出实现这一变革设想的切实可行的计划，把梦想变为现实。成功的领导者能够广泛听取、吸收各方面的信息意见，审时度势，从时机、战略和全局上考虑和分析问题，抓住那些稍纵即逝的机会。同时，领导者还要具备一种能力，将愿景目标化、使下属真正理解愿景并建立信心，为组织的信仰和价值观而奋斗。在组织目标的确立过程中，领导者的洞察力起着关键作用，比如，如何确立产品的发展方向和服务范围，每一项变革和创新都是对领导者洞察力的检验。高瞻远瞩有眼力，凡事站得高、看得远，才能成为一名战略型的领导者。

4. 活力（Energize）

组织的目标制定既需要自上而下，也需要自下而上，领导者不能一个人唱独角戏。领导者的重要工作之一，就是要使组织的战略目标成为组织共同的信仰和追求，在组织内形成共有的价值观。只有组织成员共同拥有群体目标，才能产生群体行动，并激发起更大的责任感和创新精神，从而使目标产生激励的作用。所以，领导者必须拥有鼓舞、动员、激励员工的能力，让员工努力为一项有意义的事业工作，勇于奉献自己的聪明和才智。

5. 决断力（Edge）

领导者在工作中，需要不断做出各种艰难的决策，果断力就是领导者能够适时地做出正确的决策，而不会犹豫不决，错失良机。如果一个领导者拥有优秀的决断力，能够沉着冷静地面对内外部的快速变化，即使在信息不完整的情况下，也能够果断地行动，迅速做出正确的决策。在企业陷入危机之时，领导者能够迅速反应，通过自己的判断力、勇气和决心，化解危机。

作为一个优秀的领导者，当然还需要具备很多的素质与能力，比如，创新能力、组织能力、学习能力、沟通能力等，但最核心的素质与能力应该包括哪一些，IBM、GE、宝洁和摩托罗拉这些世界 500 强企业的领导力素质与能力模型，可以帮助我们从中找到一些答案。向优秀企业学习，向世界 500 强学习，这是中国企业成功的秘诀之一。

▸ 华为的领导力素质与能力模型

华为作为中国最优秀的企业之一，在领导力人才培养和发展方面，也是我们学习的标杆。1997 年，华为请 Hay 合益做人力资源开发项目；2005 年，再次请 Hay 合益做领导力培养与开发项目，提出了华为的第一个领导力素质与能力模型，为华为的全球战略布局和领导干部队伍的培养，发挥了重要的作用。

华为领导力素质与能力模型非常简洁，结构格外清晰，对业务的发展极具指导意义，它从对外、对内和个人角度三个维度，提出了如下三个方面的要求：(1) 发展客户能力；(2) 发展组织能力；(3) 发展个人能力，如图 4-13：

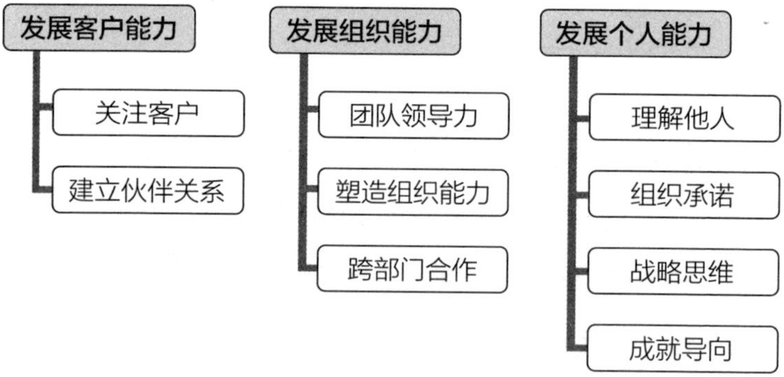

图 4-13　华为领导力素质与能力模型

1. 发展客户能力

发展客户能力包括两项内容，一是关注客户；二是建立伙伴关系。

关注客户指一种致力于理解客户需求，并主动用各种方法满足客户需求的行为特征。“客户”包括现在的和未来潜在的客户。

层级一：响应明确的客户需求。

层级二：解决客户的担忧，主动发现并满足客户未明确表达的需求。

层级三：探索并满足客户潜在的需求。

层级四：想客户所未想，创造性地服务客户。

建立伙伴关系指一种意愿与行为能力，找出华为与其他精心选择的合作伙伴之间的共同点，与他们建立具有互利共赢的伙伴关系，以便更好地为华为的客户服务。

层级一：对外开放，建立联系。

层级二：开展对话。

层级三：共同发展伙伴关系。

层级四：寻求共识，实现双赢。

2. 发展组织能力

发展组织能力包括三项内容：一是团队领导力；二是塑造组织能力；三是跨部门合作。

团队领导力是指运用影响、激励、授权等方式来推动团队成员关注战略要点、鼓舞团队成员，运用团队共创的智慧与方法来领导团队和解决问题。

层级一：任务式领导。

层级二：设定高绩效团队的行为期望。

层级三：授权团队。

层级四：鼓舞士气，影响团队。

塑造组织能力：是指一种辨别并发现机会，以不断提升组织能力、流程和结构的行为特征。

层级一：理解执行组织、流程，并识别需要改进的领域。

层级二：指导团队。

层级三：匹配人力资源，发现、培养后备干部。

层级四：进行组织或流程的重新设计，建立干部梯队，以持续提升绩效。

跨部门合作：是指为了公司整体利益而主动与其他团队合作、提供支持性帮助并获得其他部门承诺的意愿和行为。

层级一：尊重他人，并贡献自己的观点。

层级二：处理冲突，愿意妥协。

层级三：主动理解其他部门需要，采取行动提供帮助，寻找双赢。

层级四：整体利益最大化。

3. 发展个人能力

发展个人能力包括四项内容：一是理解他人；二是组织承诺；三是战略思维；四是成就导向。

理解他人指一种能够准确地捕捉和理解他人没有直接表露或只是部分表达出来的想法、情绪的行为特征。

层级一：理解真实意图。

层级二：识别情绪和状态。

层级三：理解情绪和表达。

层级四：理解深层问题。

组织承诺是指一种为了支持公司的发展需要和发展目标，愿意并能够承担任何职责和挑战的行为特征。

层级一：努力融入组织。

层级二：展现公司形象。

层级三：认同及传播公司核心价值观，以实际行动支持公司。

层级四：为公司利益做出牺牲。

战略思维是指一种在复杂模糊的情境中、用创造性或前瞻性的思维方式来识别潜在问题、制定战略性解决方案的行为特征。

层级一：通过发展趋势来实施战略。

层级二：运用复杂的理念实施战略。

层级三：深入浅出地洞察战略。

层级四：对业务重新构思或创造新的业务概念。

成就导向指一种关注团队最终目标，并关注可以为公司带来最大利益的行动的行为特征。

层级一：把事情做得更好。

层级二：设定并实现挑战。

层级三：做出成本 / 效益分析。

层级四：敢于冒险，特别是那些经过评估的风险。

▸ 阿里巴巴的领导力素质与能力模型

阿里巴巴对于管理者的领导力标准被形象化称为“九阳真经”，这是在阿里核心价值观“六脉神剑”（客户第一、团队合作、拥抱变化、敬业、诚信、激情）的基础上，增加了胸怀、视野和超越伯乐三项素质凝炼而成的，见图 4-14：

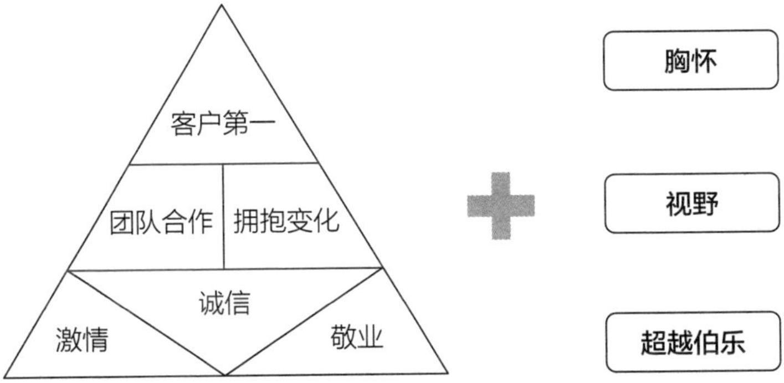

图 4-14 阿里巴巴领导力素质与能力模型

1. 客户第一

所谓客户第一，是指当客户—员工—股东三者在面对利益冲突的时候，必须要坚持的思考顺序。客户第一的三项行为要求是：

（1）客户第一、员工第二、股东第三。

（2）走近客户，了解客户，为客户解决问题。

（3）建立并不断完善机制，确保客户满意。

客户第一意味着：

❖ 善于和客户建立亲密的关系，了解客户，也让客户了解你。

❖ 能够向客户销售我们的服务并带回客户的观点。

❖ 乐于为客户解决问题，无论这个问题是我们公司内部所导致的，还是公司现有服务之外的。

2. 团队合作

团队合作是阿里巴巴成功的基石。团队合作的三项要求是：

（1）平凡人做非凡事，领导者是平凡的；荣誉归团队，责任归自己。

（2）建立以结果为导向的团队文化。

（3）了解同事，信任同事，营建简单信任的快乐团队。

团队合作意味着：

❖ 领导者是平凡的人，是团队帮助你成功。只有当你做决定，当你在承担责任的时候，你才是CEO、总裁、总监。领导不是权力，领导是责任。

❖ 荣誉归团队：所有成功都归功到团队的努力。责任归自己："所有的问题都是我的问题"，对团队内所有的决定负责。

❖ 以结果为导向，就是为过程鼓掌，为结果付薪。过程好，结果不好，一无所获；结果好，过程不好，这是无法复制的成功；只有结果好，过程也好，才是阿里巴巴的执行力。

❖ 领导不能"说过就当做过"，对交代的事情在过程中要抓住关键点，必要时候也要盯得紧，过得细。

❖ 简单做人，简单做事，彼此信任的团队文化，才能保证团队做到以结果为导向。

❖ 了解同事，不是要求领导性格上能够与同事打成一片，而是要能够与同事充分沟通，全面真实地了解团队的状况，真正了解你的同事在想什么。

❖ 只有了解和信任你的同事，你的团队才会是快乐的，健康的。对团队中的流言和偏见，要及时制止，不要让问题过夜。

❖ 我们用“同事”，而不是“员工”或者“下属”来称呼你的团队成员，目的就是避免引导到“官本位”的倾向上。你就是员工，你就是群众，别把自己当干部。

3. 拥抱变化

所谓拥抱变化，是指如何面对变化，应对变化。这个世界，唯一不变的就是变化。拥抱变化的三项要求是：

（1）变化是一切机会的来源，我们要以乐观积极的心态采取行动，帮助变化成功。

（2）理解变化背后的原因，永远以积极正面的声音传达公司信息；带动团队也能够积极行动。

（3）善于从错误中学习，持续改进。

拥抱变化意味着：

❖ 拥抱变化的过程，也是主动创新的过程。

❖ 拥抱变化比创造变化难得多，因为需要用一种快乐的、积极的心态去拥抱变化，更要帮助变化成功。

❖ 拥抱变化是我们这个行业所必需的，一切机会来自变化。

❖ 拥抱变化是阿里巴巴执行力很特殊的保证。变化可能错了，没办法，但是当初坚持要往前走，在某些时候，错误的决定比没有决定好。这个时候需要的是信任，信任团队，信任同事。2001—2003 年阿里巴巴的变化很多，犯的错误更多，因为有“拥抱变化”，大家都跟着走，才从困境里逃出来了。

❖ 积极行动的心态是任何领导者的执行力的关键。决策前，充分发表意见，决策后，走出门就彻底忘记自己的想法——这就是“我的决定”，而不是“公司的决定”。

❖ 自己理解变化的原因还不够，还要让团队一起来积极行动帮助变化成功。让团队“知其然”也“知其所以然”——尽可能地分享信息，向团队解释变化背后的原因。

4. 诚信

所谓诚信，意味着对客户、对团队、对股东要坚守承诺。诚信的三项要求是：

（1）心胸坦荡，清正廉洁，直言有讳。

（2）对客户坚守承诺，对同事言行一致，对上级客观真实。

（3）建立流程制度，保障组织健康，承担组织健康的职责。

诚信意味着：

❖ 心胸坦荡很难考核，因为很难说对方是不是心胸坦荡。但是一些行为是可以看到的：一种是用冠冕堂皇的理由掩饰自己真实的想法；另一种是不承认错误，东拉西扯，回避实质性问题。

❖ 我们的组织会复杂起来，挑战很大。比如，裙带关系，公司只有三五十个人的时候没问题，一两万人的时候，这种事情一定会出现；即便不是真的，流言也会有。面对这些，我们的关键：一是要心胸坦荡，时时保持自省的态度；二是坐在这个位置上要对自己的职责负责，清正廉洁。

❖ 清正，不是“清官”的清，而是“清醒”。清静为天下正！脑子清醒，才能做到正直，不做贪官。

❖ 直言有讳：外圆内方，有原则，但要注意表达方式。要讲的东西一定表达到位。有些人批评人的时候话只说一半，另一半要对方自己猜，这也很麻烦。

❖ 对客户坚守承诺，首先要做到不过度承诺，而一旦做出了承诺，则必须要说到做到。在没有依据的情况下，不要把期望值拉高。

❖ 对上级客观真实，就是不要“报喜不报忧”，要敢于说真话。

5. 激情

所谓激情，就是要做到永不放弃。激情的三条要求是：

（1）追求理想，使命驱动，很傻很天真。

（2）在诱惑下坚持使命，在压力下又猛又持久。

（3）把自己的激情转化成为团队的激情，积极影响感召团队。

激情意味着：

❖ 何为“永不放弃”？不失其所者久，死而不亡者寿，放而不弃者胜。

❖ 不失其所者久：打仗保持不败才能常胜，进攻的人有了其所之后才会去进攻。不管我们怎么在国际上进攻，今天只要中国的业务不倒，我们就不会倒。

❖ 放而不弃者胜：不放弃是一种精神境界，但有时放弃还是必要的。战术上放弃，战略上不放弃，知进知退，有所为有所不为。一个人要成功，要永不放弃，但只有学会何时放弃，怎样放弃，放弃什么的时候才会进步。

❖ 很多时候，诱惑往往比压力更大。在阿里巴巴发展的历史上，做房地产、做游戏的机会都曾出现过，现在也有很多人来告诉他们怎么让淘宝赚钱，诱惑很多，但是他们仍然坚持做他们应该做的。

❖ 激情来自使命感，没有使命感不可能有激情。阿里巴巴永远是一家有理想主义色彩的公司，作为这家公司的人，同样要有理想主义色彩。

❖ If not now, when? If not me, who? 生命若不是现在，更待何时？

6. 敬业

所谓敬业，就是执子之手，与子偕老。敬业的三项要求是：

（1）热爱公司，热爱工作。

（2）今天最好的表现是明天最低的要求。

（3）在团队中营造学习和钻研的氛围，好好学习，天天向上。

敬业意味着：

❖ 执子之手，与子偕老的境界，就是跟职业生涯中的每一家公司都能有执子之手与子偕老的心态。即便离开了这家公司，也能好聚好散。不能热爱公司的人，不适合成为阿里巴巴的领导。作为阿里巴巴的领导，热爱工作的同时热爱公司是必需的。

❖ 带领大家学习，从错误中学习，从工作中学习，甚至从娱乐中学习——学习不仅指获取更多的资讯，如参加培训、读书看报等，而是培养实现目标的能力，实现自我超越和突破。

7. 视野

所谓视野，即能站得高，看得远。视野的三条要求是：

（1）看到别人没有看到的机会，防止灾难。

（2）让大家参与进来。

（3）有结果。

视野意味着：

❖ 会看，机会和灾难都要看到。知未明，观未见：知道别人还没明白的，看到别人还没看到的。

❖ 战略三分是看出来的，七分是做出来的。大方向对了，不断试错。好的战略是“苦熬”出来的。

❖ 不管能否看清未来的方向，至少自己要经常思考，经常抬头看路，而不是一直埋头赶路。

❖ 会销售，自己看到了，还要让大家对机会兴奋起来，对灾难重视起来。

❖ 眼光需要全球化：开放、分享、全球化、责任感。

❖ 有眼光，还要有结果。通过别人拿结果，通过结果不断修正自己对方向的判断。要拿到结果，需要在组织、文化和制度上相应地支持。

8. 胸怀

所谓胸怀，即心胸开阔。胸怀的三项要求是：

（1）领导者是寂寞的。

（2）胸怀是冤枉撑大的。

（3）心态开放，能倾听，善于换位思考。

胸怀意味着：

❖ 领导越往上走，就会越寂寞，这是一个必经的过程。领导者大多会有很多抱怨，但是请提醒自己，调整心态，这是一个正常的情况。既然要成为领导，就要经历这个过程。

❖ 做领导，一定要做决定，而且很多决定往往是需要力排众议的。克林顿 7 年前在达沃斯说，如果有 30% 的人同意他的决定，他已经高兴坏了。因为你处在这个位置上，你看到的东西要比别人多；反过来，也许能理解你的人就会更少。

❖ 在寂寞中找到不寂寞的东西。要能耐得住寂寞，学会自得其乐，宁静致远。

❖ 胸怀是冤枉撑大的。作为领导，一定会有被冤枉的时候，这也是正常的情况。当被冤枉的时候，有胸怀的人才能坚持。

❖ 胸怀首先是开放，只有开放坦诚的沟通，才能让下面的人也敞开心怀。其次是包容，包容各种各样的人、思想和文化。要做到包容，自己不要有太多先入为主的判断，要善于倾听和换位思考。

❖ 上善若水，领导最高的境界是如同水一样：水能高能下，流动中无形，遇到的东西什么形状，水就是什么形状，至柔至刚。

9. 超越伯乐

所谓超越伯乐，就是知人善任。超越伯乐的三条要求是：

（1）找对人：知人善任，用人所长。

（2）养好人：在用的过程中养人，在养的过程中用人。

（3）养接班人：造就接班人，鼓励青出于蓝胜于蓝。

超越伯乐意味着：

❖ 善用人者，为之下。欣赏自己的同事，待人谦和，善于从他们身上学习。不争之德者，为用人之上。不争之德，不以权力压人，不轻易发怒。

❖ 善于发现同事身上的优点，并用其所长。有意识地把人放到给他更多责任和压力的地方，会让他成长得更快。通过别人拿结果，通过结果培养人。

❖ 阿里巴巴的领导要有老师的心态。凡是做领导的人，应该把培养接班人作为首要任务，要有胸怀去培养能够超越自己的人。

纵观阿里巴巴的领导力素质能力模型，给人印象最深刻的是中国文化与中国元素，不仅逻辑结构清晰，而且特别通俗易懂，这才是写出来让人执行的文化。此外，字里行间，阿里巴巴的九阳真经也好，六脉神剑也好，都能看到马云的影子，比如，最后一条：阿里巴巴的领导要有老师的心态。凡是做领导的人，应该把培养接班人作为首要任务，要有胸怀去培养能够超越自己的人。

10 Leadership Workshops Empower Your Leadership

第五课

领导者的角色胜任

理解领导者所应该扮演的角色，就能够更好地理解领导者所需要的素质与能力。

让我们从一个最基本的问题开始，为什么需要领导者？我们之所以需要领导者是因为任务的需要。做一件简单的事情，一个人就够了，不需要其他更多的角色。但是，如果是攀登珠穆朗玛峰，如果是制造一辆汽车，如果是打一场篮球比赛，一个人就不够了，就需要一个团队。其次，有了团队的需求，就产生了维护团队团结的需要。如何把一群性格各异、能力不同、诉求不一的人组合在一起，就需要有领导者。最后，领导者之所以愿意做领导者，也有自己的需求。因此，任务、团队和领导者这三个方面的需求，是领导者角色胜任的需求基础。

彼得·圣吉针对学习型的组织，提出了一个领导者的三角色理论，他认为，**一个学习型的领导者应该扮演这样三个角色，即设计师、老师和仆人。**

❖ 设计师：领导者是组织的设计师，要做好组织的顶层设计，包括使命、愿景和核心价值观、组织战略及定位，等等。

❖ 老师：领导者的工作不是指挥和命令，更重要的是要帮助他人学习和成长。

❖ 仆人：领导者不是高高在上的君王，而是一个想要服务、愿意服务、能够服务的“仆人”，这样的领导者能够更好地赢得人民群众的追随。

设计师、老师和仆人，是彼得·圣吉先生关于领导者的三大角色。

管理大师明茨伯格，把管理者的角色作了更进一步的细分，把管理者分为三个大类，一共 10 种角色：

❖ 三种人际关系角色：名义首脑、带头人、联络人。

❖ 三种信息沟通角色：监控者、传播者、发言人。

❖ 四种决策管理角色：企业家、麻烦处理者、资源分配者、谈判者。

领导者要扮演的角色可真不少，了解这些角色要求，可以扩大我们的认知边界，更好地胜任领导者的职责，至于如何妥当归位，没有一定之规，还需要因时、因地、因事而定。

领导者的四个专业角色

领导者的角色可以从多个维度来划分，如果能用一个结构化的方式对领导者的角色进行描述和定义，则更具实际指导意义。下面是一个四象限图，横坐标是期望发现的问题原因与解决方案，纵坐标是所用的提问手段与方法，形成一个四象限图，形成一个理想的框架，展现领导者要扮演的四个专业角色，见图 5-1：

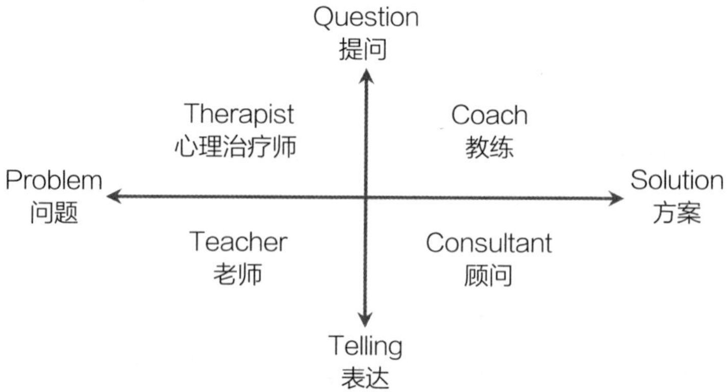

图 5-1 领导者角色象限图

领导者如何做好教练

教练一词本源自体育界，一名叫作添·高威的人把体育教练的概念引入了企业领域。

添·高威毕业于哈佛大学，年轻时喜欢打网球，曾服役于美国海军陆战队。1971 年，添·高威在暑期开设了一个网球和滑雪训练培训项目。他除亲自授课外，还分别聘请了几名网球和滑雪教练来授课。一天，碰巧有一名网球教练因故不能授课，而此时许多付费学员都在等待教练，添·高威于是决定临时调用一名滑雪教练来教打网球。可是那位滑雪教练不会打网球，添·高威对滑雪教练说："你只要教他们把焦点集中在网球上，千万不要给他们做示范动作。"滑雪教练依计行事。一个月后，添·高威惊奇地发现这位滑雪教练教授的学员比正式的网球教练所教授的学员进步还要快。添·高威于是对这个有趣的现象进行了一番深入的研究，他发现：传统的网球训练主要方式是教练做示范动作，学员模仿动作，教练纠正学员的不正确姿势。很多学员把注意力都集中在自己的动作是否规范上了，而当球飞过来时总是手忙脚乱。滑雪教练因为不会打网球，所以无法做示范，只好要求学员把注意力集中在网球上，而对学员击球的动作没有特别的规定和要求，同时对学员提出一些开放式的问题，诸如：你的身体如何调整才能接住飞来的网球呢？由于学员把注意力集中在网球上，而不是自己的动作是否标准上，他们竟然能够更好地对自己的动作进行调整，接住飞过来的网球。事实上，当教练发现学员的错误并提出建议来纠正他们的时候，学员的表现反而不理想。假如学员放松，脑海里有了想象，身体有了感觉，那么他的表现就会改善，在没有意识到自己有问题的情况下改正了错误。

添·高威在 1974 年出版的名著《网球的内在诀窍》中论述：运动员在球场上要与两个对手对抗，一个是外在的对手；另一个更可怕的是自己内心的对手，只有战胜这个内心的对手，运动员的潜力才能得以最大限度的发挥。而教练就是帮助运动员克服障碍、挖掘潜力、获得冠军的。

1975 年，添·高威对外界宣称，他可以让一个完全不会打网球的人在 20 分钟内学会基本熟练地打球。美国 ABC 电视台以“质疑者”的身份组织了 20 个从来没有打过网球的人，要求添·高威教他们并现场计时。其中一位叫莫莉的女士竟然穿了一条像木桶一样的长裙！她的体重有 170 磅，已有多年不运动了。结果，她成了第一个被教练的对象，并且获得成功。

这个过程在电视上播放之后，引起了 AT & T 公司高层管理者的兴趣。他们把添·高威请到公司来给经理们讲课。添·高威最初以为会到网球场上去，不料被请到了会议室。从此，一门体育教练的课程被引入企业，一种崭新的管理技术——企业教练诞生了。

企业管理者如何向体育教练学习呢？我们发现，体育教练至少有两大特征，一是绝不上场踢球；二是教练的梦想，最终要靠球员去实现。这两点，对企业的中高层领导者来说，意义重大。企业面临的一个典型的问题就是企业的中高管大多因为技术好、业务过硬被提拔，在工作中太喜欢“上场踢球”而不懂得教练下属，虽然问题解决了，但下属没有什么成长，而且搞得自己也很累，每次遇到问题，都需要自己亲自出面救火。另外，专业技术出身的领导，有一种成就感，喜欢做事，而不喜欢带人，也不懂得带人，自己能力很强，进步很快，但团队与下属没有进步。如何从技术到管理，从个人到团队，做一名教练型的领导者，是领导力转型的一道坎。

做一名专业的管理教练并不容易。国际教练协会 ICF 提出了教练的 11 项素质与能力要求：

- 遵守教练道德准则与职业化标准；
- 建立教练合约与协议；
- 与客户建立信任与亲密关系；
- 教练状态；
- 积极倾听；
- 强有力提问；
- 干净沟通；
- 创建觉察；
- 设计行动计划；
- 设定目标；
- 管理进展与问责。

教练工作最典型的一个工作方式是提出问题，如何提出强有力的问题，引发他人思考。扩展他人的认知，帮助他人学习和成长，是教练的核心价值所在。教练方式为提出问题，而不轻易给出答案，其本质是以下属为中心，是为了下属的学习和成长。领导者不仅要掌握提问的技巧与方法，更需要领导者具有耐心和爱心。本来一件事情一分钟就可以解决，告诉下属直接按你要求的方式去做，效率是最高的，但如果通过教练的方式，则需要更长的时间，需要领导者用极大的诚意，用极大的耐心和爱心去启发下属的心智，拓宽下属的思考模式，帮助下属厘清目标与行动。

教练有很多的专业技术和工具，如 GROW 模型，简单、易懂、实用，非常适合企业管理者应用。下面，我们介绍如何使用 GROW 模型，运用下面的这 18 个问题，可以帮助领导者学习和掌握教练的基本方法，让你成为一名教练型的领导者，如图 5-2 所示。万事开头难，通过一段时间的刻意练习，在熟练掌握 GROW 方法后，就可以因人、因事活学活用，而不“逾矩”。

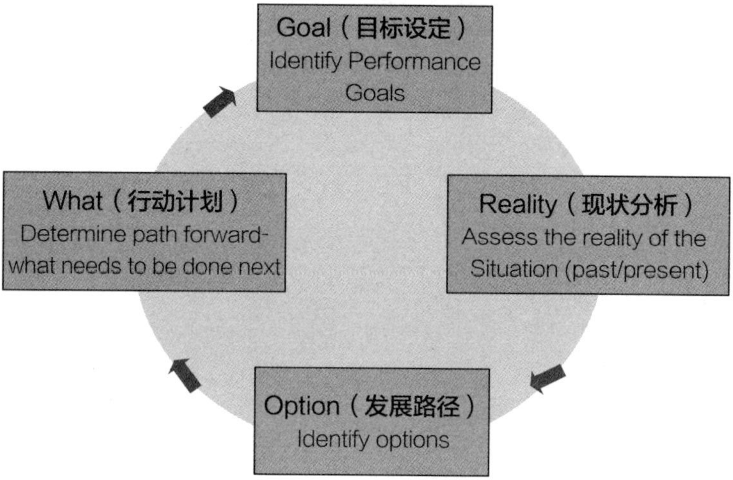

图 5-2 GROW 模型

- 你想做什么工作？
- 回答这一系列问题后，你希望获得什么？
- 与此问题相关的你的目标是什么？
- 你打算什么时候去实现它？
- 实现这一目标对你有什么好处？
- 实现这一目标还会让谁受益，以何种方式让他受益？
- 如果实现了你的目标，那将会是什么样的？
- 你将会看到 / 听到 / 感觉到什么？

- 到目前为止，你已经采取了什么行动?
- 是什么让你朝着目标前进?
- 有什么阻碍了你前进?
- 你有什么不同的选择来实现你的目标?
- 你还能做些什么?
- 每个选项的主要优缺点是什么?
- 你会选哪些选项来采取行动?
- 你打算什么时候开始每个行动?
- 其他人能做什么来支持你，你什么时候会寻求帮助?
- 在采取行动方面，用1～10分给自己打分，你的承诺度有几分?如果不是10分，你可以做一些什么，帮助提升你的承诺度?

如何提问，绝对是一项高级技巧。问题问得不好，会让后面的沟通显得非常尴尬，甚至进行不下去。你是否见到过这样的访谈情景，提问者不但没有问出任何有价值的问题，反倒把嘉宾惹毛了。我在电视中就看到过一个访谈，是央视主持人王志采访易中天教授，整个采访充满着火药味，让我一直为王志捏把汗。有经验的提问者，总是能通过精巧的提问，恰到好处，不瘟不火，绵里藏针地挖掘出很多精彩的故事内容，而且妙就妙在这些内容不仅是观众想听的，也是嘉宾想说的。

如何问出一些有挑战性的问题呢? 下面是专业教练们在教练活动中，最喜欢使用的15个问题，可以学以致用:

- 要是早就知道不会失败，你现在会做一些什么尝试?
- 如果每天有多一小时的时间，你会做什么?
- 如果有无尽的资源，你会做什么?
- 什么事情让你停滞不前?

- 在众多的目标中，你会先做什么？
- 在这件事上，你花费了多大精力？
- 你想要努力向自己证明什么？
- 能不能给我一些建议，如果我是你，换一下角色，你会首先告诉我什么？
- 如果你有很多钱，要是钱能说话，你觉得它会对你说些什么？
- 你会从什么时候开始行动？
- 为了能更接近你的目标，你可以做出哪些小小的改进？
- 你刚刚说的内容里，哪些方面可能是一种假设？
- 即使是在不利的情况下，你认为哪些事情是正向的和值得的？
- 你发现自己最喜欢讲什么样的故事？
- 你非常期望我能够问你而没有问的一个问题是什么？

领导者如何做好心理治疗师

弗洛伊德的精神分析理论，阐述了本我、自我和超我的概念。本我是最原始的部分，是与生俱来的，是无意识的，是由先天的本能、基本欲望所组成，是同肉体相联系的；自我是意识的结构部分，它处在本我和外部超我之间，它与本我不同，是根据外部世界的需要来活动的；所谓超我，是“道德化了的自我”“社会化了的自我”，它包括两个方面：一方面是通常所讲的良心；另一方面就是自我的理想。

弗洛伊德认为，人的行为受本能的支配，但同时又要受到外在的现实的限制。人的某些本能欲望常常不被社会风俗、习惯、道德、法律等所接纳。因此，欲望与规范就会产生冲突，而最后的结果往往是个人的欲望迁就于社会的规范而受到压抑。

因此，人的内在心理由此形成两种系统，每种系统都有其相应的原则。第一种系统，即本能系统，接受的是快乐原则的支配，形成于婴儿期；第二种系统，即超我系统，即外在的社会系统，除接受快乐原则支配以外，还受现实原则的支配。超我的主要职能就在于如何指导自我，去限制本我的本能冲动。在正常情况下，本我、自我和超我处于一种相对平衡状态。如果这种平衡关系遭到破坏，就会产生精神疾病。

治疗精神疾病的基本手法，就是挖掘人们幼年时期所遭受的创伤，然后抚平创伤。挖掘问题的根源，也是领导者的一项重要职能，特别是在精神情感方面。在西方，有一个角色在社会生活中扮演着重要的作用，就是教堂的牧师。当年，在朝鲜战争最艰苦的时候，美军空军投下的不仅有炸弹，还有威士忌酒和牧师。在电影《从北京到西雅图》中有这样一幕，男主角进入一座教堂，花了数小时的时间向牧师倾诉他的“原罪”，试图清洗他的内心。牧师真诚的倾听和当事人无所顾忌的倾诉，是常人的一项重要的精神需求。

在中国共产党的历史发展中，有一个成功的法宝，即把支部建在连上。1927 年 9 月，毛泽东同志率领秋收起义余部挺进井冈山途中，总结南昌、秋收起义血的教训，在江西永新三湾村改编部队时，提出“要把支部建在连上”的原则：在连队设立党支部，在优秀士兵中发展党员，在班排设立党小组，在连以上设立党代表并担任党组织书记。这就在部队里建立起一套完整的党组织体系，为党的全面建设和部队领导提供了可靠的组织保证。后来，毛泽东等在领导“工农武装割据”斗争中，深切体会到“红军所以艰难奋战而不溃散，‘支部建在连上’是一个重要原因”。经过实践总结，“支部建在连上”逐渐完善，并在 1929 年年底古田会议中通过并形成决议，成为中国共产党建党、建军的基本原则和制度，一直延续至今。

在企业中，也需要有人扮演牧师这样的角色。阿里巴巴的马云深谙这一工作的重要性，在团队中设立政委的岗位，设有专人扮演政委的角色，发挥政委的作用，帮助提升团队的凝聚力和执行力。

领导者如何做好老师

彼得 · 圣吉说，领导者要扮演三个角色，一是设计师，二是老师，三是仆人。彼得 · 圣吉所说的仆人，是指领导者要在两个方面做好服务：一是为追随者的需求服务，二是为组织的目标服务，最终实现组织的目标，这是领导者的目的。中国的传统文化对老师有一个极精彩的定义，即韩愈在《师说》中所说的：“古之学者必有师，师者，所以传道授业解惑也。”其意思就是，古时候学习的人，一定要有老师。老师，是传授道理、教授业务知识和技能、解释疑难问题的。

老师，教书与育人并重。如何做老师，如何做一名好老师，并不是一件容易的事情。很多老师在角色扮演方面，常常存在三个致命的问题：一是喜欢惩罚错误，这个在中小学老师中表现得尤其明显，小孩写错了字，做错了题，总是会被批评，往往要求在回家以后重写 10 遍，我们都是在这样的教育下“被成长”起来的。长大以后，我们都害怕犯错误，小时候教育留下的创伤与阴影，其影响是巨大的。追本溯源，社会的创新不足，恐怕也与这个教育方式有关，大家都不敢犯错误，不愿意冒风险。

二是学校的老师总是要求学生给出标准的答案，而不鼓励学生提出问题。一个喜欢提出问题的学生，由于种种原因，反倒会被老师看作问题学生，并不会被老师鼓励。

与之相对比，在极具创新力的国家以色列，他们的家长的做法就很不一样，每天小孩回家，总是会询问他们，今天在学校问了什么样的好问题。而我们的家长呢？总是会问小孩在学校学到了什么新东西，就像怕吃亏一样。以色列驻华大使马腾·维勒奈先生说："以色列能够成为创新大国的因素有很多，其中非常重要的有两点，一是教育，二是不怕失败。"

传统教育存在的第三个问题，是鼓励竞争的多，强调合作的少，学生的评价也是以分数挂帅的。著名质量管理大师戴明说过一段发人深省的话：教育系统和管理系统是同一个系统，人才是教育系统培养出来的，然后输送到企业，输出到管理系统之中。教育系统培养出的很多思维方式和行为习惯，最后也会不自觉地被应用到我们的管理系统之中。因此，要想改变我们的管理思维，恐怕还得改变我们的教育系统，要从娃娃抓起，要从老师抓起。

有一本书名为《好战略与坏战略》，在这种意义上，领导者当老师，也可以分为好老师与坏老师。领导者做老师，育人可以分为五级，第一级叫作管教，最严厉的管教就是像管教犯人一样管教下属，把下属像机器一样对待，企图控制下属的一切思想与行为。但哪里有压迫，哪里就有反抗，反抗与对抗成为一种必然的冲突。第二级叫作说教，整天唠唠叨叨，说大道理，即使出发点是好的，也往往造成他人的逆反心理，让人口服心不服，使说教的效果有限，很多的领导，很多的家长，经常扮演这样的角色。第三级叫作身教，是比管教与说教更让人信服和更有效的一种方式，以身作则是身教的典范。凡事严于律己，以身作则，通过“我做给你看”的方式，在潜移默化中影响他人，这样的老师让人尊敬，这样的家庭环境也往往能培养出人才。比身教更高一级的是第四级，叫作请教。所谓请教，是指领导者把自己放在一个较低的位置，用一种真诚谦虚的态度，不懂就是不懂，不必装懂，不必领导者事事高明，而是真心请教下属，告诉下属：我不知道怎么做，你可不可以告诉我，你觉得应该怎样做？在知识型社会，下属在某个特定领域比上级领导知道得更多、懂得更专业是具有普遍性的，外行如何领导内行，就需要领导者谦虚一点，把自己的身段放低一点，用请教的方式进行领导。领导力大师罗纳德·海费兹指出，管理是解决技术性问题，而领导则是解决适应性难题，或说疑难性问题，挑战性问题。对于技术性难题，领导者靠权威、靠经验就能解决，但面对疑难性问题，管教、说教已经派不上用场，因为自己也没有经验，这个时候，只能是依靠一线的“真正专家”，用请教的态度和群策群力的方式，大家一起来解决难题。这是领导力的更高一级形式。最后一级，也就是第五级，叫作传教。所谓传教，这是一个具有宗教色彩的词汇，指的是领导者要像传教士一样，传递目的与意义，救人于水火之中。如果说第四级的请教关注的是事的层面，即如何解决问题，那么第五级的传教关注的则是更高一级的目的与意义，关注的是精神层面的需求，回答的是“为什么”的问题，期望提升的是人的境界，期望升华的是人的精神。关于老师的五种角色，请见图5-3：

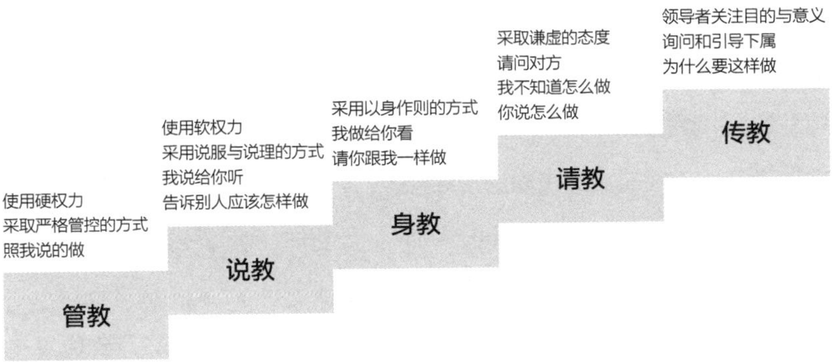

图 5-3 领导者育人五层级图

领导者如何做好咨询顾问

咨询顾问是一项专业工作，需要的是知识、智慧与经验。网上曾经有一个帖子广为流传：华为是如何“榨干”咨询公司的？这里没有任何的贬义，说的是华为如何愿意花钱，聘请了多少家著名的咨询公司，为华为提供了多少咨询服务。华为的成功，从一家默默无名的小公司，成长为行业翘楚，这与华为与聘请咨询顾问，学习世界上最优秀的标杆实践是分不开的。

华为最早聘请外脑是在 1996 年，任正非聘请了人民大学的 6 位教授（彭剑锋、黄卫伟、包政、吴春波、杨杜、孙建敏），号称“人大六君子”，起草了“华为基本法”，目的就是统一思想，达成共识。通过这一个过程使得高层管理团队在管理上达成了共识，形成了统一的意志。现在华为高层的经营管理团队（EMT）成员，都是当年“华为基本法”形成过程的主要参与者。

关于华为如何聘请IBM公司做IPD（集成产品开发）流程，有一个著名的故事，说的是IBM公司报价4800万美金，华为负责财务的总裁说，这都相当于华为一年的利润了，我们砍砍价吧。老板任正非说，你负责砍价，你能否负责项目的结果?

对于IBM公司的报价，任正非只问了一句话，你们有信心把项目做好吗？IBM公司代表沉思片刻回答，能。于是任正非拍板做了决策!

一般的企业老板，聘请顾问像找供应商一样，拦腰一刀砍价是小菜，还总是期望通过合同的条款约束对方。但要知道的是，咨询项目是由人来做的，最值钱的是人，是人的活的思想，如果人感觉不舒坦，在思想上打一点折，那个损失是无法计算的。

华为的咨询项目，整体投入将近20亿元人民币。那时有人发牢骚说，我们的奖金全都给IBM顾问交学费了。但是，当IPD项目实施到最关键的时刻，IBM公司300位资深顾问入驻华为，这些顾问个个都是在IBM公司做过研发项目的资深经理。资深项目经理一对一、手把手地帮助华为年轻的项目经理，让他们学会和实施IPD流程。

当时，正值华为研发高层集体出走之时。危机来临时，IPD项目因为IBM顾问的大力投入，不但没有中断，反而以体系的力量扛起了运营的重任。这时，大家才似乎有点明白任正非的深意。

又过了数年，IPD实施10年之际的2008年，我们看到，华为的研发周期缩短近一半，研发成本降低3成。华为真正做到了把竞争力建立在对流程的依赖上，而不是对人才的依赖上。而这正是IBM顾问传授的新产品开发理念。

华为到底聘请了多少家咨询公司，做了多少咨询工作，无人知晓，但至少公开报道的比较大的咨询项目，有IBM公司的IPD集成产品开发系统和 ISC 集成供应链系统，埃森哲公司的 CRM 客户关系系统，合益公司的人力资源系统，普华永道公司的财务管理系统，德国 FhG 公司和丰田公司的生产质量与精益管理等（部分华为咨询项目见图 5-4）。一句话，华为的优秀，自有优秀的道理，因为它吸取了优秀的养分，由此奠定了卓越的基础。

企业领导者如何扮演管理顾问的角色，赋能于下属，赋能于团队，需要提升两项关键能力。一是标杆学习能力，二是找到关键成功因素的能力。

所谓标杆学习，指的是眼睛向外，对标行业中的优秀企业，向他人学习，这是最直接、最有效的一种学习形式。比如，华为访学活动，就是一种标杆学习法；再比如，汽车行业，如果要开发一款新车型，总会找到一种对标车型进行研究。

所谓关键成功因素法，是指眼睛向内，基于公司的内、外部环境和优势、劣势，找到达成组织目标的关键因素。管理顾问是靠专业吃饭的，强调的是咨询工具方法与流程。对于一名优秀的领导者来说，需要掌握的顾问工具很多，但从体系的角度而言，下面三个最为重要：一是项目管理思维。项目管理思维，能够帮助人们在没有思路的情况下，做好项目启动，在不确定性环境下，做好项目的过程管控，在创新的项目工作中，做好经验学习和知识萃取。二是华为的 BLM 业务战略管理，理解业务战略如何设计，战略如何执行与落地。三是绩效管理，如何做好绩效创造、绩效评估和绩效激励，通过绩效管理做好人才的选、用、育、留，让自己成为一名管理的专业人士，懂战略、懂运营、懂人才的管理。

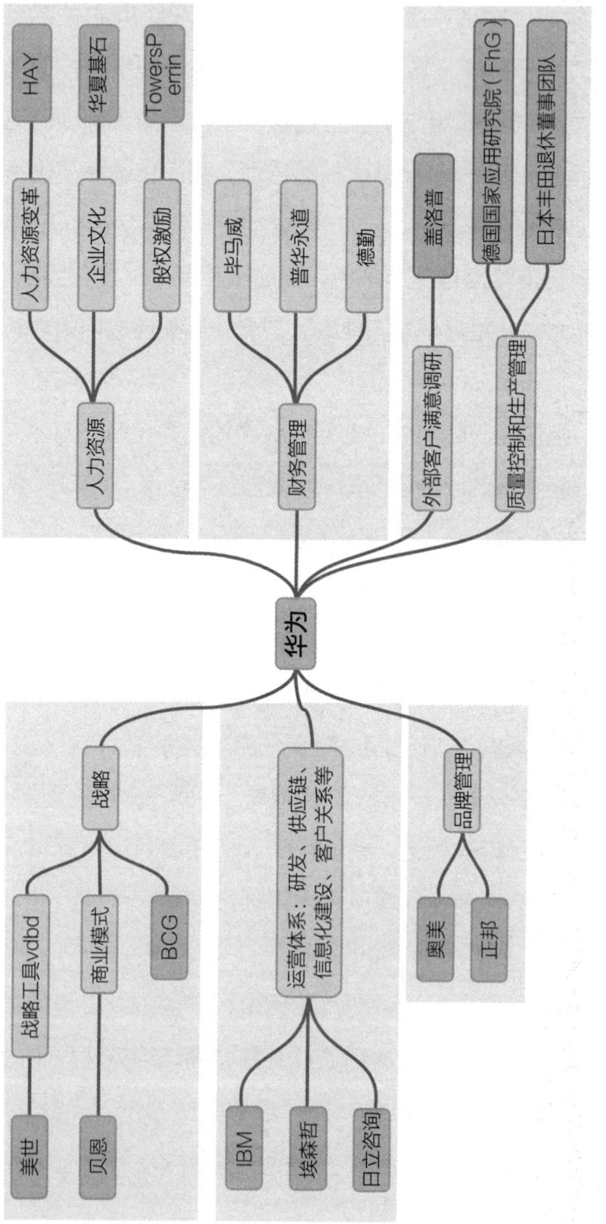

图 5-4　部分华为咨询项目示意图

10 Leadership Workshops Empower Your Leadership

第六课

领导力的行为风格与特征

在 1000 个人的眼中，有 1000 个哈姆雷特。事实上，1000 个不同的领导者，就有 1000 种不同的领导风格。我们发现，有性情粗暴的领导者，也有温柔多情的领导者；有内向的领导者，也有外向的领导者；有善于表达的领导者，也有不善于表达的领导者；有理性的领导者，也有感性的领导者；有开放的领导者，也有保守的领导者。众多的领导力专家学者，都在研究领导风格这一课题，期望了解和掌握不同领导力的风格与特征，让领导者更好地了解自己的优势与能力，从而更好地指导实践，做好团队的领导。

领导力风格特征研究的是冰山上面的领导者行为，而非性格特征。早在 20 世纪初，就有人研究领导者的特征，他们是否才智突出、外表伟岸、诚实和自信等，其研究对象往往是一些取得了伟大成就的领导者，也就是所谓的伟人论。

在特质论研究方面的一个著名人物是斯多格迪尔（Stogdill），他做了 100 多项关于特质的研究，指出一些领导力特质，如乐观、自信、诚实、正直、充满活力等，对领导者的成功至关重要，但是，斯多格迪尔也特别指出，某一特质或一组特质的重要程度，与组织的环境或说情景相关，如组织的文化，以及人们心中对领导者的理解与期望等。

最早的行为风格理论，把领导力风格分为两种，即独裁式领导与民主式领导。独裁式领导把权力集于一身，通过命令与控制的手段指挥和影响他人；而民主式的领导则愿意分享权力，鼓励他人的参与，通过赢得下属的尊敬而影响他人。

库尔特 · 勒温（Kurt lewin）在独裁式领导与民主式领导方面做了一个有意思的实验。研究对象是几组孩子，每组孩子配备有不同的领导者，有的是独裁的，有的是民主的。实验的结果非常有趣，对于独裁的领导者小组来说，只要领导在场，大家都表现很好，但孩子们对这种独裁的领导风格相当不满，表现出敌对情绪，更多的时候是藏在心底的。而对于民主的领导者小组来说，孩子们的表现相当好，并表现出更加积极和开放的态度，而非敌对的情绪。对于民主小组的孩子们来说，即使领导不在场，他们也表现良好，与独裁式的领导小组形成一种强烈的对照。这也从另外一个侧面，解释了为什么强调赋能领导力，为什么要给予员工更多权利和自主权，这是更符合人性与创新的一种管理方式。

在早期，领导力的风格采用了二分法，要么是独裁式，要么是民主式。之后有人发现，这可能有一些绝对。一些领导者是以独裁式为中心的，有时候也会调整自己的领导方式；反过来，一些领导者可能是以民主式为中心的，有时候也可能会调整自己的领导方式。这一切，皆视领导的环境而定。比如，如果一个项目的领导者是民主的风格，但下属学习能力不足，影响项目的交付，领导者在压力情况下，可能会采用独裁方式，因为项目的交付在即。反过来，如果下属配合和执行得很好，领导者则可能越来越民主，越来越放权。一个现实的困境是，领导与下属之间的能力差距越大，所承担的任务难度越高，领导者越可能趋向于采用独裁的方式，因为在短时间内，要想提高一个人的能力是很困难的。

领导者的行为方式与风格并非只有两种极端，要么独裁，要么民主，而是有一个连续的光谱。选择什么样的行为方式，与情景有关，或说与下属的发展阶段有关、与工作的任务性质有关。请见图 6-1 的领导力行为光谱，左边是独裁式，右边是民主式，而中间则是两种行为方式的混合。

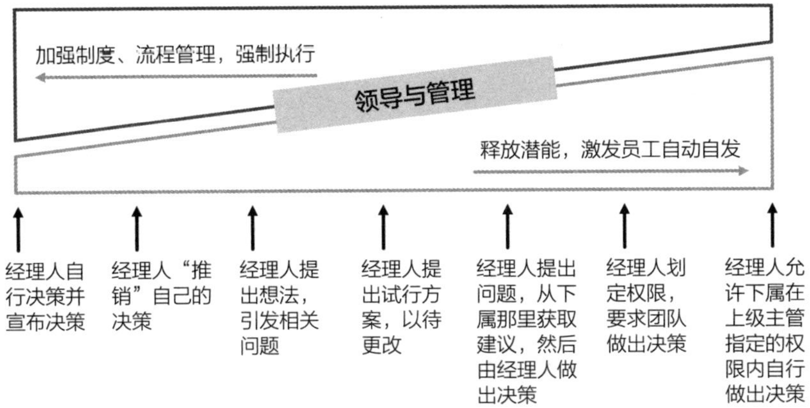

图 6-1 领导力行为光谱

领导力的两个维度：任务与人际关系

领导力不仅是关于领导者要具备什么样的素质与能力的问题，更是领导者与被领导者之间的一种关系。领导者要具备什么样的行为，才能更好地发挥影响力呢？

美国俄亥俄州立大学和密歇根州立大学在领导力行为研究中，从众多的领导力行为中，提炼出了两种类型：一是以员工为导向的，即关系型行为；二是以任务为导向的，即任务型行为。由此，通过两种不同的导向组合，形成四种不同类型的领导风格，即指令型、教练型、指导型和授权型，如图 6-2：

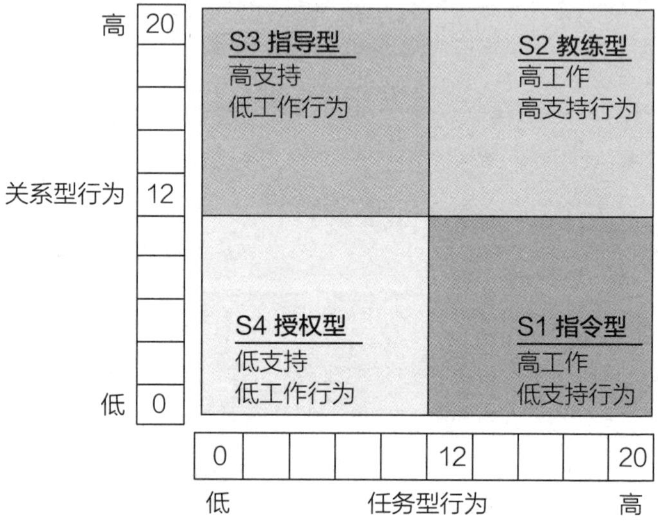

图 6-2　四种不同类型的领导风格

所谓指令型领导风格，是指对人不关心，只对事关心。指令型的领导，总是会告诉他人要做什么，什么时候做，在哪里做，以及如何做，等等。例如，消防队长在执行任务中，由于时间紧，任务特殊，往往采取的就是这种领导风格。指令型风格表现出来的典型特征，是一种单向的沟通，我决策，你执行，领导者对下属的期待是无条件地执行命令和交付结果。

所谓教练型领导风格，是指既对人关心，也对事关心。教练型领导者在给下属布置任务时，不仅要明确目标与任务，还会告诉下属目的和意义，并询问下属的问题与困难。在实施过程中，也会参与和帮助下属解决问题。例如，一位资深的项目经理对一位新进团队的成员，往往会采取教练型的领导方式，不仅告诉新人项目计划、流程和规范是什么，明确工作应该做什么和如何做，还会在工作中辅导他，教练他，在遇到实际困难时帮助他。教练型领导风格的典型特征是，我们一起来决策，我们一起来解决问题，我们一起对结果负责。

所谓指导型领导风格，是指很关注人，但不太关注事。指导型的领导者很像一名部队中的指导员，特别关心下属的情绪与感受，总是会征求下属的意见，了解他们的困难，然后想尽一切办法去鼓励下属，激发下属，帮助下属克服困难。例如，一位销售经理在手下的一名新销售人员做第一次独立的客户拜访时，知道每一位新人都会面临第一次的挑战，他会去鼓励下属，帮助下属走出这第一步。指导型领导风格的典型特征是，你决策，我支持，只要你需要。

所谓授权型领导风格，是指采取比较宽松甚至放任的方式，既不太关心人，也不太关心事，把权力和责任都授予出去，放手让下属行动。例如，老板对一位非常信任的老部下，因为了解其过去的能力与品行，对于一件事情，往往只交代大致的方向和目标，然后放手让下属去干，至于具体干什么，怎么干，完全由下属决定。授权型领导风格的典型特征是，你决策，你执行，给我提供结果即好。

▸ 既不要领导过度，也不要领导不足

那么，对于上面的四种不同领导风格，哪一种领导风格好呢？有没有好坏之分呢？

让我们来看一种情况，一个指令型的领导，若管理一个工作了多年的“老司机”，将会怎样？答案是不行的，也是不好的，因为用指令的方式肯定会影响“老司机”的积极性；但是，若管理一个刚上岗的新手，

一个刚毕业的大学生，指令型的领导方式则有可能让下属感觉更有安全感。因此，就领导风格而言，其好坏并不是绝对的，要看下属的情况或者说下属的发展阶段。

我们可以基于意愿和能力两个维度，把下属分为四个不同发展阶段或者说四种类型如表 6-1：

表 6-1　员工意愿与能力的四个不同发展阶段

	D1	D2	D3	D4
能力	低	一般	较高	高
意愿	高	一般	较高	高

D1 阶段的员工，比如刚毕业的大学生，常常表现出来的特征是，对于新工作、新事物有强烈的兴趣，愿意尝试和学习，但是缺乏对工作的目的、角色、规范和流程的认知。

D2 阶段的员工，比如工作了半年以后的员工，常常表现出来的特征是，最初的“新婚期”兴奋已过，理想与现实的冲突已开始显现，个人的能力有所提升，学习到不少新技能，但个人的兴趣与意愿呈现下降趋势，个人的激情已不如开始时那样强烈。

D3 阶段的员工，往往是工作了两三年以后，岗位的基本技能都已掌握，日常的工作也已能胜任，但是个人的意愿经常会受环境的影响，有时兴致高，有时兴致低，遇到困难时，有时情绪会受影响，甚至情绪低落。

D4 阶段的员工，往往在一个岗位上工作了五六年以上，已完全胜任岗位的要求，工作上能够独当一面，对公司的文化与环境也很认同，能够全身心投入工作中，这是公司最期望拥有的人。

对于上述四类不同的员工，是不是要采用不同的领导方式呢？答案是肯定的。

D1 阶段的员工：S1 指令型的领导方式最有效；

D2 阶段的员工：S2 教练型的领导方式最有效；

D3 阶段的员工：S3 指导型的领导方式最有效：

D4 阶段的员工：S4 授权型的领导方式最有效。

试想一种情景，如果 S1 指令型的领导去领导 D4 阶段的员工，下属会有什么感觉？一定会感觉领导管理过细，会抱怨领导一竿子插到底了，会认为领导不信任自己。

再试想另外一种情景，如果是 S4 授权型的领导去领导 D1 阶段的员工，下属会有什么感觉？一定会感觉无所适从，不知道做什么为好，但又得不到领导的指点和帮助。

因此，就领导风格而言，无所谓好坏，而是要回到下属的发展阶段。作为一名优秀的领导者，要避免两种极端情况，一是不要领导过度，如 S1 型领导对 D4 阶段的员工；二是也不要领导不足，如 S4 型领导对 D1 阶段的员工。既不要领导过度，也不要领导不足，是一种真正的领导艺术。一名成熟的领导者，一定要基于下属的发展阶段和个人情况匹配相应的领导方式。

当然，对于一个聪明的下属而言，也要了解上级的领导方式。如何更好地匹配上级，是个人快速发展和晋级的重要条件。

上级考虑下属的发展阶段，下属考虑上级的领导风格，双方各自进步一点点，团队就会进步一大步。

领导团队的方式可以分为很多种。领导者需要基于个人偏好以及综合考虑各个因素之后选择相应的领导力风格。根据环境因素的不同，领

导者可能会改变风格。需要考虑的主要因素包括（但不限于）:

- 领导者的特点（如态度、心情、需求、价值观、道德观）;
- 团队成员的特点（如态度、心情、需求、价值观、道德观）;
- 组织的特点（如目标、组织结构、工作类型）;
- 环境特点（如社会形势、经济状况和政治因素）。

领导力的九方格理论

美国得克萨斯大学的布莱克和莫顿，在俄亥俄大学和密歇根大学的研究基础上，进一步提出了领导力的九方格理论。他们通过给任务和关系两个维度进行分级打分，分值从 1 到 9 不等，提出了五种不同的管理风格，即**乡村俱乐部型管理风格、贫乏型管理风格、中庸型管理风格、任务型管理风格和团队型管理风格**。

乡村俱乐部型管理指的是一种以人为中心的管理方式，凡事多为他人着想，关心他人需求，上下级之间的人际关系和组织氛围良好；贫乏型管理指的是对任务和人的关心都不够，有点放任自流和管理不足；中庸型管理处于一种较平衡的状态，工作产出和人际关系适中，基本令人满意；任务型管理是一种以任务为中心的管理，强调的是效率，关注的是任务，对人的关心和关注不足；团队型管理是一种最高的境界，既关心任务，也关心关系，团队成员彼此之间的关系紧密，相互之间精诚合作，大家为了共同的目标而相互合作和相互依存，形成一种相互信任和相互依赖的人际关系，如图 6-3:

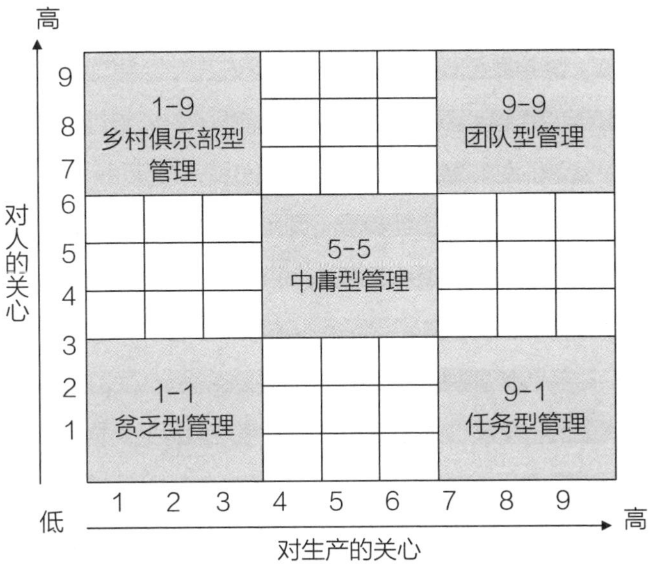

图 6-3 领导力九方格理论

对于领导力风格而言，无论是民主与独裁的两种，还是指令型、教练型、指导型和授权型的四类，或是九方格理论，最终都是为情景服务的，为领导者服务的。一名卓有成效的领导者，一定会知己知彼，不断根据下属和环境的情况，调适自己的领导风格，像刺猬一样，找到双方彼此都舒服的位置，不仅员工有幸福感，领导者也有幸福感。

领导力的六类不同领导风格

哈佛大学教授心理学博士、《情商》的作者丹尼尔·戈尔曼，在其《最重要的领导力》一书中指出，领导者在组织中最重要的任务是情商领导，情商是领导力的基础行为。在《最重要的领导力》一书中，丹尼尔 · 戈尔曼把情商归结为自我意识、自我管理、社会意识和人际关系管理四大核心要素，提出了六种领导力风格，即指令型领导（Coercive Leader）、愿景型领导（Visionary Leader）、亲和型领导（Affiliative Leader）、民主型领导（Democratic Leader）、榜样型领导（Pacesetting leader）和教练型领导（Coaching leader），见图 6-4。丹尼尔 · 戈尔曼认为领导者的根本任务是要为员工带来积极的情绪体验，领导者的情绪具有传染性。如果领导者的情绪是活力和热情，那么组织就会蓬勃发展。如果领导者的情绪是消极和负面的，那么组织就会陷入困境之中。

指令型领导风格，或称专制型领导风格。这种风格的领导者要求下属无条件地服从。我们可以想象一下它对组织氛围的影响：由于高压的态势，在一言堂式的决策方式下，员工的创意往往会被扼杀在摇篮之中；下属感觉不到被尊重，他们满脑子想的都是“我不要出错被骂”“我不能把自己的想法告诉老板，因为他一定会否定我的想法”；而且，人们也不会有主人翁的责任感，很少在意自己的业绩表现；有些人还会满怀怨恨，心里想“我是不会帮这个浑蛋的”。指令型领导风格对组织的薪酬激励机制也往往会产生破坏作用。大多数高绩效的员工不会仅仅满足于金钱上的回报，他们还追求工作本身的自主感；而专制型领导风格往往会扼杀这种自主感。

当然，指令型领导风格也不是没有优点，在特定情况下，能够发挥出其独特作用。当企业遭遇严重危机的时刻，指令型领导风格往往能起到积极的推动作用。例如，当公司处于困难或面对一项挑战时，如果其他手段都无济于事，这时就需要有人快刀斩乱麻，用权力或权威有效地解决问题、迅速扭转局面。但是，如果领导者只有这种领导风格，时间一长，往往会对员工的士气和工作氛围产生负面和消极的影响。

指令型 期望立即服从 依靠的是命令而非指导 很少采用协商的方式	**民主型** 通过达成共识建立团队承诺 鼓励员工提出新设想 通过各种会议，不断倾听员工意见
愿景型 为员工提供长期方向和愿景 阐述工作的目的与意义 带领团队朝着共同的愿景努力	**榜样型** 倾向于通过树立榜样进行领导 非常注重尽快完成任务 对工作授权有所担忧
亲和型 关注创建和谐友好的团队关系 倾向于奖励员工的个性 避免与绩效有关的冲突	**教练型** 专注于员工的职业发展和技能的提升 帮助员工识别自身的长处和不足 通过不断地指导和反馈，鼓励员工的长期发展

图 6-4　领导力的六类不同领导风格

愿景型领导风格，也叫目标型领导风格。这种风格的领导者善于激发员工的理想和梦想，号召员工为愿景目标而奋斗，这种风格是六种领导风格中最有成效的一种。愿景型领导者富有远见，能够让员工清楚地知道自己的工作是组织愿景的一部分，从而激发员工的热情。因此，在这种领导者手下工作的员工，他们知道自己的工作的重要性和意义。这种风格的领导者还能让员工全身心地投入组织的目标与战略中。愿景型领导者强调愿景导向，给员工充分自由发挥的机会，下属可以不断创新与实践，这同样可以提升员工的积极性，并促进组织的创新。由于愿景型领导风格对组织氛围的积极作用，它几乎适用于任何商业环境，尤其适用于组织愿景还处于探索阶段的企业，通过团队一起设计未来的航线，增强团队的凝聚力。

亲和型领导风格，建立情感纽带，创造和谐关系。如果说指令型领导要求的是“照我说的做”，愿景型领导鼓励大家“跟我来”，那么亲和型领导则会说“你说说看”“你的想法是什么”。这种领导风格会对沟通产生非常积极的作用，因为大家如朋友般相处，彼此信任，相互尊重，这种氛围会鼓励员工不断创新和愿意尝试冒险。亲和型领导在认可和奖励优秀的员工方面也表现优异。同时，他们还擅长培养员工的归属感。亲和型领导风格总的来说都能产生积极的影响，因而在各种环境中均可适用。在构建和谐团队、提高员工士气、增强交流与沟通或者修复信任时，亲和型的领导方式尤其能发挥作用。

亲和型领导风格益处良多，但不宜单独使用。如果对员工一味进行表扬，会使糟糕的表现得不到改正，还可能会让员工们认为平庸是可以接受的。此外，亲和型领导者向下属提供的业务指导可能会较少，员工必须自己去琢磨，这样可能会失去方向或降低工作效率。事实上，过分依赖这一领导风格，会让组织有失败的风险。领导者可以将亲和型与指令型和愿景型紧密结合起来，描述组织愿景，制定标准，让员工明白自己工作的价值与意义，有效推动组织目标的达成，同时，领导者还能关心员工的成长与培养。事实证明，这种恩威并重的领导方式非常有效。

民主型领导风格，通过鼓励下属的参与来达成共识。这种风格的领导往往会花时间了解员工的想法，并与员工就目标达成一致，领导者会赢得他人的信任、尊重与支持。让员工对工作目标和评估标准的制定拥有话语权，可以增强灵活性和责任感。没有参与感，就不会有责任感。此外，倾听员工的呼声，可以更好地激发团队的士气。由于具有对目标和标准制定的话语权，员工会从自己的能力出发，提出更切合实际的行动计划。当领导者无法确定最佳方向，需要优秀员工出谋划策的时候，这种风格非常有效。反之，如果下属能力较弱或者信息不足，无法提供好的建议，那么民主型风格就没有多少意义。对于一个新组构的团队，尤其是不成熟的团队，领导者主要依靠指令型和愿景型的领导风格，偶尔采取民主型和亲和型的领导风格，尤其是在最初几个月的磨合期，这是非常必要的。

研究表明，民主型领导风格可能会导致决策效率低下，使员工感到迷惑不解，并失去方向。如果没有运用和控制好，还可能导致矛盾与冲突的增加。

榜样型领导风格，期待下属表现优异，按照领导示范的那样，完成工作任务。榜样型听起来的确像是一种很不错的领导风格。但研究表明，采用这一风格的领导者往往会制定较高的标准，基于领导者自己的标准，虽然方式是率先垂范和身先士卒。榜样型领导者执着于精益求精，他们行动快速，同时要求身边的每个人也做得同样出色。对于那些工作表现较差的人员，他们会立即指出问题，要求对方改进。如果仍然不符合要求，他就可能会用能力更强的人取而代之。很多领导者以为这种领导方式特别有助于提高业绩，其实不然。

事实上，榜样型领导风格往往会破坏工作氛围。对于榜样型领导者的过高要求，很多员工都会感到望而生畏，士气反而会低落下去。榜样型领导风格的领导者往往在大脑里很清楚工作的指导原则，但他们可能不会明确地讲出来，而是希望员工自己领会，他们只是明确了示范的结果和要求。于是下属在工作时会不停地揣摩领导的意图，这样有可能导致理解上的偏差，从而出现错误或走弯路。同时，下属也可能常常感到这类领导者对他们不信任，不会让他们按自己的方式工作，也不鼓励他们发挥主动性，进行任何形式的创新。在员工奖励方面，这种类型的领导者经常会在下属表现欠佳时越俎代庖，最终会使员工的自信心和积极性受到严重的打击。但如果组织中的所有成员都充满工作激情，能力很强，几乎不需要任何指导或协调，那么这种领导方式还是大有用武之地的。

教练型领导风格，也叫辅导型领导风格，培养面向未来的员工。教练型风格的领导者帮助员工认识自己独特的优势和不足，并将其与个人抱负和职业发展联系起来。他们鼓励员工树立长期的个人发展目标，帮助员工制订实现目标的具体计划，并就员工在实施计划时的角色和职责等方面与员工进行沟通并达成一致意见，同时在过程中，还会给予他们充分的指导与反馈。教练型风格的领导者擅长授权，他们将有挑战性的工作分配给员工，哪怕有可能意味着这些工作不能很快完成。换言之，这些领导者可以容忍下属在短期内的失败，他们看重的是员工的学习和成长。

研究发现，在六种领导风格中，教练型领导风格是最少被采用的。许多领导者反映，面对外部快速变化的环境和业绩指标压力，他们根本没有时间去培养员工，这种做法不仅见效慢，而且极耗时间和精力。但从长远的角度看，在第一轮辅导过后，接下来的辅导并不需要花费太多时间。忽略教练方式的领导者实际上放弃了一种强有力的工具，研究表明，教练型领导风格，对组织的工作氛围和业绩都可以产生显著的推动作用。但如果说教练型领导风格一定能够推动组织的业绩，也是不严谨的，因为如果花费太多的时间和精力专注于人才培养，可能会对当下的业绩产生一些影响，并非总能看到立竿见影的业绩。教练型领导风格适用于多种商业环境，不过也许只有在下属欣然接受辅导的情况下才最有效，当员工出于种种原因拒绝学习或改变自己时，领导采用这种风格也无异于缘木求鱼，无济于事。教练型领导风格首先需要解决的一个问题是，员工愿意接受教练，期望被教练，这是教练型领导者成功的前题。

综上所述，六种不同的领导风格并没有绝对的好或绝对的不好，关键在于在合适的时机，应用恰当的方法来应对不同的人和不同的事情。研究表明，领导者采用的领导风格越多，组织的业绩就会越好。掌握四种或以上的领导风格，特别是指令型、民主型、亲和型和教练型的领导者，能营造更好的组织气氛，取得更好的业绩。最有成效的领导者，总是能够根据不同的需要灵活地转换自己的领导风格。

丹尼尔 · 戈尔曼在《最重要的领导力》一书中探索了高级领导者领导力的来源，即领导者本身的情商：高级领导者在组织中最重要的任务是情商领导，情商领导力是最原始的、最根本的领导力。在该书中，丹尼尔 · 戈尔曼引用了一个全新的情商理论，即把情商归结为自我意识、自我管理、社会意识和人际关系管理四大要素，这种简化的领导力模型更有利于提高领导者的情商。丹尼尔 · 戈尔曼认为，领导者只有通过不断培养自己的觉察力，让自己的内心充满希望和激情，才能实现身体和精神的自我修复，才能避免组织领导中的困扰，从而在长时间里保持高情商的影响力。可以肯定的是，领导情商能够深刻地影响领导者的职业生涯，同时，它也是决定个人人生幸福的关键要素。丹尼尔 · 戈尔曼关于领导风格和情商的研究成果，能够很好地帮助领导者提高自己的领导情商，打造一支具有活力和生命力的高绩效团队。

领导力的“阴”与“阳”

在与人打交道方面你表现如何？你是否理解每个人的需要、渴望和强项？你是否经常询问人们在担心什么？什么让他们踌躇不前？在工作中，他们最喜欢什么？最不喜欢什么？如何能帮助他们更好地成长？在团队建设和团队激励中，你的职责是什么？

领导者在人的层面，如何支持他们的团队成员；在事的层面，如何带领团队成员完成任务，与领导者的领导风格有关。中国的传统文化有“阴”“阳”之分，借用“阴”“阳”的理念，可以把领导力风格也分为四类。在横轴上是“阴”，它代表的是领导力的支持因素，或者说人的一面；在纵轴上是“阳”，它代表的是领导力的挑战因素，或者说事的一面。

“阴”象征着女性的要素，如倾听、支持、教练与保持稳定。在建立高绩效团队时，这是至关重要的特征。特别是当人们在团队内还不相信自身能力的时候，领导者往往用这一支持性的“阴”元素来构建团队的信心，发展缺失的技能。他们鼓励合作，并为团队成员提供一个安全的共事环境，让他们自己找到解决方案。支持型的“阴性”领导者对人有一种很深的敬意，总想搞清楚是什么驱动和激发了每一个人。他们经常花时间与人做面对面的沟通，支持他们的成长和发展。他们擅长在团队成员完成工作任务时给予表扬，并经常询问人们需要什么样的帮助。阴性领导者在乎和关注的是如何让他人成功，帮助他们发挥领导作用，为团队做出价值贡献。

如果领导者只使用“阴”，而不具备“阳”，会有什么后果呢？那么他们可能会面临一种风险，即太过软弱，虽然很友善，但是得不到结果。项目领导者的使命不是要做一个好人，他们的使命是服务客户，需要在过程中培养人才。但是培养人才不能以牺牲客户的利益为代价。为客户创造价值是第一位的，培养人才是第二位的。

“阳”象征着男性的特征，具有挑战性、要求严、讲求事实和数据等特性。领导力的“阳”性一面，表现出的特点是目标导向与结果导向。“阳性”领导者有很强的方向感。他们提出挑战性问题，让人们承担责任，经常让人感觉很强势，有一种强迫感。他们坚定而自信，总是推动团队尽一切努力把事情做到最好，凡事都要卓越。也正是“阳”的这一要素，推动着团队不断改进和创新，而“阴”的要素，则是选择退后一步，让团队自己去改进和提高。你也可以说“阴”是基于“心”的感性方式，而“阳”是基于“脑”的理性方式。

如果一个管理者有大量的“阳”却只有很少的“阴”，就会在团队中创建出一种紧张和有压力的氛围。他们要求很多，却不给团队安全感，团队可能缺乏自信，缺乏做事的空间。他们脾气急，如果对结果不满就会大发脾气，或者亲自上阵。如果遇到绩效表现不佳的人，他们倾向于把对方赶走，而不是花时间去帮助对方建立技能和提高信心，见图6-5。

图 6-5 领导力的“阴”与“阳”

在上图中，领导力既需要高度的“阴”，也需要高度的“阳”。为了维持当下的绩效和未来的发展，领导者一方面要提供支持，帮助他人学习和成长；另一方面也要不断提出要求，驱动结果的达成。把两者结合起来当然是一门艺术，一门平衡的艺术。领导者不仅需要关注团队的绩效，还要学会关心人，关心人的情感，关心人的感受，关心团队的学习与成长。在做决定时，优秀的领导者总是会邀请可能受到影响的相关干系人参与讨论，让他们提出问题，鼓励和激发大家的创新思维。只有这样，才会取得项目的成功。

糟糕的领导者既不懂得支持也不懂得挑战，他们犹疑不决，害怕表明立场。他们一方面害怕自己过于强硬，另一方面又害怕过于软弱，结果成了四不像。他们决策不果断、不连续，并且缺乏清晰的方向。团队由此变得动荡，不能全力以赴形成合力，发挥应有的价值。在上面的“阴”“阳”矩阵里，我们把这种人叫作“独立主义者”，位于矩阵的左下方。

优秀的领导者在绩效管理方面，总是会与每个团队成员达成共识，设立明确的SMART（具体的、可衡量的、可达成的、现实的、有时间期限的）目标，把每项工作到底应该做什么、做到什么程度，都表达得清清楚楚。他们热衷于个人发展计划、目标制定和一对一的绩效面谈，而且这些都是以公正透明的方式进行的，因为这些工具都是帮助团队达成绩效的有力保障。对于一对一的绩效面谈，既要聚焦于已经达成了什么（阳），同时还要关心团队为了达成目标，需要何种支持（阴）。

许多“阴性”的领导者不太愿意提及不良绩效，因为这需要领导者与人进行严肃的谈话，告知别人他们的工作完成得不好，这会让“阴性”领导者感到一丝不安，因为他们不愿意给别人带去坏消息。但是从另一个角度来看，隐藏或忽略一个人的糟糕绩效，并不是在帮助下属，不指出他们的问题，说明你缺乏对人的洞察和关心。一种真正优雅的绩效管理方式其实是，在开始的时候，大家就具体的目标和目标达成的衡量方法达成共识，然后定期一起沟通绩效，检讨绩效，如果有问题，大家一起做相应的调整。以这样的管理方式，绩效就可以变成一个双方都会认同的目标，而不再只是一个主观的、单方面的期望。

管理者对于“阴”和“阳”有自己的偏好，它们可能会发展不均衡，甚至存在一些问题。“阴”或“阳”元素中的一个发展起来了，而另一个的发展却受到了阻碍。结果是，团队成员要么感觉压力过大，要么感觉太过宽松。团队需要二方面的动态拉伸，管理者需要调节好它们之间的平衡。领导力不是“要么这样，要么那样”，而是“既要这样，也要那样”。我们必须能够同时具备这样的能力：授权与命令，宽容与严格，灵活与规范，支持与挑战，显然，要想在这些相互冲突的能力之间找到平衡，并不是一件容易的事情，这往往是一些真正的高手所具备的独特能力。

“阴”“阳”二极学说，是领导力风格的一个很好的描述工具。它们之间既相互对立，又和谐统一，是事物存在的本质。领导力的多样性就在于对立中的统一与平衡：要在强迫的同时，给予激励；既要有伟大的愿景，还要有强有力的执行。一名多样化风格的领导者不仅要拥有各种各样的技能，还要拥有一系列的人文思想，形成各式各样的多元组合，以满足当下特定任务的需要。这里的关键是领导者要懂得调适自己的方法，包括在一些极端情况下，如何采取正确的应对方式。事实上，领导者需要懂得如何因时、因事而变，而不是教条地应用某种方式去面对挑战，这才是领导力的高级阶段。事实上，领导者的领导风格越是多样化，就越能取得成功。

当然，我们在某些情况下会使用一个方面多于另一个方面，窍门是观察团队，并理解变化的特性，这样才能做出最佳的判断，知道我们在特定的情况下要做什么，采用什么样的领导方式最为有效。例如，当一个团队组建之初，或者刚刚经历了一些挫折，就要小心谨慎地更多地采用一些支持性的“阴”。当团队已经建立，目标清晰，人们对各自的角色感到舒服时，“阳”的成分可以多一些，对团队的绩效也更有帮助。

在团队领导方面，是否意识到“阴”与“阳”的不同领导风格是一回事，做得如何又是另外一回事。为什么不问一下团队成员，了解一下他们的感受如何？你会发现他们所感受到的，在挑战和支持两个方面，跟你自己所想象的大相径庭。

下面是学员分享的三个案例。

⊙ 当人们自己设定目标时，会承担起更多的责任

第一次承担管理角色时，我刚研究生毕业不久。在与一群经验丰富的职场精英共事了几个月后，我才意识到一个问题，我可以采取一种更有效的领导方式，即让每个团队成员对自己的评估结果负责，对任务的工期和交付物做出承诺。事实上，人们愿意为自己设定具有挑战性的目标，让自己感觉更自豪，工作更有责任感，付出更努力，方法更有效，结果也更好。

——张新阳，来自华为的学员

⊙ 不要害怕做出艰难的决定

你不能把自己埋葬在琐碎的任务海洋里。如果你不了解团队的动态，就会整天被项目任务牵着鼻子走。如果团队合作不好，项目也不可能成功。如果有人不尽心尽力，不能按要求完成工作，哪怕是资历较深的老同志，也要指出问题，不能害怕和退缩，有时这确实需要一点勇气。

一定要做一些什么，否则团队就会出现问题。一个有效的管理方法，是给人提供及时的、诚恳的反馈，这是领导者的一种职责。要公开、公正地对待每个人，给予他们试错的机会。

——王亮，来自一汽大众奥迪的学员

⊙ 多一点信任，多一点支持

在这里工作的人都是很有想法的，都是想满足他人期望的。因此，在待人方面，要看到他们最好的一面。有时你会怀疑团队中一些人的能力有问题，但那会让他们的信心受到打击，绩效也会受到负面的影响。相反，如果能把他们视为有能力的、有价值的人，如果他们也因此感受到尊重和信任，他们就会被激发起来。这看起来好像有点不对劲，不符合常理，但这恰恰就是一名卓有成效的领导者的领导方式，想尽一切办法最大限度地激发他人。

——潘俊国，来自微软中国研究院的学员

10 Leadership Workshops Empower Your Leadership

第七课

领导力的艺术：因人而异的高效情景领导

领导力既是一门科学，是可以学习、可以复制的，也是一门艺术，需要实施因人而异的情景领导。因人而异的前提，需要了解下属的不同，了解下属的需求，了解下属的独特性，把他们当作不同的人，当作独一无二的个体，最终有针对性地激发他们。

了解下属和下属的需求

了解下属和下属的需求，是领导人和影响人的前提和基础。我们的兴趣更多的只是想了解自己，较少了解他人。专业技术出身的知识分子，在这个方面都不太愿意花时间，他们一心只想着做事情。我们需要增加对人的兴趣，不仅要了解自己，还要了解他人。

换位思考也好，同理心也好，讲起来容易，做起来挺难。真正的同理心，英文有一句话表达得很透彻，叫作：Walking in other people’s shoes working for one mile（穿着别人的鞋走一英里）。

要了解一个人，不仅要知道他的现在，还要了解他的过去和未来，下面的 30 个问题，有助于我们真正了解下属的喜怒哀乐与秉性。

▸过去

- 你过去学到了什么?
- 你小时候第一个最尊重的人有什么样的品质和性格?
- 你过去最讨厌的人有什么样的品质和性格?
- 当你想起父母，最感激的一点是什么?
- 你不喜欢你父母的一点是什么?
- 你小时候对金钱的感受是什么?
- 小时候，老师对你来说意味着什么?
- 说到关系，有什么词语出现在你的脑海中?
- 如果用一个词语总结过去，那是什么?
- 小时候，你一直想做的事情是什么，对你有什么意义?

▸现在

- 现在你经常思考的是什么?为什么?
- 你现在的工作对你来说意味着什么?
- 你从现在的关系中学到什么?
- 你想让周围的人在精神上体验什么?
- 放松，闭上眼睛，倾听你的身体，你的身体告诉你什么信息?
- 以前你不知道自己喜欢某一个人，现在知道了，你真正喜欢他的特质是什么?
- 你为什么要学习教练技术（工作或生活）?
- 现在什么让你开心?
- 关于生活，你的一个新的发现是什么?

❖ 最近什么让你不开心？为什么？

▸ 未来

❖ 在你的葬礼上，你最想听你的亲朋好友说你什么？

❖ 在你的葬礼上，你最不想听到别人说你什么？

❖ 在你离世后，人们为你的人生拍了一部电影，这部电影的主题将会是什么？

❖ 在你离世后，人们为你写了一首歌，这首歌叫什么名字？

❖ 你期望你的墓志铭上写一句什么样的话？

❖ 你余生中最不想听到的一个词是什么？

❖ 未来你为人类做了一个贡献，这个贡献是什么？

❖ 未来全世界都在谈论中国，你想听到他们说什么？

❖ 如果你能成为一个有影响力的意见领袖，你的生活会受到什么样的影响？

❖ 十年、二十年之后，你最不想让你的孩子经历的是什么？

下面，我们再从感情回到理性。如何了解下属的需求，如何更好地激发下属，有很多的理论思想。下面的这些经典激励理论，将帮助你学习和提升领导力：

❖ 马斯洛五层需求学说；

❖ 赫茨伯格的双因子理论；

❖ 麦克利兰的成就动机理论；

❖ 弗洛姆的成就动机理论；

❖ 斯金纳的强化理论；

❖ 亚当斯的公平理论；

❖ 海德的归因理论。

了解下属的不同学习风格——VAK

美国纽约州圣约翰大学的Dunn夫妇提出了VAK学习理论。Dunn将学习方式分为三种类型，即视觉刺激型、听觉刺激型和动手操作型。喜欢视觉、听觉、实操的学习者分别被称为视觉型学习者、听觉型学习者、操作型学习者。这三种学习者具有不同的特征，对学习方式的敏感度会有不同差别。

统计数据表明：

“视觉型”学习者占40%～50%。其最有效的学习方式就是“看影像”。他们能很轻松地记住别人的名字。这些人擅长于统计式的表格、图片以及不同颜色的笔画线、流程图、影片等，他们对这些东西学习印象更深刻。

“听觉型”学习者占15%～20%。其最有效的学习方式就是“听和文字”。他们习惯于将听到的内容转换为视觉储存在系统里，他们可以在听课的同时，将笔记写得非常完美。他们擅长于从别人的口头中、录音带、有声书、小组读书会、讨论会、问题研讨中学习，对这些东西的学习印象更深刻。

“操作型”学习者占30%～40%。这些人都活泼好动，最适合他们的学习方式就是透过“肢体”的活动，如电脑教学、科学实验、仿真模型、实际调查和动手试验，总之，他们喜欢亲自动手，在实践中学习，在实践中成长，对操作型的学习最有兴趣，印象也更深刻。

腾讯公司在人才发展项目中，就针对每一个人VAK的不同，根据70/20/10法则，提供有针对性的培训项目与课程。因人而异，不能停留在口头上，VAK的三个维度，可以帮助我们更好地了解人与人的不同。

员工分类的艺术：四类不同的员工，四类不同的领导方式

要对员工实施因人而异的领导，就需要对员工进行分类。如何分类，不仅是一项技术，也是一门艺术。有一个非常流行的分类方式，外国学者称之为 Will-Skill 矩阵，中国人用的就是能力和价值观两个维度，把员工分成四类。

中国的企业家非常有创造性，如何对员工分类，在某种程度上反映了他们的用人观念。下面是三家著名公司的案例。

首先，我们先讲阿里巴巴的用人观。阿里巴巴有一张著名的人才盘点矩阵图，用来盘点阿里巴巴的员工。这张图通过能力和价值观两个维度，最终把员工分为五类，如图 7-1：

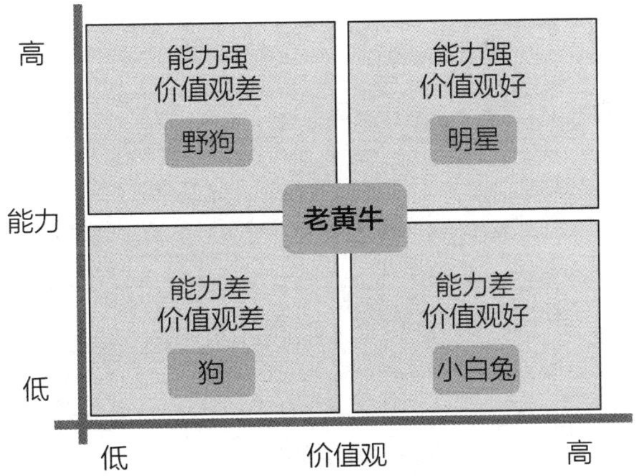

图 7-1 阿里巴巴人才盘点矩阵

- 能力和价值观都好的是“明星”；
- 能力强，但是价值观差的是“野狗”；

❖ 价值观好，但能力差的是“小白兔”；

❖ 能力和价值观都差的是“狗”；

❖ 处在四个象限交会处的，是那些绝大多数且默默无闻的，能力和价值观都符合要求的“老黄牛”。

那么，马云如何挑选人才呢？对待“野狗”一类的员工，他们虽然能力很强，但是态度很差，严重影响公司的团结和价值观，必须清除；“小白兔”式的员工虽然态度很好，待人热情，团队意识也不错，但是能力很差，做不出业绩，也要淘汰；马云只想要明星类的“猎犬”型员工，这种人不仅能力很强，而且价值观也好，他们态度认真，待人诚恳，团队意识强，才是公司珍惜的人才。

其次，让我们再来看一看京东刘强东的用人之道。刘强东把员工也分为五类，但是叫法不同，更直接、更物化，如图7-2：

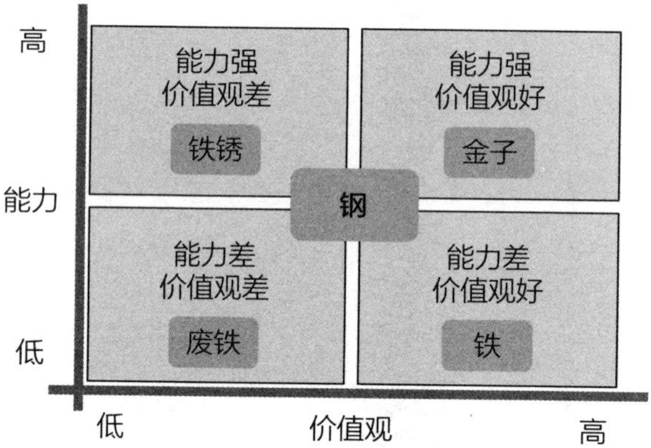

图7-2　京东用人之道

❖ 能力强、价值观也好的，是金子；

❖ 能力差、价值观好的，是铁；

❖ 能力差、价值观也差的，是废铁；

❖ 能力强、价值观差的，是铁锈；

❖ 能力和价值观都不错的，处于中间位置的是钢。

在京东的用人理念中，能力和态度都好的员工，当然要重用；能力和态度都不好的员工，当然不能用；比较让人纠结的是能力强、态度差的员工和能力一般但态度好的两类员工。一个下属，能力很强，但是价值观不行，该怎么办呢？这种人刘强东把它叫作铁锈，其主张是要坚决铲除。

除了上面所说的阿里巴巴和京东，还有一家著名的企业，它的名字叫蒙牛，前董事长牛根生在中央电视台一档著名的栏目“赢在中国”中，旗帜鲜明地表明了他的用人观念，因为通俗易懂，流传广泛。他是这样选才育才的，见图 7-3：

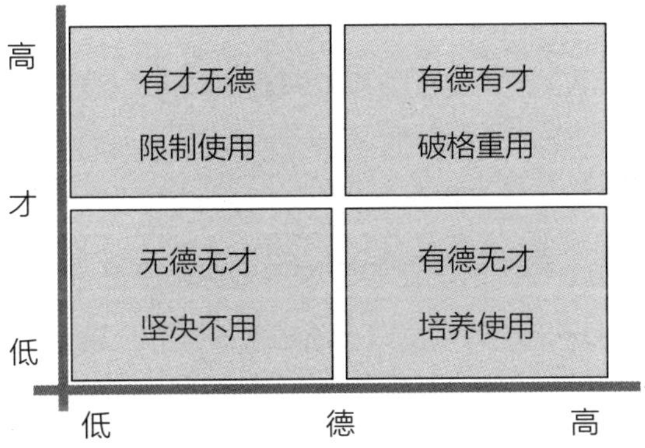

图 7-3　牛根生用人观念

❖ 有德有才，破格重用；

❖ 有德无才，培养使用；

❖ 无德无才，坚决不用；

❖ 有才无德，限制使用。

这种对人才分类与盘点的方法，简单明了，似乎也很科学。但在实践操作中却存在一个重大的问题：如何判断一个人的价值观好不好呢？经常出现的一种情况，一个结果，就是那些听话的人，就叫作价值观好；那些不听话的人，就叫作价值观不好。这显然是有问题的。理论归理论，实践归实践，我们要特别小心这样的问题出现：那些嘴巴很甜、对领导比较会来事的人，被认为就是价值观好；而那些爱提意见、有个性、不愿按部就班做事、敢于创新、爱出主意和有想法的人，被认为是价值观不好。

总之，那些被上级认为价值观不好的员工，不一定是真的价值观不好。他有可能只是个性方面的问题，不善于表达的问题；也有可能只是对上级态度不好，对工作、对其他人态度没问题；也有可能只是喜欢提出不同意见，只不过方式不大妥当罢了。

我们对一个人的判断，千万不能只基于个人的偏好，就是上级看谁不顺眼，就可以说谁价值观不好。这样伤害到的不仅是员工，而且也是整个团队。

总之，用能力和价值观这两个维度来给员工进行分类，有一个问题，就是态度也好，价值观也好，都不太好操作，都有很大的主观性，都不太容易落地，都很容易跑偏，在实践中会存在一定的问题。

那么，对于这个问题，有没有什么改进的方法呢？

罗伯特 · E. 凯利博士（Robert E. Kelley）在他的著作《如何在工作中出类拔萃》一书中，提出了一个崭新的分类方式，一个维度是看下属是否能独立思考；另一个维度则是看下属是否积极主动地参与工作。这个分类方式，把“态度”或“价值观”以及“能力”两个不太好量化的概念，转化为思想上的“独立思考”与行为上的“积极主动”两个维度，能够更好地对下属进行分类，也更具有现实的指导意义，如图 7-4：

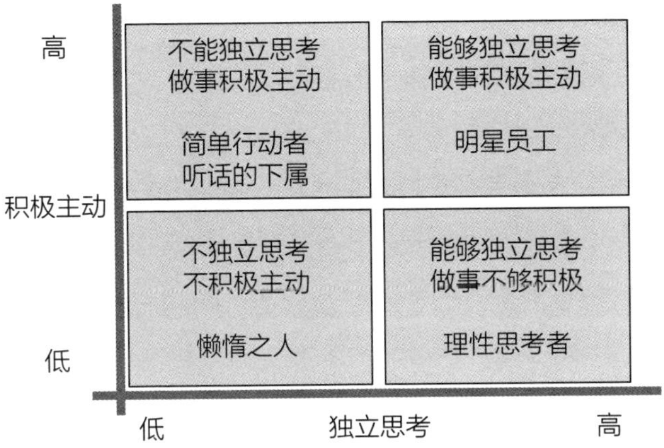

图 7-4 思想—行为维度上的员工分类

根据这种分类方式，最好的员工当然是能够独立思考，做事情又积极主动的，我们把他们叫作明星员工。但是我们需要注意的是，在明星员工中又可以分为两类人，一类人是认同上级或上级的决策，与上级“穿一条裤子”；另一类人则可能是不太认同上级或上级的决策，这类人在上面传统的用人观念中，有可能是要被放弃或限制使用的，而在罗伯特·E. 凯利的用人观中，他们都是明星员工，都对组织和团队有价值。这样的分类，把企业的明星人才最大化了，对领导者的胸怀和要求显然是更高了。由此，根据不同的人才观念和不同的人才工具，得到的是一个不同的人才库。

因人而异的 DISC 类型与高效情景领导

瑞典心理学家、哲学家卡尔·荣格将其毕生精力投入了人的行为研究上。经过数十年的统计分析，他把人类的行为定义为四种，即感觉、直觉、情感、思考。这套理论对后来的心理学、社会学、人类行为学产生了重大的影响。

1928 年，美国马斯顿博士（Dr. William Moulton Marston）在其著作《常人之情绪》一书中，应用荣格的理论，提出了 DISC 理论，针对不同行为特质的人，把人分为四类，即 Dominance——支配、Influence——影响、Steady——稳健，以及 Compliance——服从。DISC，正是这四个英文单词的首字母。在第二次世界大战中，DISC 理论被广泛用于新兵招募工作，随着其价值越来越受到军方的重视，在第二次世界大战后，DISC 理论也被广泛用于企业商业活动中。

DISC 理论是一种有效的行为分析，可以帮助人们了解个人的思考方式和行动方式。图 7-5 中，横坐标表示的是关注度，即关注人，还是关注事；纵坐标表示的是思考的方式，是直接的，还是间接的，或者说外向的，还是内向的。D 型人是以事为中心的理性思考者；I 型人是以人为中心的感性思考者；S 型人是以人为中心的感性思考者；C 型人是以事为中心的理性思考者。

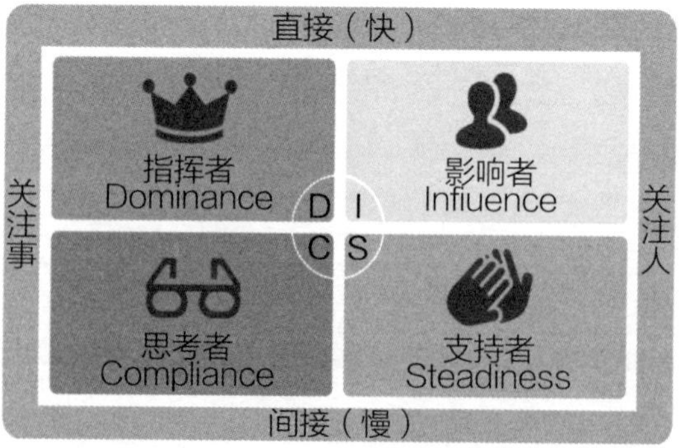

图 7-5　DISC 理论

如图 7-6 所示，在英文的语境里，D 型人可以用 5 个以“D”开头的英文单词来表达他们的典型特征，即：

❖ Dominant，支配的；
❖ Direct，直接的；
❖ Determined，坚定的；
❖ Demanding，高要求的；
❖ Decisive，有决策力的。

I 型人可以用 5 个以“I”开头的单词来表达他们的典型特征，即：

❖ Influential，有影响力的；
❖ Inspirational，有鼓动力的；
❖ Interactive，互动的；
❖ Interesting，有趣的；
❖ Interested in people，对人感兴趣的。

S 型人可以用 5 个以“S”开头的单词来表达他们的典型特征，即：

❖ Steady，没有变化的；
❖ Stable，稳定的；
❖ Supportive，支持的；
❖ Status Quo，维持现状的；
❖ Shy，害羞的。

C 型人可以用 5 个以“C”开头的单词来表达他们的典型特征，即：

❖ Cautious，小心谨慎的；
❖ Calculating，善于计算的；
❖ Compliant，合规的；
❖ Conscientious，一丝不苟的，尽职尽责的；

- ❖ Contemplative，爱思考的。

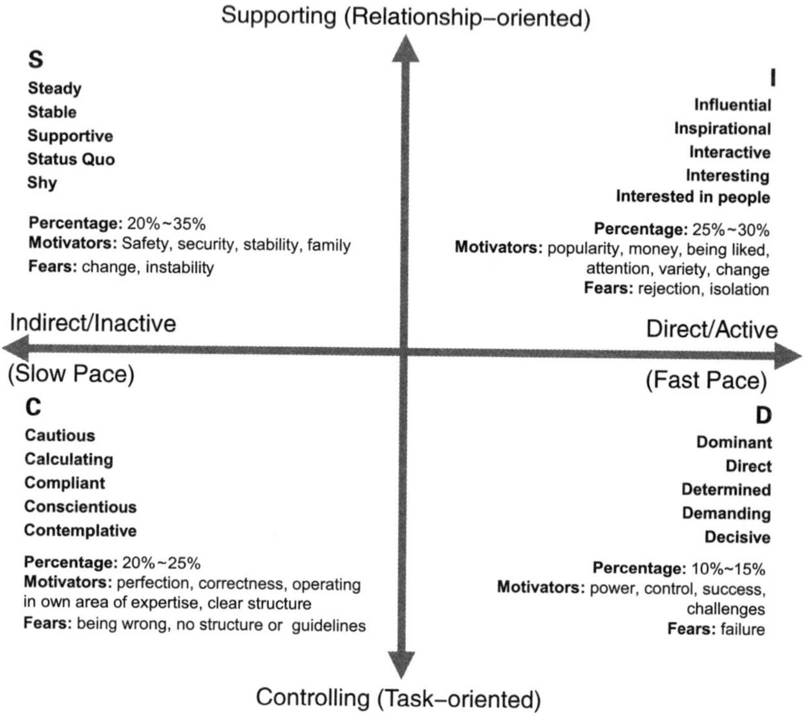

图 7-6　DISC 各类型特征

如何更好地领导与影响不同 DISC 类型的人呢？表 7-1 是一些可以在实践中应用的、简单有效的策略。

表 7-1　DISC 类型人的领导策略

序号	D 型人的特点	如何更好地领导与激励
1	说话直接、作风强势	沟通注重逻辑和条理，先讲结果，重点突出，逻辑清晰
2	有强烈的成功动机与欲望	赋予有挑战性与开创性的工作

续表

	D 型人的特点	如何更好地领导与激励
3	喜欢掌控全局	明确权责，授权行动
4	节奏快速，决策果断	清晰的流程与制度
5	目标结果导向，不关注人的感受	明确目标与意义
	I 型人的特点	**如何更好地领导与激励**
1	性格外向，善于表达	给予表达机会，让其表现自己
2	有虚荣心，期望得到表扬与认可	多表扬、多鼓励、多认可
3	善于社交，人际关系广泛	多给抛头露面的机会
4	灵活多变，喜欢新事物	创造时尚与优雅的环境
5	人际关系导向，不太关注细节，计划条理不足	从事与人、团队相关的外向工作
	S 型人的特点	**如何更好地领导与激励**
1	性格外向，不太善于表达	鼓励表达，主动征询意见
2	渴望关怀和尊重	信任和肯定
3	喜欢安全稳定的环境	明确流程、规范与制度，按计划办事
4	小心谨慎，逃避决策	给予决策时间与空间，减少决策压力
5	有同理心，不愿得罪人，有时甚至缺乏原则	关心情绪，友善待人，及时提供帮助
	C 型人的特点	**如何更好地领导与激励**
1	完美主义者，作业标准要求高	用事实和数据，多做表扬和肯定
2	重视流程、数据与逻辑，对人关注不足	构建清晰的流程与机制，明确绩效标准

续表

	C型人的特点	如何更好地领导与激励
3	严肃、理性，变通不够	就事论事，有理有据；多谈结果，少情怀
4	善于思考，行动不力	激发和激励行动，设立里程碑节点
5	挑剔，容易从负面角度看问题	客观公正，用事实和数据指出问题，鼓励全面系统思考

因人而异的 MBTI 类型与高效情景领导

20 世纪 40 年代，美国一对母女在卡尔·荣格的心理学理论的基础上，开发出了一套个性评测方法，这对母女的名字是伊莎贝尔·迈尔斯（Isabel Myers）和凯瑟琳·布里格斯（Katharine Briggs），这套理论模型以她们的名字命名，叫作 Myers-Briggs 类型指标，即 MBTI，Myers-Briggs Type Indicator。MBTI 如今成为最广为应用的性格评测工具之一。

如果说 DISC 是基于外在行为的一套性格评测工具，那么 MBTI 则是更多地基于内在的性格特质的一套评测工具，具有更好的稳定性，一般不会随着年龄的增长而变化。

MBTI 从四个维度，每一个维度又有两个相对立的方向，形成 16 种组合，对人进行区分。

第一个维度，考虑的是人们对能量的使用态度，即眼睛向外，从人际关系中获得力量；还是眼睛向内，从自己内心获得力量。（图 7-7）

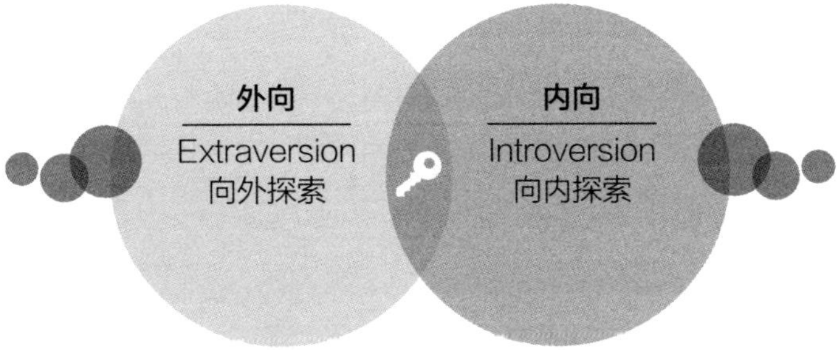

图 7-7 MBTI 的第一个维度

第二个维度，是人们关于收集信息的方式，即是依赖五官和经验收集实实在在的当下数据，还是依赖理性和想象力，搜寻事实与数据之后的模式与意义。一个感觉型的人，看到苹果掉下来，琢磨的是苹果为什么会掉下来；而一个直觉型的人，可能就会从苹果掉到地上，想到地球有引力。（图 7-8）

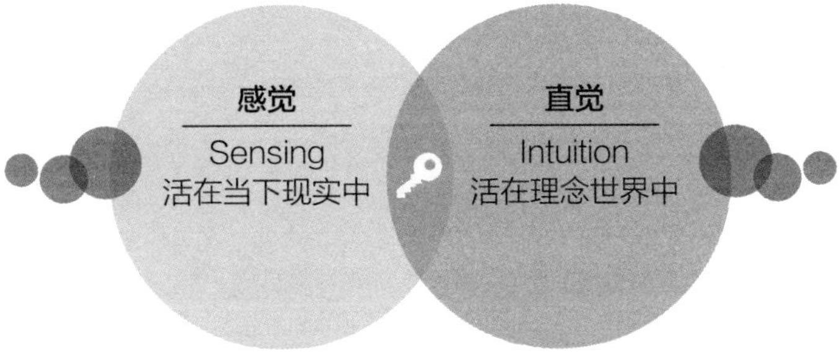

图 7-8 MBTI 的第二个维度

第三个维度，是关于人们在收集到信息后，做决策的方式。有的人是靠理性思考，靠逻辑推论做决策；有的人是靠自己内心的感受，靠价值观做决策。“对就是对，错就是错，别问我为什么”，这是典型的感觉型人的决策方式。“这是合逻辑的”“这是不合逻辑的”“在考虑所有的因素后，我认为我们的婚姻还是划算的”则是典型的思考型的人的决策方式。（图 7-9）

图 7-9　MBTI 的第三个维度

第四个维度，是关于生活方式的选择的。有的人天生就喜欢整洁和有条理；而有的人天生就喜欢杂乱和无序，随意和变化正是其乐趣所在，要是所有的东西都必须规规矩矩，那对一个感觉型的人来说，这个世界就有点过分无聊了。（图 7-10）

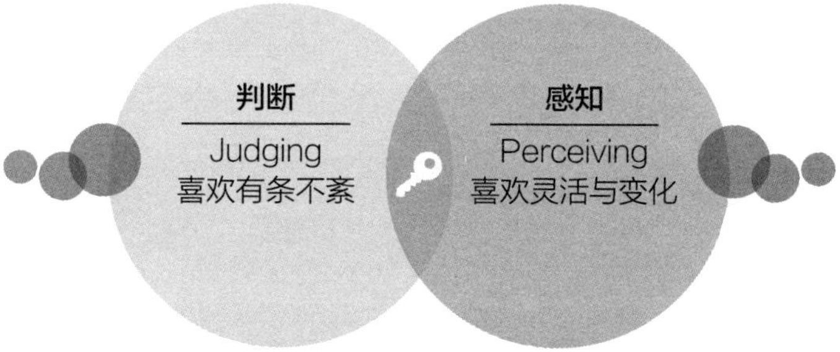

图 7-10　MBTI 的第四个维度

下面是 MBTI 关于 16 种不同类型人的分类。虽然说大千世界，每一片树叶都是不同的，但这样的分类，对每一个人认知自己，认知他人，对领导力而言，还是具有重要意义的。比如，对于那个排在最后面的 ENTJ 的人来说，我就是这个类型，如果要想让他去做一个例行性的服务工作，大概率是不会有好结果的。

表 7-2　MBTI 16 种类型分类

ISTJ 做需要做的，最负责任 Doing what should be done, most responsible	ISFJ 高度责任感，最忠诚 A high sense of duty, most loyal	INFJ 鼓舞人心，最好沉思 An inspiration to others, most contemplative	INTJ 事情都有改进空间，最独立 Everything has room for improvement, most independent
ISTP 随时准备试试，最务实 Ready to try anything once, most pragmatic	ISFP 见多识广，分享少，最风雅 Sees much but shares little, most artistic	INFP 为社会提供服务，理想主义 Performing noble service to aid society, most idealistic	INTP 解决问题，最理论化 A love of problem solving, mcst conceptual
ESTP 极端现实主义者，最率直 The ultimate realists, most spontaneous	ESFP 生命只有一次，最慷慨 You only go around once in life, most generous	ENFP 生活太美好了，最乐观 Giving life an extra squeeze, most optimistic	ENTP 一个又一个令人兴奋的挑战，最具创新精神 One exciting challenge after another, most inventive
ESTJ 生命的管理者，最信得过 Life's administrators, most hard charging	ESFJ 世界的主人，最喜协调 Hosts and hostesses of the world, most harmonizing	ENFJ 天生的说服者，最善游说 Smooth talking persuader, most persuasive	ENTJ 天生的领导者，发号施令 Life's natural leaders, most commending

第八课

领导力修炼之旅：从优秀到卓越

领导力在本质上是一种关系，一种领导者与追随者之间的互动关系。提升领导力，需要向内反省：了解自己的现状，了解自己的优势，了解自己的不足，愿意改进和提升自己，把自己提高到一个更高的境界，成为一名更好的领导者，这是一个从优秀到卓越的英雄之旅。

世界是我的一面镜子，我们需要他人给我们一个诚实的反馈，才能更好地了解自己，了解自己在哪些方面做得好，哪些方面还做得不够。领导力可以评测吗？如何评测？效用如何？下面，我们介绍一款广泛应用的领导力评测工具。

向内反省——LPI 360 度领导力评测

LPI 360 度领导力评测是在全球范围内应用最为广泛的领导力测评工具，它通过下述三个方面的反馈，了解自己的现状情况：

（1）基于卓越领导力五项最佳实践进行自我评价；

（2）他人对自己基于 30 项领导力行为的评价与反馈；

（3）了解自己在 30 项具体领导力行为中的强项、弱项，以及差距。

基于上述的评测结果，让我们对自己的领导力有一个客观的认识，这是领导者学习、改进和提升领导力非常重要的一部分，让我们了解自己在多大程度上运用了领导力的五项行为习惯，这样就为提高自己的领导能力，有针对性地制订相应的提升计划奠定了一个基础。下面的一问一答，可以给你一个清晰的路径图：

- 问：从哪里开始学习领导力？
- 答：从学习领导力的五项最佳实践开始。
- 问：如何测量领导力水平？
- 答：通过 LPI 360 度评测来衡量。
- 问：如何提升领导力，让自己成为卓越的领导者？
- 答：领导力是可以学习的。如果想成为卓越的领导者，可以参加领越™领导力的研修，并结合 LPI 评测，在实践中修炼，开始一段卓有成效的领导力自我发现与自我提升之旅。

自 1985 年 LPI 第一次使用以来，参与的评测者已超过 500 万人。通过 LPI 的评测，自评者能够清楚地了解自己领导力的长板和短板，并以此为起点，向内探索，走上自我发现、自我行为修正的领导力提升之旅。

领越™ LPI 是一份包括 30 个行为陈述的问题清单（包括“自我测评”和“观察者测评”两部分，统称为“领越™ LPI 测评问卷”）。其中，每一种领导力习惯行为，又包含有 6 个具体行为描述。一共 30 个问题的 LPI 评测问卷调查需要 15 ～ 20 分钟。领导者需要完成自我测评，按照 30 个行为在自己身上出现的频繁程度，对它们进行打分；然后，让其他领导者或同事帮助完成观察者测评。问卷中可以显示出观察者与被测评领导者之间的关系，即上级、直接下属、同事和其他观察者。

你可以对照下面的 30 个领导力行为，对自己的领导力表现做一个诚实的评估。评分标准从 0 到 10 分，1 分 = 几乎总不，10 分 = 几乎总是，请见下面的描述：

领导力行为出现频繁程度标准及分值

1 分：几乎从不；　　2 分：极少；

3 分：很少；　　4 分：偶尔；

5 分：不定期；　　6 分：间或；

7 分：还算经常；　　8 分：通常；

9 分：非常频繁；　　10 分：几乎总是。

LPI 领导力评测的 30 个行为问题

- 在要求他人之前我会以身作则；
- 我同大家探讨未来的发展对我们现在所做工作的影响；
- 我会寻找具有挑战性的机会来检验自己的技能和才干；
- 我可以和同事建立起良好的合作关系；
- 我会对工作完成得好的人进行表扬；
- 我会花精力来确保同事按已经达成一致的原则和标准工作；
- 我能描绘出令人信服的、共同的未来远景；
- 我要求员工在所做的工作中不断尝试创新；
- 我乐于倾听各种不同人士的见解；
- 我让团队的同事知道自己对他们胜任工作的能力充满信心；
- 我会遵守和履行自己所做出的誓言和承诺；
- 我呼吁他人与我一起分享对美好未来的憧憬；
- 我会打破部门或组织之间的界限，在部门或组织之外寻找创新方法来改进工作；

❖ 我尊重他人的尊严；

❖ 我确保以富有创意的方式对做出突出贡献的员工进行奖励；

❖ 我就我的行为如何影响他人的表现征询反馈意见；

❖ 我向大家展示长期利益是可以在共同的目标和愿景下实现的；

❖ 当事情同我们预期不同时，我会问“我们能从中学习到什么？”

❖ 我支持他人独立做出决定；

❖ 我会当众表彰那些为实现共同价值而奋斗的人；

❖ 我会努力让他人接受对组织运营最为有利的价值体系；

❖ 我能勾画出我们渴望实现的宏伟蓝图；

❖ 我会对正在执行的计划和项目能够确保设定可实现的目标，制订具体的计划，并设立可衡量的标准；

❖ 我让员工自由去决定如何进行他们的工作；

❖ 我用不同的方法来为我们取得的成果进行庆祝；

❖ 我对自己的领导理念非常清楚；

❖ 我会阐述所做工作的意义和目的，并对我自己所说的确信不疑；

❖ 即使有失败的可能，我也敢于尝试和冒险；

❖ 我确保员工能通过学习新的技能在工作中成长，并得到自身发展；

❖ 我对团队成员所做的贡献给予许多表扬和支持。

向内反省，寻求他人反馈，是领导力提升的基础。LPI 360度领导力评测拥有 30 年的历史，有效且可靠，是一套实用的、享有崇高声誉的领导力评测工具。

领导者成长道路上的六道坎

人才的成长是有规律的。没有人能够一步成为董事长、总经理。即使有人存在各种原因，拥有了这样的头衔，但并不等于就有了领导力。一般人大学毕业，都是要从基层工作做起的，然后，因为技术做得好，业务做得好，被提拔为领导。一个没有做过领导的人，如何做好一个团队的领导，这门课并没有人教授，在大学的教科书里也重视得不够，全靠一个人的悟性，在实践中一点一点积累。技术和业务人员由一名工程师转型为一名团队的领导者，并不是一件容易的事情。

搞技术的人都有一些共性的特点，比如，他们思维理性，感性不足，左脑相对发达，右脑相对迟钝；他们重视事，而不重视人；他们凡事喜欢亲自动手，而不喜欢教练他人；他们强调精准管控，而不善于激发激励……这些都可能成为经理人成长道路上的发展障碍。

拉姆·查兰是现今当之无愧的领导力大师，他与斯蒂芬·德罗特和詹姆斯·诺埃尔合著的《领导梯队》一书，被誉为领导力的开发圣经。《领导梯队》提出了一个极具实践指导意义的领导梯队发展模式，将领导力发展分为 6 个阶段，如图 8-1 所示。当然，对小型企业而言，这个梯队完全可以精简为 4 个发展阶段，即管理自我—经理—总监—总经理四个层级。

（1）从管理自我到管理他人；

（2）从管理他人到管理经理人员；

（3）从管理经理人员到管理职能部门；

（4）从管理职能部门到管理事业部；

（5）从管理事业部到管理业务群组；

（6）从管理业务群组到管理全集团。

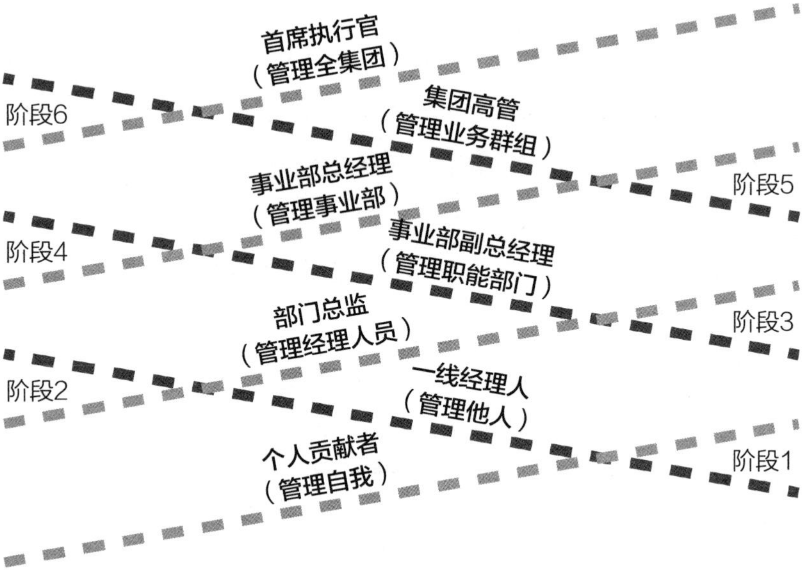

图 8-1　领导梯队发展模式

领导者的每一次晋升，都需要在以下三个方面实现转型和突破：

第一，工作理念。更新工作理念和价值观，适应新的岗位需求。

第二，领导技能。培养胜任新职务所需要的新能力，提升领导力。

第三，时间管理。重新配置时间与精力，聚焦团队和组织的绩效。

在上面的三大转型中，更新工作理念和提升领导技能比较容易理解，对于时间管理，让人感觉好像强调得有点过分。如果一个人晋升到总监、总经理的高级职位以后，还需要学习时间管理吗？时间管理不是新任经理人应该具备的基本素质与能力吗？事实上，并非如此。我们发现一个普遍存在的挑战，在企业中，总经理做着总监的事情，总监做着一线经理的事情，而经理们则做着一线员工的事情，那员工在做什么呢？员工在谈论着公司的战略和团队的方向。我们把这叫作典型的管理错位。

一家公司也好，一个团队也好，如果存在大量的管理错位，无论怎么忙，公司都不可能好。但在现实中，这样的现象还大量存在，并不少见。比如，当项目出现问题的时候，当客户出现投诉的时候，当企业需要救火的时候，总能发现高管领导的越级指挥。一方面，是因为事情紧急的需要；另一方面，则是高管领导者的思想意识问题，他们的成就感，更多还停留在做事方面，关注的重心是当下的问题解决，喜欢发挥自己的专家能力，喜欢帮助团队解决问题，在解决问题中获得快感和成就感。

管理的错位，时间资源的错误配置，导致高管领导始终扮演着一个技术牛人和能人的角色，而不是设计机制与流程，专业管理者的角色，研究搭班子，定战略，带队伍，让自己成为一名真正的团队领导者。

杰克·韦尔奇说，当一个人被提拔为经理以前，他的成就只与个人的业绩有关。但当一个人被提拔为经理以后，他的业绩则与个人的业绩无关。领导者的使命，是要对团队的业绩负责，这才是时间管理背后的重要意义。

领导者在不同的阶段，要具备什么样的思想意识、领导能力与时间管理的技巧，下面的一览表，讲得非常具体，具有很强的实践指导意义。

表 8-1 领导力发展的六个阶段

1 个人贡献者 （管理自我）	职业意识	工作价值观：公司文化和职业标准
	专业技能	工作计划、进度管理、工作内容、工作质量和工作的可靠性
	高绩效表现	通过在计划时间内完成任务来做出贡献，通过不断拓展和提升个人技能，在岗位上做出更大贡献，从而获得组织的提升
2 一线经理人 （管理他人）	领导技能	工作计划、知人善任、分配工作、激励员工、教练辅导/绩效评估
	时间管理	从自己做事转变为带队伍做事；把越来越多的时间用于管理
	工作理念	职责：把时间用于帮助他人、制订计划、教练辅导和类似的工作；成功的关键：通过他人完成任务
3 部门总监 （管理经理人员）	领导技能	选拔人才担任一线经理、为一线经理分配管理工作、评估一线经理的进步 教练辅导一线经理；超越部门，全局性考虑问题，有效协作
	时间管理	主要精力用在管理工作上
	工作理念	管理工作比个人贡献重要、重视其他部门的价值和公司整体利益
4 事业部副总经理 （管理职能部门）	领导技能	管理自己专业外的其他工作、新的沟通技巧、与其他部门协作、基于工作需要与其他部门争夺资源、制订业务战略实施计划
	时间管理	花时间学习本专业以外的知识
	工作理念	大局意识，长远思考、开阔视野，重视未知领域
5 事业部总经理 （管理事业部）	领导技能	制定业务战略规划、管理不同职能部门、熟练地与各方面的人共同工作、敏锐地意识到部门利益点、有效沟通、兼顾长远目标与近期目标的平衡、对支持性部门的欣赏和支持
	时间管理	花更多的时间分析、思考和沟通
	工作理念	从盈利的角度考虑问题、从长远的角度考虑问题
6 集团高管 （管理业务群组）	领导技能	评估财务预算和人员配置的战略规划、教练辅导事业部（副）总经理、评估业务的投资组合策略、冷静客观地评估管理的资源和核心能力、发现和管理新的业务
	时间管理	花大量时间和事业部班子人员沟通
	工作理念	开放和善于学习的思维、关注他人的成功、重视选育事业部班子成员
7 首席执行官 （管理全集团）	领导技能	善于平衡短期与长期利益、实现可持续发展、设定公司发展方向、培训公司的软实力、激发全体员工的潜能、确保执行到位、管理全球化背景下的公司
	时间管理	不能忙于外部应酬忽略内部管理、要在公司软实力建设方面投入时间
	工作理念	耐心细致地推动公司循序渐进地变革与转型、在长期与短期之间寻找平衡点并有效执行、保持与董事会密切沟通与协作、倾听利益攸关方的意见

（资料来源：《领导梯队》）

⊙ 案例：一位研发项目经理的心声

今年年初的时候，我被任命为研发中心新成立的一个部门项目管理办公室经理，负责项目管理工作。我原来是做技术的，在公司工作的时间也很长了，但对项目管理其实并不熟悉。年初的时候，领导信任我，让我负责新的工作，没有给我很多明确的指示，我能感觉到领导在这方面也有很多的难处，需要我在实践中一点一点去摸索。虽然领导没有直接说，我猜想领导是这个意思。

面对这样的情况，我首先要给部门定位，找准部门的方向，哪些事情要做，哪些事情要抓，哪些事情要放。在做事之前，先要找准自己的位置。按照领导梯队的模型，我想我应该是处于一线经理的位置，不仅要明确自己的定位，我还要帮助团队找到部门的定位，让成员知道自己的责任，把项目管理办公室管理好，不辜负领导的信任。我给项目管理办公室的定位是：战略的执行者、产品的创造者、项目的管理者，明年还要在这个基础上，再加上一项，就是变革的引领者。项目管理办公室能不能挑起这个担子，发挥真正的价值，对公司的发展非常重要，甚至对研发中心的未来发展也非常重要。

在找到了个人和团队的定位之后，就开始调整自己的工作理念。我清楚地知道项目管理办公室作为公司的一个综合管理部门，负责公司所有的项目交付工作，不是一件容易的事情。团队过去在这方面没有经验，如何培养团队的能力至关重要。这句话说起来很容易，但是团队如何培养，谁来培养，我并没有经验。于是，我决定从自己做起，提升自己在项目管理方面的能力，同时也帮助下属提升能力。没有能力的支撑，想要管理好项目，想要获得各方面干系人的信任，是一件不可能的事情。一个人要抱着学习的态度，愿意转变工作理念，让自己更开放，不管面临什么样的困难，都会视困难为学习的机会，要做好自我领导，这是一名领导者应该具备的领导力心态。

项目管理办公室要与其他众多部门打交道，包括生产、销售、采购，都有非常密切的合作关系。每一个部门都有自己的职责，每一个人也都有自己的项目，每一个项目都有自己的优先级。如何做好协调沟通工作，确保每一个项目按时、按质、按量交付，需要项目经理具有极强的沟通与协调能力。项目经理不仅要懂技术，还要懂管理，懂多任务、多目标的协同，懂多部门的平衡关系，更需要懂领导力，懂得如何运用非职位的软权力去影响他人，赢得其他人的支持与配合，这绝对是一个重大的考验。项目经理没有两把刷子，恐怕是做不好这方面的工作的。

在领导力方面，对一个项目经理来说，最大的困难是如何在团队中树立威信，尤其是一个项目团队，大家都来自不同的部门，都有自己的直接上级，专业知识和背景都不一样，每一个人都有自己的个性，他们都是各个专业领域中的专家，都期望自己的专业意见能够得到重视。凭什么要听项目经理的？显然这是一个重大的挑战。

尽管项目经理大多数都是技术出身，但有时仍会面临一个困境，即需要外行领导内行，因为一个人不可能什么方面都懂。一个好的领导者、一个好的项目经理，必须能够领导比自己技术好的人。那么，凭什么？这就需要项目经理具有很强的人际关系能力，很强的影响力，很强的团队领导力，赢得那些技术大牛（至少他们自己是这样认为的）、技术专家的支持、理解和信任，才能确保项目计划的完成，完成端到端的交付。一个人无论在技术上多厉害，也不可能独立完成一个项目。项目经理有项目经理的价值，项目管理也是一门技术。

项目经理可以不懂具体的技术，但是要懂项目管理，要做好项目计划，做好过程的管控，要对项目的交付成果负责任。在项目管理方面，特别是在项目领导力方面，我感觉到自己确实能力不够，还需要好好学习。

在时间管理方面，我经常感觉自己的时间不够用，有太多的事情缠身，真的是分身乏术。我现在开始有意识地抓大放小，只抓一些重点的项目和任务，把一些不是特别重要的项目授权出去，交给团队其他人负责，尽管有时还感觉不能让人完全放心，还需要做很多的收尾工作，但是我必须这样做。我真期望我能懂多一点的教练和辅导工具。期待明年能够多做一点培训，项目团队成员的能力能够有所提升，局面一定会有所改善。

关于团队的辅导和培养，我的一般做法是既不越俎代庖，也不放任自流。管得太多，会让人感觉你不放权，不信任；但如果支持太少，又会让人觉得没有归属感，没有关怀和关心。所以，既不能过之，又不能不及。如何因人而异，是一门艺术。有些人基础差一些，那就要多操心一点，话说得多一些，但至于说什么、怎么说，也有讲究。如果时间允许，我一般不会直接告诉他们答案，而是让他们自己去学习，在图书或网络上找到相关的知识、工具和方法，让他们提出自己的意见和建议，给出他们的答案。我告诉他们，对于那些能够找到的知识与信息，如果你来问我，说明你学习的主动性不够，或者说学习能力不强。如果下属问的是一些冰山下面的、更深层次的东西，如需求决策，或者是高管干系人冲突等挑战性的问题，我则很乐意与他们一起分享和探讨。帮助他们，实际上是在帮助团队，当然也是在帮助我自己。事实上，我在这个过程中，也学习和提高了不少。我期望团队的每一个人，都有学习的能力，都能够独立自主，都能承担更重要的任务。我现在已经开始尝试培养项目管理办公室的人才梯队，从助理项目经理到项目经理和项目总监，相信明年团队的工作会不一样，会更专业、会效率更高。

培养第五级领导人

有人可以领导自己，有人可以领导别人；有人可以打小仗，有人可以打大仗；有人可以带领团队打一次胜仗，有人可以带领团队不断取得胜利。一个人的领导力，是分级别的。

著名的领导力大师吉姆·柯林斯提出了一个第五级领导人思想，他把领导者分为五级，其中最高的一级，叫作第五级领导人。第五级领导人的特点是：他们不仅能够带领团队实现卓越的组织绩效，而且个性谦逊，品行无私，尊重下属。他们在做事方面，对公司的事业充满热情，雄心勃勃；但是在做人方面，又极其低调，从不彰显自己。当公司取得成绩时，他们将成绩归功于偶然，归功于环境，归功于团队，归功于下属；而当公司表现不好时，他们会照镜子，检讨自己，反思不足，承认错误，承担责任。第五级领导者是一个能将强烈的组织抱负和谦逊的个人品质——两个看似矛盾的个性有机地结合在一起的卓越领导者。

第五级领导者是柯林斯在研究企业如何取得并保持卓越业绩的研究中所取得的成果。他曾带领 22 名研究人员，历时 5 年，付出了约 15000 个小时的辛勤努力，从 1965 年到 1995 年名列《财富》

500 强的 1435 家公司入手，经过重重筛选，最后锁定了 11 家公司作为研究对象，这些公司实现了从优秀到卓越的转变：在转变之前的 15 年内，其股票的累积收益率不如大盘，在转变之后的 15 年内却达到了大盘的 6.9 倍，即使是当时被业界奉若神明的杰克·韦尔奇，在 1986 年到 2000 年执掌通用电气的 15 年间，公司股票的回报率也只有大盘的 2.8 倍。柯林斯认为，一个公司要想从优秀转变为卓越，有 7 项因素至关重要，它们分别是：先人后事、斯托克代尔悖论、累积与突破的“飞轮”、刺猬理念、技术加速器、训练有素的文化，以及最后的一条，也是最重要的一条，要有一个第五级的领导者。

柯林斯的五级领导人：

第一级：能力突出的个人。他们用自己的才智、知识、技能以及良好的工作习惯为公司创造价值。

第二级：具有奉献精神的团队成员。他们能够与团队成员通力合作，并投身于团队的项目，为了团队的利益，贡献自己的才智。

第三级：富有实力的经理人。他们善于管理，具有组织能力，能够有效组织和利用人力、物力，以实现组织目标。

第四级：坚强有力的领导者。他们精力充沛，具有极高的专业素质与能力，能够激励团队，达成卓越的组织目标。

第五级：第五级领导者。他们一方面具有谦逊的个人品格，同时又具有坚强的职业意志，能够带领团队，帮助企业取得长期、健康的持续发展。

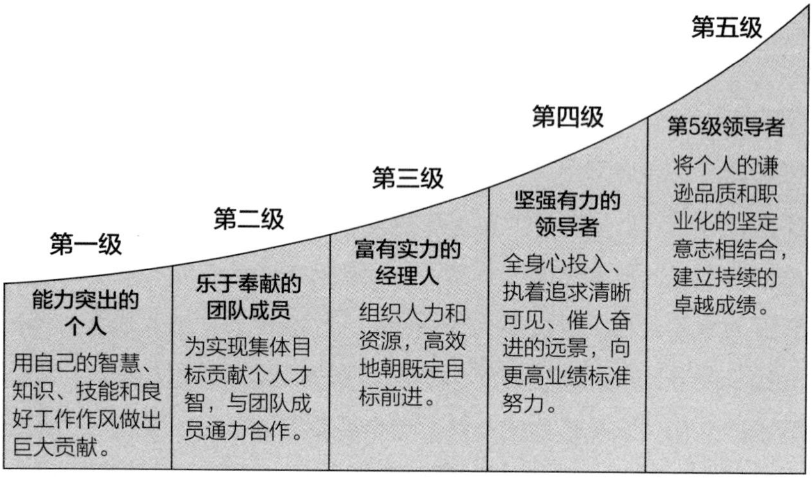

图 8-2　五级领导者

在这里，我们可以发现五级领导者的不同特质：

第一级的领导者的特质是行动导向，他们把精力主要聚焦在目标、任务与个人结果之上。第一级领导者往往是一位个体能手，拥有杰出的处理一线业务的感觉与能力。在一个由成熟队员组成的团队中，在一个理念认同度很高的组织中，这样的领导者的模范作用是明显的。他们长于细节，专注于负面缺陷的发现与处理，却因此可能缺乏整体意识、缺乏大局观、缺乏对团队成员的体谅与宽容。很多从技术专家提拔为团队管理者的一线经理人，都有这样的显著特点。

第二级领导者长于人际关系，长于与人打交道，善于理解他人，也善于团结他人，往往是团队中的活跃分子，他们经常扮演团队中的黏合剂。但是，团队不是慈善组织，经常面临各种挑战。在挑战面前，仅靠良好的人际关系是不够的。当团队成员有分歧的时候，当团队发生冲突的时候，就需要一名坚强有力的领导者，拿出自己的主张，甚至力排众议，在危急关头做出决断。一个单纯的好人、好伙伴、好领导，是不能为团队解决问题的。

第三级领导者是一个有效的团队管理者，就像是“亮剑”中的李云龙，一位杰出的任务执行者。他能够审时度势，能够解决问题，能够带领团队，达成组织要求的目标。他可能是一个优秀的项目经理，也可能是一个部门的优秀主管。这是组织里需求量最大的一类人才。但是他们的视野还不够宽阔，因为受限于业务的压力，而难以担当领袖的大任，就像某些战功卓著的将军，一旦战争结束，便会失去魅力。他们可以打一些小仗，赢得一些胜利，但是要想打一场大仗，赢得一场战役的胜利，还缺乏一些更高要求的能力，为组织提供意义，为组织输入精神动力，为组织提高士气，为组织提供凝聚力，让成员意识到为谁而战，以及战斗的意义。

第四级领导者一定是一个有理想，能够催人奋进的激励大师和一个不断驱动人们前行的鞭策者。他们有过人的能力，能够达成卓越的组织目标。华为的任正非、阿里巴巴的马云都具备了这些领袖的魅力。第四级领导者是一位英雄，是一位真正的大人物。他不仅高瞻远瞩，而且指挥有力，能够完成艰难的任务与目标。毫无疑问，他们都是领袖级的人物。人们崇拜他们，追随他们，模仿他们。然而有趣的事情就发生在这里，杰出的领袖可能由于羽毛太过鲜亮，威信太过高大，权力太过垄断，因此减缓了团队成员的发展，限制了团队的思维与活力，由于埋下了种子，团队可能因此而成功，也可能因此而失败。组织对领袖的崇拜反过来也促成了领袖本人的妄自尊大与刚愎自用。这是一种必然的规律。成也萧何，败也萧何，是第四级领导人的组织的宿命。

第五级领导者的使命，是要在一个复杂的、不确定性的环境中，能够带领团队取得事业的长期成功。不仅要打胜仗，而且还要成为常胜将军，这绝不是一件容易的事情。杰出的领导者永远懂得一个道理，他们不能仅靠自己一人成就伟业，他们懂得做事张扬的人很少能够善终。领导力是一种关系，成功的领导者总是要处理好自己与环境、自己与他人、自己与团队、自己与组织的关系。一位有真正智慧的长者，从来都不喜张扬，而是选择谦逊、低调与平和。但他们在心底里，有着坚定的信仰与主义，执着于毫不动摇的原则。这种勇气和力量，来自内心的智慧，因为他们确信自己正在做着正确的事情。他们视困难为挑战，视差异为机会，视冲突为自然，视失败为学习。他们即使是在表现勇敢的时候，秉持原则的时候，也是平和的。这是一种常人不能及的境界，是一个人在历经磨难之后才会沉淀下的大智慧，而非一次偶然成功所获得的雕虫小技。周恩来总理作为中国革命的领袖之一，在全世界受到尊重，被视作这样的典范。

⊙ 领导之共性：不是谦卑，是真诚

按照吉姆·柯林斯的定义，第五级领导者的特质是既坚定而又谦逊。那么，这是不是卓越领导力的共性呢？

就这个问题，著名的领导力学者刘澜与领导力大师比尔·乔治有过一段访谈，非常耐人寻味。比尔·乔治写过一本书：《真诚领导力》，在业界很有影响力。

刘澜：你说过，你不同意伟大的领导者有共同的特征或者特性。

乔治：是的，我不同意。他们迥然不同。有些领导咄咄逼人，有些谦逊温和，有些才华横溢，有些智力普通。我给你举个例子，宝洁公司的CEO雷富礼是一个杰出的领导者，但说不上才华横溢。当然，他是个很聪明、谦逊的领导者。

刘澜：你也说过，“真诚领导者”就像是“第五级领导者”。

乔治：是的，跟吉姆·柯林斯说的第五级领导者很像。很坚定，但是保持自己的本性。关键是做你真诚的自我，不要模仿，不要模仿其他人，不要模仿杰克·韦尔奇。

刘澜：但是柯林斯说过，伟大的领导者有一个共同点，就是有意的谦逊。“第五级领导人”根据柯林斯的定义，就是既坚定，又谦逊。

乔治：我不认为伟大领导者都是谦逊的。有许多伟大的领导者很谦逊，但是也有很多不是。比如比尔·盖茨在微软做了很伟大的事情，他就不谦逊。

刘澜：那么真诚不是一个共同的特性或者特征。

乔治：哦，真诚是，不过我不认为真诚是一个特性或者特征，也许是这些的一个组合。有些人很真诚的谦逊，有些人很真诚的雄心勃勃。有些人充满活力、咄咄逼人，有些人害羞，他们都可能成为伟大的领导者。但是不管怎样，他们都保持真诚的本色。因此，真诚对我来说不是一个特征。它是你是谁，它意味着知道你是谁、你的目的是什么。

刘澜：这可能会让有些人失望。他们进入商学院，参加领导力课程，为了学习成为一个领导者，而你告诉他们没有一个领导力清单。

乔治：是的，我认为许多人在寻找一个“快速方案”。他们想要一些快速的方案使他们通过模仿就能成为领导者。但是他们总是失败。他们不能成为成功的领导者，是因为他们不是做他们自己。没有快速方案，只有艰苦劳动。你必须花费一生时间，培养自己成为领导人。我也还在培养我自己，成为领导人。

刘澜：你的意思是，真诚领导力不是领导力的一种选择。你认为伟大的领导力都是真诚领导力。

乔治：正是如此，是基础的、根本的领导力。不真诚的人也许会得到大量的新闻曝光，却不是真诚领导者，如甲骨文的拉里·埃里克森。卡莉·费奥瑞纳在惠普失败了，因为她不真诚。[①]

约翰·麦克斯韦尔关于领导力的五个层次

麦克斯韦尔出身牧师，是著名的领导力专家、思想家和演讲家，每年对超过35万人次演讲。他也是纽约时报、华尔街日报、商业周刊一致认可的畅销书作者，拥有50本畅销著作，其中非常流行的著作有《领导力21法则》《360度领导力》《真正的成功》《如何影响他人》和《领导力的五个层次》。

麦克斯韦尔有一个著名的领导力定义——领导力就是影响力。这个定义简单明了，深入人心，广为传播。他在完成《领导力21法则》一书之后，又在21法则的基础上，出版了《领导力的五个层次》，为人们画出了一张清晰的领导力登山路线图。大师匠心独运，针对领导力的每一个层次，都匹配相应的领导力法则加以运用。拿着这幅领导力地图，带着21法则的百宝箱，可以指导我们每一个人在领导力的成长道

① 刘澜：《领导力沉思录》，中信出版社2009年版。

路上不断攀登，从一个权力型的领导者，转型成为一个有魅力的、受人尊敬的第五层次的领导者。下面，我们来说一说，这五个层次的核心要点与精华之处，如下图：

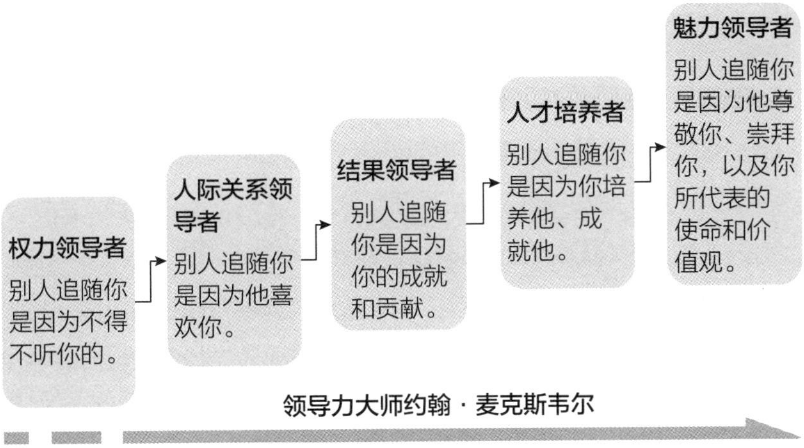

图 8-3 领导力的五个层次

▸ 第一层次：职位 / 权力领导者

这是领导力的第一个层次，也是最初级的层次。对于职位型领导者而言，其影响力来自他的职位头衔，或者说权力。人们服从领导，尊重领导，追随领导，并非发自内心与自愿，而是因为非听不可。拥有一个领导职位本身无可厚非，但是使用基于职位的硬权力，迫使员工服从，则是大错特错的，因为它只会让人口服心不服，或者阳奉阴违。权力型领导者可能拥有唯命是从的下属，但不可能拥有一支同舟共济的团队。

权力型领导者的典型领导方式，依靠规章、制度和流程进行管控，约束、限制很多，领导和激发很少。这样的直接后果，就是员工只会在领导者权威所及的范围内服从领导，听命于指示，完成自己的分内之事，以不出错为目标，而不会付出额外的时间和精力，更不会有激情与创新。

▸ 第二层次：认同 / 人际关系领导者

第二层次的领导力，来源于人际关系。人们追随你，认同你，是因为他们喜欢你，愿意亲近你，内心认同你，真心听从你。领导力首先是一种关系，其次是一种艺术。当你喜欢他人，关心他人，将他们当作有血有肉的独特个体珍视他们的时候，你就开始与他们建立信任的关系，并影响他们。第二层次的领导者，其着眼点并非维持自己的职位，而在于如何去了解身边的人，了解他们的独特个性，了解他们的疾苦，了解他们的需求，不断努力探询和他们的相处之道。这个层次的领导者是一个仁爱之人、宽厚之人、包容之人，一个真正关爱他人之人，最终，人们也会热爱他、追随他、听命于他。

▸ 第三层次：生产 / 结果领导者

第三层次的领导力，来源于领导者的成果产出，来自领导者对团队的实际贡献。领导力最终是要靠成果说话的，不能仅仅是一名空谈的理想主义者。一个好的领导者，永远是解决问题的高手，赢得胜利的保障，并由此获得真正的影响力与公信力。很多的专业人士，往往也喜欢把自己定位于这样的领导者。

▸ 第四层次：立人 / 人才培养者

第四层次的领导力，来源于他们对人才的培养。他们利用自身的职位权力、人际关系与工作经验，投资他们的追随者，培养他们的追随者，帮助他们成长为新的领导者。一个优秀领导者的使命，就是要培养更多的领导者，这就是我们所说的：立人。人们追随你，是因为你培养他们，发展他们，让他们变得更优秀。这样的结果就是人才的复制，人才的裂变，团队变得越来越强大。领导者之所以伟大，不在于他们自身所拥有的一切，而在于他们能够发展他人，培养他人，让长江后浪推前浪，一代新人胜旧人。近年来，经常去华为讲课，在华为大学的大堂里，有一条校训格外醒目，就是“最优秀的人培养更优秀的人”，这是第四层次领导者的一个现实案例，也是一个中国战法。

▸ 第五层次：巅峰 / 魅力领导者

第五层次的领导力，是领导力的最高峰，只有天赋异禀的少数人，能够达到这一高度。人们追随一个领导者，不仅是因为他们信任你，崇拜你这个人，而是因为他们崇拜你的理想，你的使命，你所代表的主义，你所主导的价值观，所以愿意追随你。这是领导力的最高境界，也是一名真正领袖的特质。中国的毛泽东，印度的甘地，南非的曼德拉，都是第五级领导者的杰出代表。

关于领导力的五个层次，下面的十个结论，具有特别重要的实践指导意义。

（1）领导力的发展就像是爬楼梯，需要一层一层地往上发展，是累积式的，不是跳跃式的。上一层的发展，需要下一层的扎实基础和良好发展做支撑。如果缺乏下一级的支撑，即使进到了上一级，最终也会因为基础不牢而退缩回来，一切重新再开始。例如，一个成果丰硕的领导者，如果人际关系不好，恐怕其成就很难持续，因此，要想获得持续的领导力，还需要从人际关系的基础构建开始。

（2）领导力是动态的，会随着关系的不同而不同。简单说，你面对的对象不同，你的领导力层级可能是不同的。换句话说，一名领导者的领导力可能是会变化的。例如，对于一位新人，你的领导力层次，可能是处于第一层次；但对于一个老员工来说，你则可能需要处于第三或第四层级，才能发挥好领导的作用。有一点需要注意的是，无论是哪一个层次的领导者，并不是固定不变的。要想维持住自己的领导力层次，你需要不断努力和付出。

（3）你的领导力层次越高，领导力的实现就越容易。层次越高，领导者的影响力越大，因为影响力不断从冰山的上面潜入冰山的下面，获得的追随者也将会越来越多，影响也会更深远。

（4）你的领导力层次越高，你就越需要花费更多的时间与精力，去攀登新的台阶。就像游戏通关一样，越来越难，越来越不容易。唯有更加努力、更多付出，才能晋级。

（5）领导力的提升，就像攀登珠穆朗玛峰，每向上一步，都是不容易的，需要付出艰辛的努力。更重要的是，登上一座珠穆朗玛峰，需要很长时间，但从珠穆朗玛峰上掉下来，却只需要几十秒。在领导力的征程上，每提升一个层次，都需要日积月累的努力，而后退却可能是一瞬间的事情。值得庆幸的是，当你迈向更高层次的领导力时，你身下的梯阶，会成为你的保护网。你的领导力层次越高，领导力就越安全。譬如，你在第三层次上，犯了一些错误，但此时你所建立的第二层次的领导力，即良好的人际关系，或许会为你提供一个缓冲，成为你的一根救命稻草。但如果你的领导力层次是在第一层，是一名权力型的领导者，那你就退无可退了。层次越低，容许你犯错误的机会越少。这也是你需要不断努力，迈向更高领导力层次的重要原因。

（6）迈出的步伐越远，到达的领导力层次越高，你得到的回报越大。领导力首先是一种投资，其次是一种回报。作为一名领导者，你的投资回报，随着领导力层次的提升而不断提高。当你从第一层次的权力型领导者，迈向第二层次的关系型领导者时，你会赢得追随者的信任与支持；当你从第二层次的关系型领导者迈向第三层次的结果型领导者时，你因为为团队创造价值与财富，而赢得团队的追随；当你从第三层次的结果型领导者，迈向第四层次的人才的培养者时，组织能力开始倍增，产出成倍增长，你的威信更加突出和稳固，人们发自内心地信任你；当你从第四级的人才培养者，迈向第五级的魅力型领导者时，组织将会拥有最高的凝聚力和创造力，登高一呼，应者云集，就是一件自然而然的事情。

（7）工欲善其事，必先利其器。领导者想要达到更高的领导力层次，需要不断提升自己的素质与能力。一名优秀的领导者，永远是一个主动的学习者和实践的探索者。领导者不是不犯错误，而是不犯同样的错误。通常的规律是，在较低的领导力层次上，风险较小，困难也较容易克服。例如，从第一层次向第二层次的跨越，领导者面临的风险是如何构建良好的人际关系；而从第二层次迈向第三层次的领导者，则面临更大的困难，需要凝聚团队去完成一项艰巨的任务，达成团队绩效的目标。如果任务没有完成，目标没有达到，就会损害领导者的威信，就会降低领导者的领导力。

（8）当你故步自封，领导力停滞不前时，就会限制你的团队的发展。领导力 21 法则中，有一个盖子法则：一个人的领导能力，决定一个人办事的成效水平！换言之，你完成任务的有效性和团队协作的能力，受限于你的领导能力。如果你的领导能力是 4 分，你的办事效率不会超过 4 分。另外，由于人们总是期望追随比自己强的人，如果你的领导力是 4 分，那么，你招聘到的人才，也很难高于 4 分。因此，如何让自己变得强大起来，是领导力的一个基础。

（9）当你变换职位或者单位时，你基本上要重新开始再来一遍，即从领导力的第一层次开始，然后不断提升你的领导力。每当你开始领导一个新的团队，你就要重新开始一段新的领导力征程，重建你在团队中的领导力。因此，领导力是一个不断修炼的过程，领导力没有终点。权力型的领导者，往往把领导力当作一个目的，而非过程，他们要的是权力，他们不愿意重新开始。因此，一些领导者在原来的岗位上很成功，但在换到一个新的岗位上之后，却失败了。这样的活生生的案例真不少见。

（10）领导力绝不是一个人的孤独事业。一名优秀的领导者，绝不能独自一人走在领导力攀登之路上。中国的古训，立人者方能立己，要想成为一名真正成功的领导者，你必须帮助追随者，让追随者也不断提升他们的领导力。如果人们不追随你，你不可能从第一层次迈向第二层次和第三层次；如果你的追随者不能成为新的领导者，你也不可能迈向第四层次；如果你的追随者不能迈向第四层次，你也不可能成为第五层次的领导者，成为那种具有领袖特质的、让人崇敬的领导者。正如孔老夫子所说：夫仁者，己欲立而立人，己欲达而达人。

领导力的终极三问

有一个故事说的是北京大学的保安，对进入校园的客人，总是会问世界上最难的关于人生的三个终级哲学命题：你是谁？你从哪里来？你要到哪里去？

事实上，这三个问题，对领导力而言，也至关重要。领导力首先要解决的是领导自己。如果一个人，连自己都领导不好，我们也不会相信，他能领导好别人。

那么，如何搞清楚这三个问题呢？还真不是一件容易的事。

国际顶级 NLP 大师罗伯特 · 迪尔茨（Robert Dilts）在研究人生的意义及面临的问题与挑战时，发明了一个六层次的逻辑图。一个人，如果在这六个层次上能保持逻辑的一致性，便会身心一致，知行合一，就会有更多的幸福与快乐。反之，如果不能在这六个层次上保持逻辑的一致性，就会产生冲突、困惑和压力。

罗伯特 · 迪尔茨的六层次逻辑图如下：

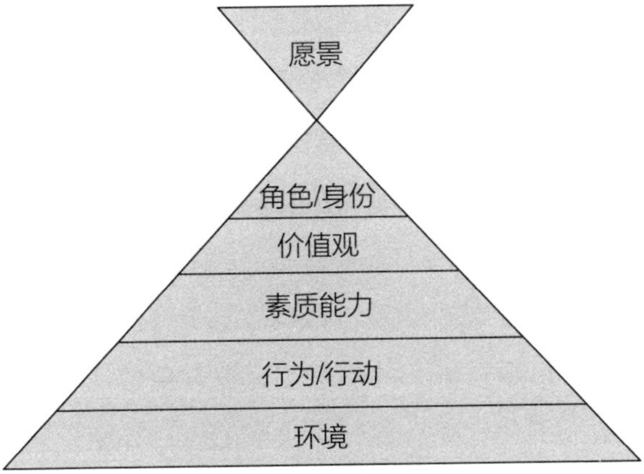

图 8-4　六层次逻辑图

❖ 愿景（Vision）

愿景要回答的是，你的最终目标是什么？你要向何处去？

❖ 角色 / 身份（Who）

角色与身份要回答的是，你是谁？你从哪里来？你要成为谁？

❖ 价值观（Why）

价值观要回答的是为什么，你为什么要成为那样的人？

❖ 素质能力（How）

素质能力要回答的是如何，你要具备什么样的条件，或者说素质与能力，才能达成自己的目标？

❖ 行为 / 行动（What）

行为 / 行动要回答的是做什么，你要做一些什么，才能具备相应的素质与能力？

❖ 环境（Where&When）

环境要回答的是时间与空间条件，什么样的天时、地利与人和，能够让你成功？什么样的环境，最适合你的学习和成长？

人生的最高境界是能够站在逻辑层次的最高一层，能够明确自己的角色与身份，最低的境界是处于逻辑层次的最低一层，苦恼如何创造与适应环境。一般来说，一个较低层次的问题，容易在较高层次上解决。例如，一个人如果不喜欢所在企业的环境，只要自己内心清晰，自己的角色与身份需求是什么，这个冲突是容易解决的；反过来，一个较高层次的问题，如果用一个较低层次的方法，则难以奏效。例如，如果一个人的价值观理念，是想找一份工资高、离家近、活儿少的工作，那么，无论是在国企、外企，还是民企，其人生的冲突都很难解决。

领导力的三环修炼

我是谁？我从哪里来？我要到何处去？这三个哲学命题，没有容易的答案，是我们一辈子都在探索的难题。人生的不同阶段，对这三个问题的回答，也是不一样的。对于这道人生难题，我们可以借用管理大师吉姆·柯林斯的三环理论，来帮助我们做好选择与定位。

吉姆·柯林斯在其畅销书《从优秀到卓越》中，揭示了一个秘密，即一家公司如何从优秀走向卓越，往往是从一家多元化的公司，变成一家专业化的公司，最终实现了从优秀到卓越的转型。也就是说，只有专业化的公司才能从优秀到卓越。那么，如何选择专业化的业务呢？

柯林斯的研究结论是，我们要明确回答下面的三个问题：

（1）我们做什么业务才有可能成为世界上最好的？不是说已经做成世界上最好的，而是说有可能做成世界上最好的。

（2）我们对做什么最有激情？

（3）什么最能驱动我们的经济引擎？翻译一下，其意思就是，做什么最赚钱，投入产出回报最大？

如果画三个圆圈，把答案分别填到三个圆圈中，三个圆圈的交叉之处，就是最后的选择。如图 8-5 所示。

我们可以用柯林斯发明的这个三环理论，来帮助我们指导个人的领导力发展。一个人要从平庸到伟大，也必须选择自己的人生目标与愿景，怎么选择呢？可以问自己这样的三个问题：

（1）我擅长的是什么？

（2）我热爱的是什么？

（3）我的机会是什么？

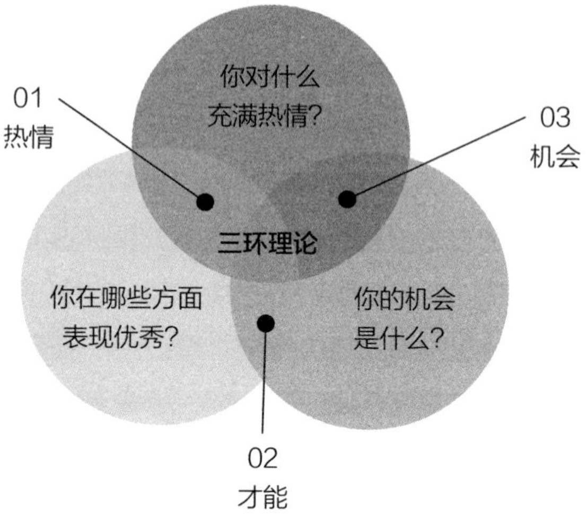

图 8-5　领导力的三环修炼

所谓认识自己，就是认识自己的擅长，认识自己的热爱，认识自己的机会。在三环交叉的地方，找到自己的人生定位，这将会成为你的人生角色，或说身份，也将是你未来的人生愿景。

这里有一个很有意思的案例。美国前总统克林顿，在年轻的时候就决定从政。他那个时候，还没有什么三环理论。但是，根据他的回忆录，他当时的决策过程，就像是用了三环理论一样。

他一共有三个职业选择，一是音乐，二是医学，三是政治。他热爱音乐，也擅长音乐，酷爱长管萨克斯。他热爱医学，擅长医学，也认为自己可以成为不错的医生。但是，他认为自己最热爱的还是政治，最擅长的也是政治，而且也有很好的机会。他最终选择了政治。克林顿在 16 岁的时候，就确立了自己的人生愿景，清晰了自己的角色与身份，他要做一个政治家。于是，他向着这个愿景一路前行和奋斗，最终成为美国第 42 任总统。

在这个现实的世界，理想总是很丰满，但现实却是很骨感。如果热爱、擅长和机会，这三者之中，只能选一个，你选哪一个？

柯林斯的回答是：热爱。柯林斯说，要成就伟业，要从热爱出发。你可能还是想问：我不选择热爱，选择机会可以吗？我的回答是，当然可以。但如果你想成就伟业，想成为一个伟大的领导者，你就要从热爱出发。如果你只想赚一点小钱，过一个小康生活，那么从擅长出发，从机会出发，也是没有问题的。卓越人士之所以卓越，大多是因为内心有热爱，所以总是充满着激情。所谓激情，其实就是一个人受尽了痛苦和折磨，因为内心有热爱，仍然无怨无悔，仍然力量无穷，仍然执着前行。这就是卓越人士与一般人士的区别。如果我们看一看自己身边的那些成功人士，大多具有这样的气质。

如何发现自己的热爱，可以问自己如下三个问题：

（1）我是不是很喜欢做这件事，做起来是不是很愉悦？

（2）我对做这件事是不是很有激情，迫不及待地想要做这件事？

（3）如果这件事情让我做一辈子，我愿不愿意？

如果这三个问题，你的回答都是肯定的，那么这个事业，就可以作为你终身追求的事业。人生如此，领导力的修炼亦如此。你要首先愿意成为一名领导者，热爱成为一名领导者，不断刻意练习领导力的行为，愿意为领导力付出一切，最终你一定能成为一名领导者，一名受人尊敬的领导者。

领导力修炼的三大入口

塞缪尔·斯迈尔斯是英国 19 世纪伟大的道德学家，被誉为“西方的成功学之父”“卡耐基的精神导师”，他有一段名言，史蒂芬·柯维博士在《高效能人士的七项习惯》一书中也引用了这段话：

播种一种思想，收获一种行为；
播种一种行为，收获一种习惯；
播种一种习惯，收获一种性格；
播种一种性格，收获一种命运。

思维—行为—结果，是一套帮助人们改变的模式图。就领导力而言，改变从哪里开始呢？从思想开始？还是从行为开始？还是从结果开始？哪一个入口更简单、更容易呢？

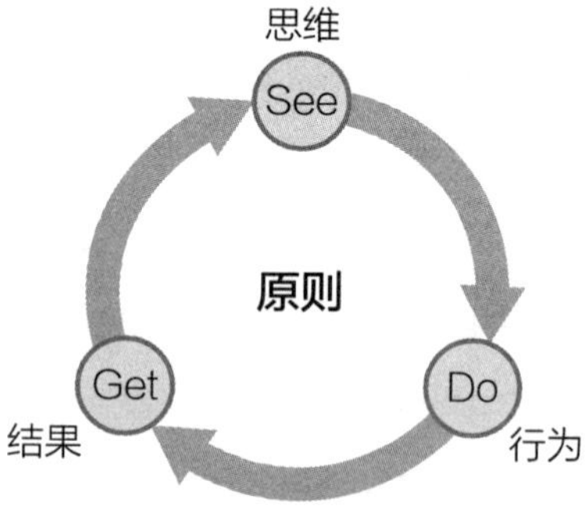

图 8-6　思维—行为—结果模式

改变一个人的思想容易吗？不容易。一个人的思想，受太多因素的影响，它不仅与一个人的家庭背景有关，还与一个人所受的教育有关，与一个人的经历有关，是在历史的长河中慢慢形成的。一个人长年形成的思想与思维，要想改变，也同样不容易。教育的全部意义就是要改变一个人，塑造一个人，提升一个人。如何改变一个人的思想？读书学习是必不可少的。读书是一种间接的学习，除了间接学习，还有直接学习。走出去，看一看别人的做法，看一看别人的成功之道，看一看别人的模式，看一看别人的生活方式，是可以改变我们的思想和价值观的。

每一个人的改变，都会经历一个漫长的过程，有从个人亲身经历的直接经验中学习的，也有从别人经历的间接经验中学习的，聪明人之所以聪明，往往能够举一反三，从别人的间接经验中学习得更多。读万卷书，行万里路，阅人无数，听名师开悟，是一套学习的路径与程式。民间高手还把这历程总结为一个三阶段的鄙视链，还是很有智慧的：读万卷书不如行万里路；行万里路不如阅人无数；阅人无数不如名师开悟。领导力的修炼，往往也会经历这样的一个过程，从阅读领导力的书籍开始，并在工作和生活中向他人学习，在工作实践中学习。

行为习惯从何而来？如何打造一个人的行为习惯？就领导力而言，从个人领导力，到团队领导力和组织领导力，都是以行为为核心的。比如，史蒂芬·柯维的高效能人士的七项习惯；库泽斯和波斯纳的领导力五项实践和十项承诺；帕特里克·兰西奥尼的克服团队协作的五项障碍；还有美国宇航学家、天体物理学家查理·佩勒林博士开发的 4D 领导力系统，它们都有一个原则，认为领导力是基于行为的，是可以学习的，也是可以训练的。

行为习惯的培养，背后来自训练，而且是刻意的训练。部队士兵是训练出来的，世界冠军是训练出来的，钢琴家是训练出来的，优秀领导者也是训练出来的。还记得电影《阿甘正传》中的阿甘吗？还记得《士兵突击》中的许三多吗？他们在部队成为兵王，也都是训练出来的。想一想训练这个词，在脑子里会出现什么样的一个图像？训练的背后意味着刻苦，意味着重复，意味着单调，意味着年复一年，日复一日，才能把一个普通的人，真正地经过千锤百炼，打造成一个杰出的战士。

佛罗里达州立大学心理学家安德斯·艾利克森，研究了一系列在专业行业领域中的成功人士，他们都是行业中的佼佼者，是业界的顶级人物，比如，国际象棋大师、小提琴家、运动明星、记忆高手、拼字冠军、杰出医生等，首次提出了“刻意练习”这个概念。很多人都以为“杰出”源于“天赋”，但真正的“天才”却说：我的成就源于“正确的练习”！刻意练习，刻意练习，练习一万个小时，是成为高手的必备条件。没有人能随随便便成功，成功的背后，都是刻意练习的结果。

罗马不是一天建成的，习惯也不是一天培养的。好的团队，好的行为习惯，都是长期训练出来的。看一看部队的训练，我们发现一个秘密。进去的是一个许三多，三年后，出来的是一个武功盖世的兵大王。这个巨大的转变是如何发生的？就是训练的结果。在部队里，我们注意到，新兵每天早晨都要出早操，都要叠被子，而且班长还要拿着尺子去测量，看叠得是否方正，是否整齐，是否规范，是否成直角，像真正的豆腐块一样。我们要问，叠被子与打仗有什么关系吗？答案是，没有直接的关系，但有间接的联系。叠被子就事情本身而言，没有什么特别的意义，但是就人而言，却具有重大的价值。训练叠被子的背后，目的是训练人，训练人的服从，训练人的专业，训练人的习惯，训练人的纪律性。当这些行为习惯养成了以后，士兵上战场才能一切行动听指挥，才能步调一致，才能打胜仗。用一句禅意一点的话，这就叫作“项庄舞剑，意在沛公”。如果没有这样的思想高度，是理解不了叠被子的价值与意义的。

如果一个人层次太低，只会就叠被子跟你讨论，那是不会有答案的。行为的训练，需要一个抓手。在组织中，早晚会的制度也好，看板管理也好，日结果分享也好，考勤也好，其背后的价值和意义，都是为了训练人，训练出一个拥有职业化行为的人，一个有文化价值观的人，一个愿意努力奋斗的人。在联想，有一个专门词汇，这就叫入模子。

思想和行为，到底哪一个会更容易改变？这得取决于人。有的人，改变思想容易一些；有的人改变行为容易一些。这些跟人的出身和性格有关。

有一个毒蝎子的故事。一只蝎子想过河，但是它不能下水，此时它看到了一只青蛙。

蝎子：“你可以背我过河吗？”

青蛙：“不行，如果我背你过河，你就会在背上袭击我。”

蝎子：“我一定不会那样做，如果那样做，我们两个都会死。”

青蛙：“好吧，我答应你。”

于是青蛙背着蝎子过河，在中途蝎子用尾巴刺了青蛙，它们一起往水里沉……

青蛙问蝎子：“为什么要这样做？这样你也要死啊！”

蝎子回答：“对不起，那个是我的天性！”

所以领导者要琢磨，要研究不同的人，要因人而异。用思想改变知识分子容易，还是蓝领工人容易？什么样的人改变思想容易？什么样的人改变行为容易？容易改变思想的是年轻人，还是年老的同志？这些都是有规律的，当然也会因人而异。这是领导艺术，也是领导的魅力之所在。

没有行动，肯定不能成功；但有行动，不一定就能成功。刻意练习的背后，还需要一点智慧，在反思中学习，在反思中改进，在反思中提高。美国陆军部队有一个传统，叫作 AAR（after action review），每一次军事行动之后，都要回顾和总结。在摩托罗拉的项目管理中，有一个必备管理动作，叫作 Lessons Learnt（吸取教训）。一个项目做完以后，都要针对项目计划，认真做总结。当初项目是如何计划的？实际执行中出现了什么样的偏差？为什么会出现这样的偏差？出现这样的问题后，采取了什么措施？纠偏的措施是否有效？谁执行的纠偏？学到的经验和教训是什么？如果事情重新再来一次，这样的事情可不可以避免？

聪明的人之所以聪明，不是不犯错误，而是不会在同一件事情上犯两次错误。很多企业的问题，或说悲哀，就是张三犯的错误，李四照犯；这个月出现的问题，在下一个月还会出现。人有智慧，但好像组织没有智慧。组织永远在一个低水平的层面重复昨日的历史。如何在错误中学习，如何在结果中反思，是高手的认知方法论。

有的人改变思想容易一些；有的人改变行为容易一些；有的人只能通过亲身的体验，在跌跌撞撞中学习和成长。改变视人而定，入口视人而不同。没有一种方法是没有成本的。找到那个最省力气的入口，需要每一个人的向内反思和不断探索。

领导者的三件要事

领导者的工作千头万绪，要做的事情数不胜数，但关键事情只有三件：第一，战略引领；第二，团队领导；第三，执行推动。做得少，而不是做得多；抓住关键的少数，而不是胡子眉毛一起抓，是优秀领导者的成功法宝。领导者的三件要事，如图 8-7 所示：

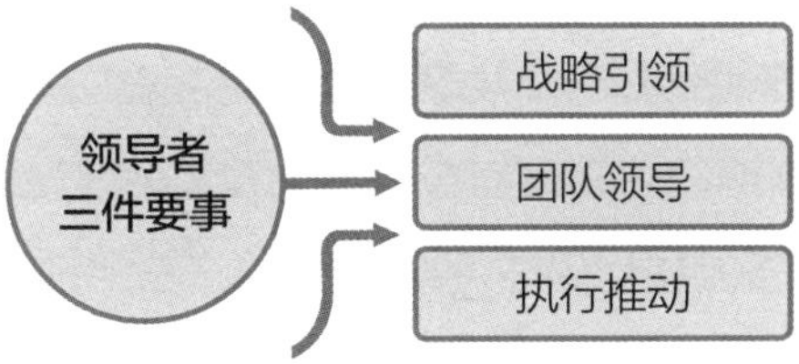

图 8-7 领导者的三件要事

领导者如何抓好工作中的三件要事？战略引领意味着什么？团队领导如何凝聚人心？执行推动如何措施有力？下面我们分别展开论述。

▸ 战略引领

作为领导者，首先要解决的是工作中的方向问题，不能只顾低头拉车，而不抬头看路。因此领导者必须回答，我们是谁？我们从哪里来？我们要到哪里去？翻译成专业的术语：领导者一定要思考和回答组织的愿景、使命和核心价值观等顶层设计的问题。在战略层面，领导者必须成为一名设计师，脑子里拥有清晰的图像。眼睛向外，企业的战略定位是什么？如何为客户创造独特的价值与服务？睛睛向内，如何确定企业的战略目标？如何将目标转化为清晰的 KPI？如何将 KPI 转化为计划？如何将计划转化为行动？如何将行动转化为结果？如何将结果进一步改进提高？所有这些问题，都是领导者必须清晰回答的战略问题。领导者如果不具备一定的高度，不具备战略思维的能力，不具备一定的眼光和格局，就不可能为组织指明方向，也不可能实施战略引领，带领团队打胜仗。

▸ 团队领导

领导者不仅要具备战略设计能力，还要具备战略领导能力，事要靠人来执行，业绩要靠团队来完成。业绩的背后是团队，团队的背后是领导。如何上上下下就目标达成共识？如何保持团队的方向一致、目标一致、行动一致？如何做好环境扫描？如何做好竞争分析？如何找到关键成功要素（KSF）？如何保障行动有效？如何做好风险识别和风险应对？所有的这一切，都考验着领导者的智慧与能力。

团队在本质上，面临着两项关键挑战，一是眼睛向外，如何应对快速变化的环境，让组织不断与时俱进，适应外部环境的变化；二是眼睛向内，如何确保组织在不断发展与变化的过程中，保持组织的活力，让每一个人都拥有激情与战斗力。

影响一个人，也许靠领导者以身作则和示范就可以了。但若要影响一个团队，影响成千上万的人，则需要更多的领导力，需要原则与价值观的领导，需要思想与文化的凝聚，需要流程与制度的约束与规范。在这方面，华为的任正非，联想的柳传志，中化的宁高宁，阿里巴巴的马云等，都是中国杰出的代表。资源可以枯竭，唯有文化与精神生生不息。

在团队管理中，你不能只下命令。命令解决不了创新的问题，解决不了积极性的问题，解决不了责任感的问题，更解决不了活力和士气的问题。在动荡时代，在不确定性时代，领导者需要赢得信任，团队才会共创和共责。德鲁克说，领导力是营销，不是销售。营销是以顾客为中心，领导者要以员工和团队为中心。陈春花的观点是，员工赢，企业才能赢。英雄所见略同。

如何做好团队的领导，文化与价值观的培养与塑造，最为重要。

如果说目标管理是对结果的管理的话，那么文化与价值观的管理则是对过程的管理，或说对人的行为与态度的管理。如何做好人的行为与态度的管理，是考验一个管理者水平高低的试金石。凭什么管理一个人？影响力的因素可以有很多，金钱、权力、利益、思想、行为和魅力，都是影响力因子。

影响的时间有长有短。能够影响人 1000 年的，我们把他叫作圣人；能够影响人 100 年的，我们把他叫作伟人；能够影响人 10 年的，我们把他叫作能人；能够影响人一年的或几天的，那就是普通人。我们如何影响人，正是领导力所在。

企业中高层领导者，如何实施价值观领导，发挥更大的影响力，统一人的思想与行为是一门大学问。在这方面，联想的柳传志、华为的任正非、中化的宁高宁，都是高手中的顶级高手。

其中的案例之一，便是联想柳传志的执行三原则。在当年联想电脑公司，柳传志为团队制定了三条规则：第一条，“如果有规定，坚决按规定办”；第二条，“如果规定有不合理处，先按规定办理并及时提出修改意见”；第三条，“如果没有规定，在请示的同时，请按照联想文化的价值标准，制定或建议制定相应的规定”。由此，在联想电脑公司做事情，人们就有了文化的观念，不会随心所欲或自以为是。有规定无论你是否认为合理，都要按照规定来做，不能因为你觉得不合理，就可以蔑视它或进行变通处理；对不合理的规定你可以提出修改意见，提意见是公司赋予每位员工的权利，同时也是一种责任和义务，既有利于公司，也有利于个人的发展。但在规定没有更改之前，你还得按照规定执行。这便是文化的力量。

一家大公司也好，一家快速发展中的小公司也好，公司的制度、流程与规范是不可能面面俱到的，也是不可能方方面面都合理的，难免会滞后，会有灰色的地带，会有不清晰的地方。因此，价值观的作用，价值观的意义，就是帮助员工和团队更好地执行，更简单地执行，更多地执行。在没有相关规定的时候，一般情况下，要请示上级，同时再主动按照公司文化的价值标准，去制定或建议制定相应的规定。在紧急的情况下，在不立即处理就会损害公司利益的时候，可以按照公司的文化和价值标准自行判断和执行，事后再及时向上级汇报。

价值观培养的是员工的文化意识和规则意识。对待规则，我们需要构建一种契约精神。当规则合理的时候，我们要执行；当规则不合理的时候，我们也要执行。这样才会有规则的约束性，规则也才会产生效率。如果我们在规则合理的时候拥抱规则；而在规则不合理的时候挑战规则、蔑视规则，那规则便失去了效用和意义。

宁高宁当年在中粮的时候，也特别注重文化与价值观的领导，北京西边的忠良书院，是一处宁静的可以安心学习的世外桃源。中粮的中高管团队，每年都会定期到这里培训，而且宁高宁经常亲自讲课，乐此不疲，成为央企领导人在人才培养方面的典范。在忠良书院的教室里，就挂有众多宁高宁的讲话，其中有一段让人印象特别深刻：

虽然我们经历过很多困难，我们还是相信人是可以教育、可以提升、可以塑造的。我们相信把人放在一个伟大高尚的组织中他也会变得伟大高尚起来。

我们相信把人的个体和一个组织的整体目标协同起来是管理学的核心。

我们相信管理好了人几乎等于管好了一个企业的全部。

我们相信企业中任何问题的发生，成绩的取得在反思一个大圈子后原因还是要归结到人上。

我们相信每个人的生命都应该是五彩缤纷的。我们相信任何组织的成功都依赖于它的成员的潜力得到发挥。

我们相信一个人，一个组织是要有精神的。

我们相信一个人，一个组织是要有目标的。

我们相信做一个好的人，好的经理人是有标准的。

我们相信无论组织大小，它的领导人要有领导力，这样才会有一个健康、蓬勃的组织的产生。

我们相信这个领导力的要素，有精神的、有能力的、有态度的、有天生的、有后天的。

我们相信我们团队的成员都有强烈的愿望来完善自我，提升自身在团队中的能力。

我们相信领导力是一个标准、一个期望、一个规则、一个方向，是能够把我们每个人都变成更好、更有能力的人的一种方法。

追随的背后，不是权力，而是价值观。华为的任正非，更懂得这一力量。任正非的一句名言：资源是会枯竭的，唯有文化才能生生不息，被广为传诵。如果说华为基本法是中国企业领导价值观的典范，一点都不过分。

早在1996年，那时华为还只有800多人，正处于高速扩张的起点，如何统一思想、统一步调、统一价值观，华为开创了中国企业的先河，制定了一个基本法。从公司的宗旨、目标、定位、价值分配、经营政策等方面都做了阐述。华为基本法的总结，提升了公司管理，明确了公司的战略、方针和政策，构筑了公司未来发展的宏伟架构。华为基本法，实际上是把任正非的管理哲学和思想，用统一的语言集中进行的一次梳理，是中国企业第一个完整系统地对其价值观的总结，对中国的企业文化建设起到了很大的推动作用。

▸ 执行推动

战略规划是一回事，执行落地又是另外一回事。领导者凭什么赢得团队的追随？凭什么登高一呼，应者云集？追随者的性格各异，利益诉求不一，领导者如何凝聚人心，如何鼓舞大家向着团队的共同目标前进？如果说战略引领是由一小部分精英阶层设计出来的理想蓝图，那么战略执行则需要回归大众，赢得每一个人的参与和奉献。这绝不是喊口号的事，需要一套科学的体系支撑。

德鲁克说："下一个社会中，公司的命运越来越掌握在最高管理层手中。最高管理层的责任包括：为整个组织设定发展方向、做计划、定战略、确立组织的价值观和原则、设计组织架构等。最高管理层最重要的任务是建立组织的独特个性。"因此，必须清晰的是，领导者是通过组织的使命和战略对团队实施领导和管理的。

德鲁克还说过一句话："组织的目的是使平凡的人做出不平凡的事"，能不能使平凡的人取得超出他们能力的绩效，能不能激发组织成员的长处，并且运用这些长处，使组织的所有成员表现得越来越好，也就是说，能不能使团队成员相互取长补短，这是对组织的一种检验。

赋能团队，开启队员的智慧，激发他们的创造性，激发组织的活力，让组织成为一个有学习能力、有战斗力的有机体，是执行推动的着力点和放大器。

执行推动至少需要从三个方面努力，构建一套领导力的体系能力。如图 8-8 所示：

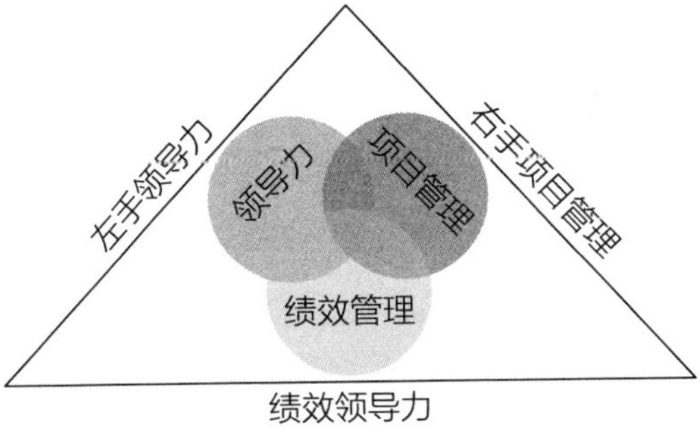

图 8-8　执行推动的三大体系保障

上面的金三角，可以描述为：左手领导力，右手项目管理，中间是绩效领导力。领导力是关于人的；项目管理是关于事的；绩效管理则把人和事关联起来。执行推动需要这三个方面的协同与配合。

很多企业一直提倡执行力，推崇狼性管理。喊了多年的执行力，但仍不见执行力提高，这不能不引起领导者的反思。其中的症结，有如下三个方面的原因：一是领导者不明白，执行力的另一面，其实是领导力，领导力不高，领导者的目标不清晰，意义不明确，员工的执行力不可能高；二是员工意愿不高，积极性不够，只知道要结果，但不懂得激发和赋能；三是员工缺乏能力，缺乏解决问题的能力，缺乏一套做事的流程和机制。执行推动的“金三角”正是为这个方面服务的，提升领导力，推行项目管理，做好绩效管理，构建一套体系能力，才能让组织的战略执行落地。

领导力的三大鉴别标准

人们对领导力有很多错误的认知。很多不明真相的人甚至认为，领导力就是一些权谋和权术，领导力是假、大、空，领导力是一些道德说教。**德鲁克说：领导力就是要将人们的愿景提高到一个更高的境界，将人们的绩效提高到一个更高的标准，将人的个性发挥到极致。**领导力不是假、大、空，而是真、善、美。领导力的真、善、美，是区分伪领导力与真领导力的一个风向标。

▸ 领导力求真

领导力首先要解决的是，领导好自己，然后再领导他人。找到真实的自我，做真实的自我，是领导自我的前提。

领导力求真，面临三个方面的难题：

第一个难题：我要成为什么样的一个人，是成为自己想要成为的那个人，还是人们期待你成为的那个人。这是人生的第一个选择难题。

例如，你对自己的人生有规划、有愿景、有目标，但你的家人对你的期望却可能有所不同。当你成年成家的时候，你要娶一个什么样的太太，或是嫁一个什么样的老公，家人对你的期望可能与你自己的想法是有冲突的。你如何扮演一个好丈夫，好爸爸，好儿子？再比如，作为一名领导者，你有自己的使命、愿景和核心价值观，但你的下属对你的期待却可能不同，他们期望你成为一个好老板，一个好领导。你是要成为一个自己心目中的好老板，还是员工心目中的好老板呢？你该如何选择？如何平衡？通俗一点说，你是该听自己的，还是听别人的？再进一点，你是要听自己的多一些，还是听别人的多一些？这是一个典型的选择难题，一个“我对他人”的领导力选择难题。

幸运的是，人生的选择并非总是那么残酷，必须在黑白之间，或者0和1之间做出选择，在黑白之间还有灰，在0和1之间还有0.1、0.2或0.3。如果把时间放长一点，不在一城一池上较劲，不在一时一事上论输赢，很多事情的平衡还是有可能的。如何做出选择，正是我们需要学习和思考的地方。比如，在航空公司的航班上，空乘给乘客的安全指示永远是，先保护好自己，再照顾其他人；孟子说，君子言利，取之有道。穷则独善其身，达则兼济天下，这不能不说是一种高级智慧。

领导力的基本使命，是要带领人民群众为了共同的愿景而努力奋斗的艺术，因此，如何求同存异，如何挖掘共同利益，如何找到共同诉求，是领导力的真正表现。

第二个难题：选择利益导向，还是原则导向。人生面临很多的诱惑。我们这个时代，一个重大的挑战，不是诱惑太少，而是诱惑太多。如何抵抗各式各样的诱惑呢？在巨大的诱惑或者利益面前，是利益优先，还是原则优先呢？有时候，原则战胜了利益；有时候，利益又战胜了原则。曾经有一句流行语，为了利益而谦卑地活着，正是这样的价值观的写照。在每一个重要的选择面前，考验的正是人，是人的价值观，人的原则。这种选择并不总是很容易。有时候，这种选择甚至还很难讲谁对谁错。

在企业中，一个领导者，经常要面对利益和原则的两难抉择。领导者既要追求利益，又要坚持原则，当二者发生冲突的时候，他该怎么做？管理界有位领导力大师，名叫詹姆斯·马奇，刘澜在采访马奇的时候问了这个问题。大师的回答是：领导者应该向堂吉诃德学习。《堂吉诃德》是西班牙作家塞万提斯一书中的主人翁，他是一个骑士，崇尚骑士精神，当他遇到问题和困难时，他总是对自己说：我是一个骑士，骑士该怎么做，我就怎么做，我不去计算这么做的结果。马奇说，领导者应该学习堂吉诃德，特别是在当下的这个社会，大家都太不“堂吉诃德”了，都太看重利益，而不太看重原则。领导者真正要做的，是在利益和原则之间做出取舍，如果既能坚持原则，又能获得利益，那当然是最好的选择。

在原则与利益面前如何做取舍？我们需要区分工具和目的。什么是工具？什么是目的？很多时候，我们对工具与目的不做区分，甚至把工具当成了目的。比如，钱不是万能的，但没有钱是万万不行的。如果较真儿一点，钱到底是工具，还是目的？最终的答案是非常有价值的，是可以帮助我们更好地思考和决策的。在课堂上，我曾经提出一个问题，一个假定的思想实验，让学员们回答：如果你有了无数的钱，你会做什么？大数据的统计，很多人面对这个问题，都没有认真思考过。其中一个学员的回答最为精彩，她说会坐在床上数钱。当然，这个回答引起的是全班同学的哄堂大笑。我进一步问：你都有无数的钱了，还数它干吗呀？她的回答当然也直截了当：我高兴！有钱难买高兴。这是她的选择。这里我们没有说谁高谁低，谁对谁错。我们只是想探寻，钱到底是工具，还是目的。绝大多数的人，把钱当成工具，而非目的；当然，也有人把钱当成了目的，钱就是一切。2019 年，中国华融集团公司的董事长赖小明，号称中国“金融第一贪”，执法者在他家的保险柜里发现了 2 亿多元的现金，他说，自己不敢花，也舍不得花。

第三个难题：除了利益和原则，还有一个更难的选择，就是关于原则的选择。原则有很多，你选择哪一个原则呢？你把哪一个原则放在第一位呢？有时候，原则甚至还可能是相互对立的，你又选择哪一个原则呢？比如，对事不对人，还是对人不对事？这本身就是一个问题。

想一想下面的情景，你会如何选择？

一天深夜，你同朋友一起，开车路过一个十字路口，闯了红灯，不幸的是，拐弯时碰到了一个骑自行车的人。如果没有闯红灯，这只不过是一起普通的交通事故案，但如果闯红灯，那案子的性质则完全不同了。至于朋友是否闯了红灯，只有你一个证人，那里没有摄像头。你是举报，还是不举报？再进一步，就你而言，你更愿意与哪一种人交朋友？你更信任哪一种人？是更愿意与举报朋友的人交朋友，还是更愿意与不举报朋友的人交朋友？你是更信任举报朋友的人，还是更信任不举报朋友的人？这是考验人的一个难题。

很显然，这并不容易选择。原则的背后，涉及法、理、情的关系。在西方文化中，人们更多倾向于法、理、情；而在东方文化中，人们更多倾向于情、理、法。西方人更多选择举报；而东方人更多选择不举报。西方人可能认为，一个不遵纪守法的人，是不值得信任的；东方人可能认为，一个连朋友都不保护的人，不值得信任。

社会生活分“公”与“私”两个方面。一般来讲，在公共生活领域，公法应该高于私法，换句话说，一个应该被遵循的普适原则是，个人服从团队，团队服从组织，组织服从社会。但在个人生活领域，在法律之外的事情，或者说负面清单之外的事情，每一个人都有选择的权力，所谓天赋人权，也是应该得到尊重和保护的。

再举一个企业例子。企业里涉及的最重要的四种人员是股东、客户、员工和管理层。那么，把谁排在第一位呢？很多人会说，客户。有很多的企业，确实是这么说的，也是这么做的，比如华为；在实际中，也有一些企业，总是把老板或股东的利益放在第一位，比如众多的民企；也有一些企业，是把员工团队放在第一位的，因为他们的经营哲学是，要想有微笑的客户，需要微笑的员工，比如美国西南航空。到底把谁放在第一位，这和公司的创始人和公司的文化是有关的。总之，原则是分层级的。有大原则、中原则和小原则。搞清楚原则的顺序，才能做好原则的取舍。

在原则的取舍方面，可以考虑两个方面。第一，坚持法、理、情的原则。对法律之外的事情，则追寻自己的内心，想清楚自己到底要什么；第二，放弃 0 和 1 思维，可以选择 0.1、0.2 或 0.3 等，争取达成双赢的选择，让鱼和熊掌二者兼而有得。

事实上，真正优秀的领导者，其思维有一个特质，就是可以兼容两种操作系统，能把两种对立的东西很好地统一起来，不仅看到它们的对立，还能看到它们的统一。

管理大师吉姆 · 柯林斯把这个思想称为“斯托克代尔悖论”。斯托克代尔是美军的一个将军，他是越南战争中被俘的美军最高将领，在战俘营被关了 7 年。在获释后，人们问斯托克代尔将军，哪些人没能活着离开战俘营？斯托克代尔说，是那些乐天派。人们不理解，人们追问，为什么乐天派没能活着？斯托克代尔将军解释道：乐天派整天想着，“圣诞节前我们会出去”。圣诞节来了，他们没有出去。他们又想，“复活节前我们会出去”。复活节来了，他们还是没有出去。然后是感恩节，然后又是一年的圣诞节。他们的希望破灭，最终心碎而死。总之，一个人要活着出来，一方面既要有最终必将胜利的信念，另一方面还要能直面现实的残酷。既要看到希望，还要看到现实，才能成为一名真正的勇士。

▸ 领导力求善

领导力是一种关系，人与人之间的关系。只有善，才会有真正的凝聚力和感召力。

如何处理与上级的关系，与下级的关系，与横向同事的关系，与外部合作伙伴的关系，与自我的关系，如何更好地领导与影响他们，是领导力的五大关系系统，我把它叫作 5L 领导力模型，见图 8-9：

图 8-9　5L 领导力模型

中国的传统文化向来重视人与人之间的关系。儒家的经典著作《礼记 · 大学》中说："古之欲明明德于天下者，先治其国；欲治其国者，先齐其家；欲齐其家者，先修其身；欲修其身者，先正其心；欲正其心者，先诚其意；欲诚其意者，先致其知，致知在格物。物格而后知至，知至而后意诚，意诚而后心正，心正而后身修，身修而后家齐，家齐而后国治，国治而后天下平。”修身、齐家、治国、平天下，成为古代仁人志士的道德修养和关系准则。

领导力的起点，是修身，修身的方向是仁义，是善良。中国的传统文化，提倡做人的准则：仁、义、理、智、信，忠、孝、廉、耻、勇，强调的都是人与人之间的和谐关系。

在 2500 年前，中国的孙子提出了世界上的第一个领导力素质与能力模型，其简洁，美到极致。在《孙子兵法》的开篇“计篇”中，孙子提出：“将者，智、信、仁、勇、严也。”这个源自 2500 年前的训导，提出为将者的五项素质与能力要求，就像是一座灯塔，指引着人们前行，修炼自己的品性。

我们说领导力是善的，还有一个经典的领导力挑战，即忠诚与真诚的关系问题。

我们期待一个好的下级，一个可靠的接班人，最重要的是什么？

我们期待一个好的上级，一个值得终身追随的上级，最重要的是什么？

我在无数的中高管课堂上做测试，虽然没有标准答案，但统计的大数据则非常有意思，上级对下级的期待是忠诚；而下级对上级的期待是真诚。事实上，我们今天不仅缺忠诚，也缺真诚。在一次课堂上，一位中层领导情绪激昂地站起来说：老师，你讲得太好了。我们的期望是，上级领导能不能对我们真诚一点，少一点儿忽悠；下级同事能不能对我们忠诚一点，多一点奉献和牺牲。你看，这就是人性！如何构建一个和谐友爱的关系，对团队的凝聚力，对组织的战斗力，至关重要。

就真诚和忠诚而言，运用四象限工具，我们可以把人分为四类，见图 8-10。第一类人，不真诚，也不忠诚，这样的人，可以归类为小人。第二类人，不真诚，但忠诚，换一个民间的词汇，叫作愚忠。所谓愚忠，就是认定一个人，追随一辈子，不问东西，不问对错。第三类人，真诚，但不忠诚。古希腊哲学家亚里士多德是柏拉图的弟子，他作为柏拉图的高足，并不墨守成规于柏拉图的思想体系。相反，他对柏拉图的理论进行了激烈的批评。亚里士多德讲了一句名言，即吾爱吾师，吾更爱真理。这是一个典型的真诚但不忠诚的刚烈之士。第四类人，既真诚，也忠诚，显然这是“善”的最高境界。我们都喜欢这样的人，我们都愿意培养这样的人作为自己的接班人。

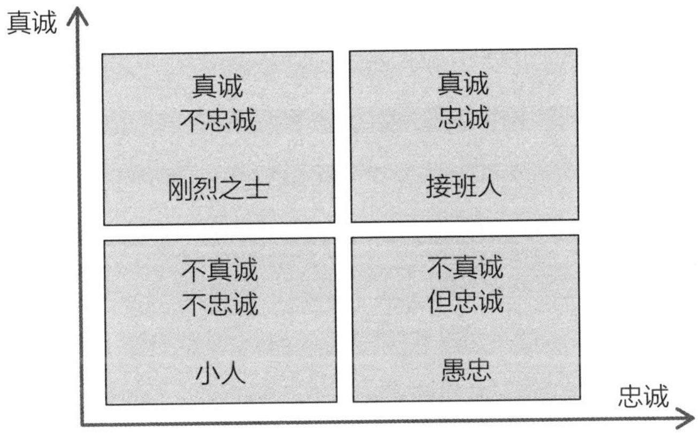

图 8-10　真诚—忠诚象限图

领导力是善的，我们还要谈一谈领导力的另一个有挑战性的难题，即领导力的“希特勒问题”。

希特勒是否有领导力？一下子还真的不知道如何回答是好。有人回答说，希特勒是有领导力的；更多的人回答说，希特勒是没有领导力的。

希特勒确实能够登高一呼，应者云集，是一个极具影响力和号召力的人，是一个“领袖人物”。领导力到底是一个中性词汇，一个工具、一套技巧，无关乎价值观、无关乎对错，还是一个有倾向性的词汇，一个与社会主流价值观有关的、关乎对错的、关乎真、善、美的体系？这是领导力的一个大是大非的命题。大师中的大师，德鲁克一辈子都非常谨慎地使用领导力一词，甚至不太经常使用领导力一词，就是因为德文中的领导力一词与领袖一词相同，他对希特勒式的“领导力”非常警惕。德鲁克认为领导力应该是有方向的，是关乎道德的，所谓领导力，就是要把人们的境界提高到一个更高的层次。希特勒是反人类的，是不道德的，因此，是没有领导力的。在这种意义上，我们需要小心区分影响力与领导力。

领导力是善的，领导力大师吉姆 · 柯林斯的一个研究结论，可以作为一个佐证。吉姆 · 柯林斯在《基业长青》一书中指出：如果你想建立一家伟大的公司，一家基业长青的公司，不是每个人都想那么做，但是如果你想，你就需要有超越利润之上的目的。做企业要挣钱，但做企业不仅仅是挣钱，这就是企业与企业的区别。伟大的企业都有超越利润之上的目的。

事实上，如果你去看一看那些伟大的公司，他们的愿景，他们的使命，都有一些超越利润之外的目的。正是这些利润之外的目的，真正把人心凝聚起来，让一个组织拥有基业长青的 DNA。历史悠久的同仁堂，一副牌匾：“炮制虽繁必不敢省人工，品味虽贵必不敢减物力”传承几百年；同仁堂的同修仁德，济世养身的情怀，彰显于世，感召的是天下的人心，赢得的是劳苦大众的厚爱。

湖南有一家著名的企业，名字叫远大空调。公司的核心价值观，更加简单扼要，为企业和团队的经营行为，画了一条清晰的、深深的红线：

- 不污染环境；
- 不剽窃技术；
- 不蒙骗客户；
- 不恶性竞争；
- 不搞三角债；
- 不偷税不行贿；
- 不昧良心。

微软在比尔·盖茨时代，其最初的使命是“让每张桌子和每一个家庭，都有一台电脑”。微软做到了。在巴尔默时代，微软的使命不再是一家软件公司，而是从一家软件公司变为一家提供设备与服务的公司，即“为个人和企业用户创造一系列的设备与服务”。微软的现任 CEO 萨提亚·纳德拉上任以后，为微软提出了一个新使命：“赋能全球每一个人、每一个组织，帮助他们成就不凡。”这就是超越利润之外的目的，也是微软重回行业巅峰的开始。

让我们再来看看国内另外两个值得反省的案例，关于企业的使命和价值观，是如何影响企业发展的。

2019 年 5 月 17 日，百度发布第一季度财报，出现了上市 14 年以来的首次亏损。去年同期还有 67 亿元的净利润，今年一季度突然亏损了 3 亿多元。这家备受争议的互联网公司，衰退速度超出人们的想象。从中国顶级的互联网巨头逐渐沦落至二线，百度到底是怎样把一手好牌打烂的？

百度有技术，百度有市场，百度有产品，百度有品牌，事实上，百度占尽天时、地利、人和。眼睛向外，百度没有跟上移动互联网的步伐，PC 时代模式下的被动搜索引擎，其重要性开始下降。以今日头条为代表的移动互联网技术，开发出的新算法，让获取资讯的方式从过去的“人找信息”转变为“信息找人”。但眼睛向内，我们看到的真相是，互联网行业的环境变化，只是百度衰退的表面原因，更深层次来看，百度从顶级巨头开始沦落，恐怕还与公司的企业文化和价值取向有关。

和大多数商业公司一样，百度选择了利润最大化的经营模式，通过竞价排名获取广告的方式，在很大程度上降低了百度的公信力和人们对百度的期望。2016 年发生的魏则西事件，福建莆田系的广告医疗，让人们对百度的信任度一落千丈。一家公司如果在人们心目中的情感定位是“作恶”，而不是“行善”，绝不是一件小事。正因为这样，腾讯的马化腾把腾讯定位为“科技向善”，此为腾讯的新使命。

冯仑是万通地产的老板，被称为地产界的思想家和段子手。他写过一本畅销书《野蛮生长》，书中写了很多中国民营企业家的富与贵，罪与恶。他在书中有一个比喻，把企业比作一座庙，非常的有意思。冯仑是这样写的：

以我的观察，好的企业就像一座庙。在庙里，常常能看到有位不幸的妇女正在跪拜。她家里还剩 10 块钱，老公要病死了，她拿 5 块钱去庙里下跪，拿了一把灰、求了一个签、磕了几个头、听了几声木鱼响、看了几眼晃动的蜡烛，然后带着希望回了家。这叫什么？这叫客户。庙里那个小和尚敲着木鱼把烛灯点亮，把收钱的箱子收拾好，晚上把箱子拿走。他呢，就是职业经理人，他传达大和尚和佛给客户的希望，具体标志是敲好木鱼、点好蜡烛并把箱子收拾好，别让客户把钱扔错地方。

企业家是谁？就是小和尚后面的大和尚，企业就是那座庙。大和尚你永远看不到，他经常去建新的庙，到晚上等着小和尚把钱柜抱进来数布施。

客户拿走的是一包香灰和99%的希望；大和尚卖的是1%的产品，给人的是99%的希望。这中间传达信任的使命是由职业经理人来充当的。之所以还有客户，如这个妇女第二年儿子快死的时候还会来，因为她相信佛给她的希望是真诚的，相信大和尚给的这包香灰是灵验的，尽管回去以后老公和儿子都死掉了，但她还是无怨无悔。这就是客户忠诚度。所以我说，一个好的企业就是一座好的庙，一个好的企业家就是一个好的大和尚，一个好的职业经理人就是一个好的小和尚。我们给客户的永远是1%的使用价值和99%的希望。管理，不管你千变万化，只要能做到给客户1%的使用价值和99%的希望，就是最好的企业。我觉得，现在企业家最终都是为了办这座庙。我以为，管理的最高境界就在于不仅能把明确的规则搞清楚，而且也能把潜规则搞清楚，最后办好自己的庙，成为一个伟大的大和尚。

冯仑是一个思想家，他在这里做的是一个比喻，想讲的是什么是企业，什么是企业家，什么是职业经理人的职责、定位与使命，很生动、很简洁、很容易懂。他确实是一个名副其实的高级段子手。但这里多少有一点误导，太过随性。因为一家企业也好，一名企业家也好，绝不能只给人们一点希望。他们要做的应该更多，应该为客户提供实实在在的产品与服务，帮助人们解决实实在在的困难。一家真正优秀的企业之所以能够基业长青，不会被淘汰，是因为社会需要，被需要是企业存在的根本，帮助解决社会问题才有价值。得道多助，失道寡助，讲的也正是这样的道理。

领导力求善，其使命不是挣钱，挣钱只是一个副产品，是企业持续经营所必需的一个产物，是一个手段，但不是目的。企业也好，企业家也好，不仅要能挣钱，还要有一点理想和情怀，不断为自己的理想和梦想奋斗，为社会创造价值，为社会的理想和梦想奋斗。

▸ 领导力求美

对于领导力，1000 个人会有 1000 个定义。美国当代杰出组织理论家、领导力大师沃伦·本尼斯说：“领导力就像美，它难以定义，但当你看到时，你就知道。”

关于美，至少有如下三个方面的特性：

第一，美是人们对于未来美好生活的不断向往。领导力的最终方向，是帮助人们创造美好生活。5G 通信技术也好，AI 人工智能也好，无人驾驶汽车也好，无不服务于这一目的。企业的转型、创新和升级，最终的一个中心，就是以客户为中心，为客户创造价值，为客户创造所需要的产品和服务。社会进步的方向，就是不断逼近我们曾经梦寐以求的梦想，“劳动不是因为生活所迫，而是因为乐趣”。

第二，美是以人为中心的，是因人而异的。库泽斯和波斯纳对领导力的定义是：动员群众为了共同的愿景而努力奋斗的艺术。艺术的背后，强调领导力一定要因人而异、因事而异和因环境而异，而不能搞一刀切。在人才的选、用、育、留方面，领导力强调的是用人之长，使用人的天性。有人问意大利文艺复兴时期的著名雕塑家米开朗琪罗：“你是怎么雕刻出这座完美的雕塑的？”米开朗琪罗回答：“这座雕像原来就在那里，我只是将它多余的边边角角去掉而已。”正如法国雕塑家罗丹所说：世界上并不缺少美，而是缺少发现美的眼睛。就领导力而言，领导者的使命就是发现人的优势，着眼于其长处，激发每一个人的善意，把每一个人的天赋发挥到极致。

中国有句古训，“玉不琢，不成器”，人不经过雕琢就不会成大器。在成长的过程中，我们每一个人时时刻刻都是在雕塑自己。

领导力的另一个核心思想，就团队领导而言，是视差异为机会。思想的差异，行为的差异，正是学习与成长的基础。当然，走出舒适区，尝试新的事物，会有一些不适应，这也正是学习与成长的代价。

第三，美是一种极致的情绪体验。苹果公司的创始人乔布斯，就是这一理念的杰出代表者。乔布斯在开发苹果手机时，给团队提出的要求是，整个手机，只允许有一个按键。在当时的键盘时代，不能不说是一个疯狂的选择，一个革命性的变革。对美的追求，对美的极致的体验，正是互联网时代转型、创新与升级的真谛。小米的雷军，中国的“乔布斯”提出的互联网思想的七字秘诀：专注、极致、口碑、快，正是这一追求的践行者。

领导力的战略思维：阴阳两仪

两仪在古典哲学中是指“阴阳”。天地初开，一切皆为混沌，是为无极，无极生太极，太极两仪，两仪为阴阳。《易经》说：“易有太极，始生两仪，两仪生四象，四象生八卦。”

阴阳两仪学说源自中国古人的自然观，古时的人从生活中各种对立又相连的大自然现象，如天地、日月、昼夜、寒暑、男女、上下等，以哲学的思维方式，归纳出“阴阳”的概念，它是一种相对的，而非绝对的思维理念。阴阳两仪思维，已经渗透到中国传统文化的方方面面。

反观领导力的发展，领导力的本性，就有两仪的属性。如何正确理解领导力的两仪属性，是领导力发展中的一个重要阶段。比如，你专业能力强，批判性思维高，就可能对别人挑剔；你竞争力强，成就动机高，就可能会影响与人合作；如果你决策果断迅速，往往会忽略倾听他人的意见。

哈佛教授塔·本·沙哈（Tal Ben Shahar）在其《领袖心理学》一书中，把领导力的发展定义为培养多面性的兼容思维，就是在一个人的天性之外，要培养另外一个大脑，且它必须和前一个大脑兼容共存。一个真正的领导力高手，大脑里往往有两套操作系统，并且能够让它们很好地兼容运行。

例如，在领导力的研究中，我们发现表现最好的领导者都会践行领导力的五项最佳实践：即以身作则，共启愿景，挑战现状，使众人行和激励人心。当领导者积极践行领导力的五项实践时，与那些不践行这五项实践的领导者相比，更有可能达成卓越的领导力。但是要小心，不要掉进一个陷阱。你可以学习和践行领导力的五项实践，但最终可能还是没有领导力！我们从来没有说，践行这些行为习惯，在任何时候、对任何人，都是有效的，都会形成领导力。当然我们知道，如果你做到了上述的要求，你肯定会拥有更大的成功概率，但是没有人能够给你一个保票，确保 100% 的成功。如果有人跟你说，他们有一种或几种方法，能够确保你提升领导力，达成你想要的结果和目标，那还是守住你的钱包，早一点跑路为好。正如在这个世界上，没有任何快速致富的、迅速减肥的绝招，领导力的提升也一样。

此外，你还要小心的是，践行领导力行为还有可能产生一些负面的，甚至破坏性的影响，反之亦然。对于领导力五项实践中的任何一种，如果做过了头，都有可能导致失败。

比如，就以身作则而言，我们强调过，需要找到自己的心声，为他人树立行为榜样，这对领导者的信誉和成功都非常重要。但需要警惕的是，如果你过于关注自己，总是想方设法让自己成为他人的榜样，则有可能会让你太聚焦于自己的价值观和行为方式，即变得太过以自我为中心，而忽略了别人。这往往是一些强势领导人的行为作风，他们往往听不见他人的想法，拒绝接受他人的观点，也不愿意接受他人的反馈。最终，这可能会让领导者被孤立，不能与团队打成一片。一个人如果过于关注自己的领导风格而并非领导力的本质，这多少有点本末倒置。

有前瞻性并能清晰地描绘未来的愿景目标，赢得他人的追随，是区分一般的领导者和杰出的领导者的一个分水岭。然而，过分专注于一个未来的目标，可能会让你太过理想化，看不到当下的现实，正确面对当下的现实困难与挑战，而固执地把时间浪费在一种错误的选择上面，或者反过来，看不到眼下的机会，错过摆在面前的大好时机。在科学技术史上，就有众多这样的案例。比如，20 世纪七八十年代，日本东芝和索尼的录像带格式之争。当时录像带有两种格式标准，一种是 VHS，另一种是 Betamax。索尼支持 Betamax 标准，而东芝则是 VHS 格式的支持者。最终，VHS 赢得了 70% 的市场份额，并一举打败 Betamax 标准。东芝之所以赢得标准之争，是因为 VHS 设备越来越普及，生产成本日益低廉。而 Betamax 输掉比赛，则是因为 VHS 的低廉价格使索尼无法与其竞争。

在激励方面，如果过分使用物质激励，常见的副作用是物质激励可能让人丧失斗志，丧失拼搏精神，没有激励，就停止奋斗。此外，如果一个人激情四射，能量很高，用《肖申克的救赎》中的一句话，“他的羽毛太过鲜亮”，人格魅力太大，其结果却可能会让他人停止思考，甚至盲目认同和追随，丧失自己的独立性和观点。

挑战现状对创新和变革来说非常重要。抓住机会并愿意承担一定的风险，对于变革创新来说是必不可少的。但是，如果走向极端，变革创新过分，则可能会引发动荡和混乱。英特尔公司的前 CEO 格鲁夫说过一句名言，只有偏执狂才能生存，但这并不是所有人都可以玩得起的游戏。平稳发展也是非常重要的，如果你不能保持平稳的发展，给人以信心和机会，人们就会丧失尝试新事物的动力。为了改变而改变，为了变革而变革，有时候也会让人紧张不安，让人丧失安全感。人们总是需要在自己的生活中感受到安全感，才会去尝试不确定性的事物。

在使众人行方面，团队需要相互之间的高度信任和精诚合作，但是过度信任和合作，可能会意味着不敢谈论重要的问题，不敢直面真正的冲突，也不敢提供负面的反馈。这是不是也是不负责任的一种表现？当他人还没有准备好承担责任时，对他人的授权也好，问责也好，都是不恰当的，也拿不到团队想要的结果，这实际上是一种没有领导力的表现。

在表扬与认可方面，我们知道人们在被认可时，通常发挥得很出色。个人认可与团队庆祝可以创建一种团队精神，帮助团队提高凝聚力，特别是在困难的时候。但与此同时，某人应该被认可，以及某些时候应该举行庆祝活动，举行多大场面的庆祝活动，往往会让我们陷于过多的社交活动。此外，过分沉浸于庆典和享乐，会让人失去使命感与危机意识，所谓玩物丧志者也。

更大的诱惑，是来自领导力的光环。成为一名领导者是会让人有快感的，一不小心就会让人沉迷于人们对领导者的欢呼声之中。享受权力的诱惑，被人拥戴起来，往往会由此变得有一些盲目，并从此不顾一切地满足自己的欲望，而且这种欲望还会不断被激发、悄然被放大。怎样才能避免这样的权力游戏与情感诱惑呢？

要抵抗这样的诱惑，领导者就需要不断提醒自己，不断向内反省，认识到自己与他人一样，也是一个普通人，也有自己的局限性，也需要他人的帮助，才不会过度放大自己，才能避免盲目的自我膨胀。卓越的领导者知道自己无法单独成事，即使拥有卓越的能力，也需要保持着谦逊的品格与态度。只有这样，他们才会看起来不那么咄咄逼人，才会拥有真正的凝聚力。

做到多一点谦逊，少一点傲慢，并不是一件容易的事情。人性（Human）和谦虚（Humble）两个词都是从拉丁语“Humus”转化而来，其本义是土地、大地的意思。要谦虚、要人性化的本义，就是要脚踏实地，本分一点。有趣的是，当一个人向上爬时，爬得越高，离地面就一定会越远。所以我们是不是可以说，你的职位越高，脚踏实地就越难？要人性化，需要有勇气；要谦虚，也需要勇气。你需要有很大的勇气去承认，你并不总是对的；你不能预料所有的可能性；你无法解决所有的问题；你无法控制所有的变化；你也并不总是容易相处的；你也会犯错误。总之，一句话，你也是人。对他人承认这些事情，确实需要很大的勇气，而对自己承认，则需要更大的勇气。一旦迈出这一步，当你开放自己、放下自己的防备时，你其实是在向他人发出邀请，邀请他人和你一起去完成一个靠一己之力不能完成的伟大事业。当你变得越发诚实和坦率的时候，你就越有可能赢得他人的帮助。

10 Leadership Workshops Empower Your Leadership

第九课

领导力的“色”与“戒”：管理与领导到底有什么区别

谈及领导力，不能不说管理，不把它们之间的区别说清楚，就不能把领导力真正理解到位。但要真正说清楚它们之间的区别与联系，还真不是一件容易的事情。

比如，问一个问题：你是一个领导者？还是一个管理者？你会如何回答呢？这并不容易，对吗？管理和领导有区别吗？它们的区别是什么？我举一些案例，你感觉一下，区别到底是什么。比如我们说：

❖ 孙中山先生领导了中国新民主主义革命；

❖ 毛泽东领导中国人民取得了抗日战争的胜利；

❖ 邓小平领导了中国的改革开放。

但我们绝不会说：

❖ 孙中山先生“管理”了中国新民主主义革命；

❖ 毛泽东“管理”中国人民取得了抗日战争的胜利；

❖ 邓小平“管理”了中国的改革开放。

在这里，我们可以看到，在该用“领导”的地方，如果用了“管理”，感觉有一点怪怪的，好像是把一件本来很伟大的事情，说成了一件很普通的事情。

我们总是说：

❖ 管理一间机房；

❖ 管理一台设备；

❖ 管理一间会议室；

❖ 管理一家物业公司。

但我们不会说：

❖ “领导”一间机房；

❖ “领导”一台设备；

❖ “领导”一间会议室；

❖ “领导”一家物业公司。

当然，有一些情境中，管理和领导又有重叠的地方，我们用管理可以，用领导也可以。比如：

❖ 管理一个团队；

❖ 管理一家公司；

❖ 管理一个组织。

我们也可以说：

❖ 领导一个团队；

❖ 领导一家公司；

❖ 领导一个组织。

再比如，我们可以说：任正非管理着华为 18 万人，管理得非常好；我们也可以说，任正非领导着华为 18 万人，领导得非常好。

在这里，我们可以看到，管理与领导的一些基本区别与联系。可以简要地总结如下：

❖ 管理是基于事的，领导是基于人的；

❖ 管理是关于控制，领导是关于激发；

❖ 管理是关于效率，领导是关于效能；

❖ 领导是关于人的，涉及人的层面的关于目的、意义、变革等的，都是领导的范畴；

❖ 管理是关于物的，涉及关于运行、控制、秩序等方面时，都是管理的事情。

当然，事要靠人做，二者既有区别又有联系，不能完全区分开来。对于一个团队、一家公司而言，事实上，既需要管理，也需要领导。

关于管理与领导的区别与联系：五位大师的观点

关于管理与领导的区别，五位大师提出了一些独特观点。他们从不同的角度，阐述了管理与领导的区别与联系，让我们更好地理解什么是管理，什么是领导，从而帮助我们把握好领导力的本质，更好地发挥领导力，提升领导力。

（1）**约翰·科特的观点**：管理是以维持秩序为目的；领导则是以变革与创新（破坏秩序）为目的。在很大程度上，管理是变革的天敌。

（2）**罗纳德·海菲兹的观点**：管理解决技术性的问题；领导解决非技术性问题，或说适应性问题，也叫疑难问题。所谓技术性问题是指那些问题清晰，解决方案也清晰的问题；所谓适应性问题是指那些虽然问题清晰，但解决方案不清晰，甚至连问题本身都不清晰，解决方案也不清晰的疑难问题。

（3）**沃伦·本尼斯的观点**：管理者把事情做正确；领导者做正确的事情。

（4）**吉姆·柯林斯的观点**：管理者先事后人；领导者先人后事。公司最重要的资产不是人，而是正确的人。领导者不是首先决定把车开向何方，然后找人上车，而是先找正确的人上车，并让错误的人下车，然后再一起决定把车开向何方。

（5）**诺埃尔 · 蒂奇的观点：**管理者最重要的事情是完成任务；领导者最重要的事情是培养领导者。领导者要当老师，不仅要有观点，而且还要有可教的观点。蒂奇认为，伟大的领导者不仅自己有思想，而且还能清晰地表达和沟通自己的思想，把自己的思想传授给他人。就像一个好的网球教练，不仅要懂打网球，更重要的是，要把自己的网球思想、理念和技能，传授给球员，让球员们变得更优秀。

关于领导力的“色”与“戒”：既需要管理的“戒”，也需要领导的“色”

关于管理与领导的区别和联系，领导力大师们写过很多专题的著作与文章。约翰 · 科特就有一本书:《变革的力量：领导与管理的差异》，专门论述管理与领导的区别与联系。此外，除了专业的论述，我觉得有一部电影，把管理和领导这两件事，从另一个侧面说透了，那就是李安导演拍的一部电影，名字叫《色 · 戒》。

还记得《色 · 戒》这部电影吗？汤唯的成名作。这部电影为什么叫《色 · 戒》呢？其实是沿着“色”和“戒”两条主线，讲述了主人翁的故事。

什么是色？什么是戒？用导演李安的原话就是:“色，是我们的野心，我们的情感，一切着色相；戒，是怎样能够适可而止，怎样能做好，不过分，不走到毁灭的地步。”电影里“色”与“戒”的每一次冲突，都是故事的高潮，有时候“色”战胜了“戒”，有时候“戒”战胜了“色”。“色”与“戒”之间的恩恩怨怨，是人生一辈子的纠结。

那么“色”与“戒”，“管理”与“领导”，它们之间又有什么关系呢？请听下文分解。

在电影里，所谓“色”讲的是男女之间的一种性的原始冲动与诱惑，是人的一种欲望与需求。当然，人的欲望与需求，不仅是性，还有其他很多的东西，包括人们对物质和精神的各种需求，比如，薪酬、福利、晋升、成就感、归属感等。回到企业，一名好的领导者，就是要懂得激发人的需求，引导人的需求，利用人的需求。人有需求不怕，怕的是没有需求。老百姓有一句话，叫作哀莫大于心死。一个心中没有理想、没有梦想的人，也是最难被领导之人。在这个世界上，有没有属于这一类无欲无求之人呢？从人性的角度来讲，没有这样的人。是人就有需求，只不过我们没有挖掘出来他们的需求而已。所以，在一个团队中，政委的角色，党政工团的工作，牧师的角色，都是为这个方面服务的，也都是非常重要的。

所谓“戒”，在电影中讲的是约束和限制，是否对组织忠诚，是否有信仰。戒是一个很重的词，源自宗教。所谓“戒”，在宗教里，就是不允许做的事情，是一些不可逾越的红线。比如佛教的第一戒，就是不杀生。回到企业的管理，“戒”有一点像企业的规范、流程与制度。企业的流程与制度在很大程度上，其本质都是“戒”的属性，即不允许，如果违反了，就要受到惩罚。

因此，在这种意义上，我们可以看到，“色”与“戒”，“管理”与“领导”，它们之间的关系可以非常形象地表述如下：

❖ 色 = 领导；

❖ 戒 = 管理。

“色”好，还是“戒”好？“管理”有效，还是“领导”有效？先不着急回答，让我们做一个思想实验。

设想一种场景，如果一个社会，一个组织，一个团队，充满了“戒”而无“色”，那将会是一个怎样的一个状态？死气沉沉，没有创新，没有激情，对吗？反过来，如果一个社会，一个组织，一个团队，充满了“色”而无“戒”，那又会是怎样的一个景象？洪水猛兽，杂乱无章？

从这种意义上，在企业管理中，我们既需要“色”，也需要“戒”。“色”是领导，“戒”是管理。“色”与“戒”共同存在于企业管理之中，需要达到一个相对微妙的平衡。领导力的“色”与“戒”，它既是一门科学，也是一门艺术！

如何做“色”？举一个生活中的案例。比如，在周末，你计划组织一个团队活动去爬山。你如何让大家积极参与呢？有人说，他早就登过这座山；也有人说，周末家里有重要的事情参加不了。你如何应对这样的挑战？

在培训中，学员们对解决这个问题，提出了各种创意和想法。比如丰富活动的内容，搞一个 PK 比赛或者美食活动。还有学员建议，说绝对可以解决问题：一是由最高领导带队，没有人敢不去；二是在山顶发放高级的登山服，没有人不想去。前者解决的是如何人们不敢不去的问题；后者解决的是如何人们自觉自愿去。

还有其他的方式吗？有人说，向团队阐述这次活动的特别目的与意义，创建一个特别的氛围，做一个特别有意义的活动，比如，找一个明星，请一个专家，做一点慈善或募捐，等等。当然，这些也都是有效的精神激励方式。

总之，从领导力的角度出发，组织一个活动，真正的高手首先要解决的，一定不是计划问题，不是组织问题，不是奖罚问题，而是人的意愿问题，人的思想统一问题，人参加活动的目的与意义问题。这个东西叫动员。总之，一名好的领导者，要想组织一次登山活动，先要解决的是如何让团队成员想去登山，愿意去登山，觉得登山有价值，然后他们才会去登山。就像军队在打仗，将军在战前一定要做动员一样。如何让人们变得想去登山，愿意去登山，这是一个真正的领导力难题。至于如何做好登山活动计划，组织进退有序，活动路线安排合理，这是一个经典的管理问题。全球顶级领导力专家、被誉为哈佛“三巨头”之一的约翰·科特教授说：“企业取得成功的方法，75%～80% 靠领导，其余 20%～25% 靠管理，而不能反过来。”这句话揭示了领导力的重要作用，也反映了管理与领导的区别与联系。

关于领导力的 1、2、3、4、5

关于管理与领导力的区别，我们下面通过领导力的 1、2、3、4、5 和管理的 1、2、3、4、5 做对比，帮助我们更好地理解和运用领导力。

▸ 关于领导力的一句话

约翰·麦克斯韦尔是美国著名的领导力专家，他在《领导力 21 法则》一书中，明确地指出了"衡量领导力的真正尺度是影响力"，用一句话就是：**领导力就是影响力。**你能影响的人越多，你能影响的时间越长久，你的领导力就越大。

那么，如何成为一名有影响力的领导者呢？你就要学习领导力的思想，践行领导力的行为，提升领导力的结果，通过自己的思想、行为与结果，不断影响他人和团队。我们这本书，也正是从各个维度，帮助你达成这一愿景目标的。

▸ 关于领导力的两个方面

从领导力的行为主体来看，一是领导者；二是被领导者。领导者和被领导者之间的相互作用，产生出领导力。

站在领导者的角度，所谓领导力，就是领导者对被领导者的影响力。从根本上讲，领导者要做一些什么，要具备什么样的思想、行为与能力，才能赢得追随者的追随呢？

站在被领导者的角度，所谓领导力，就是被领导者对领导者的追随力，而且是自愿的追随。从根本上讲，追随者都有一些什么样的需求呢？他们对领导者的期待是什么？

领导力不是命令，不是操纵，不是指挥他人。领导力是发自内心的、自愿的追随。在电视剧《亮剑》中，当李云龙对张大彪说："我这团长让人撤了，管我叫营长！"张大彪斩钉截铁地回答："一营没有姓李的营长，只有姓李的团长。"为什么张大彪对李云龙如此死心塌地，是因为李云龙对张大彪曾经有救命之恩，张大彪发自内心，愿意追随李云龙。仁爱之心，产生追随力。

▸ 关于领导力的三个维度

领导力既是一门科学，也是一门艺术。如何领导他人？从哪里找到切入点？

冰山理论模型告诉我们，结果是冰山上面看得见、摸得着的，结果的下面是行为，而行为的下面则是动机。从因果逻辑的角度看，动机是因，行为是果，有因才有果。因此，一名好的领导者，永远懂得激发他人的动机，训练他人的行为，结果最后便是一件自然而然的事情。领导力的三个维度如图 9-1：

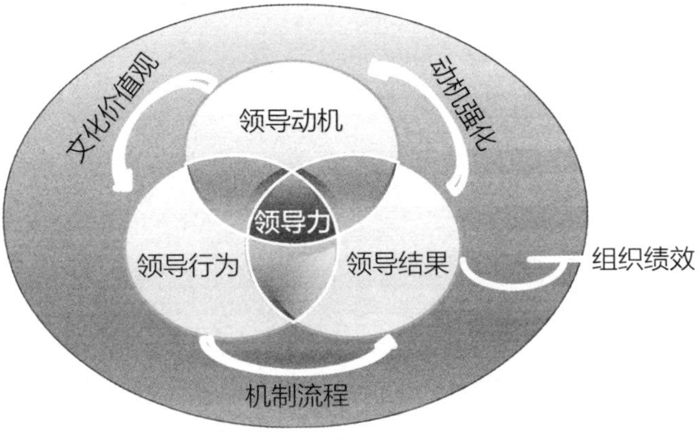

图 9-1 领导力的三个维度

动机从何而来？动机的背后是需求，需求的背后是未被满足的欲望。因此，一名好的领导者不仅研究事，还要研究人，研究人的需求，研究人的欲望，从马斯洛的五层需求学说，到人本主义哲学，都是研究人的科学。真正的领导力高手，企业所有的规章、制度、流程与机制，都是基于人性的设计，基于团队的需求而设计。马云说，员工离职，无非两个原因，要么钱没有给够，要么心受伤了。说的就是员工的需求，一是物质方面的，二是精神方面的。

▸ 关于领导力的四个方面

关于领导力的四个方面，前面已经讲过领导力的“四动”模型，领导力的四个主要流派和领导者应扮演的四个专业角色。如何提升领导力？如何修炼领导力？图 9-2 阐述的是领导力提升的四个梯阶：

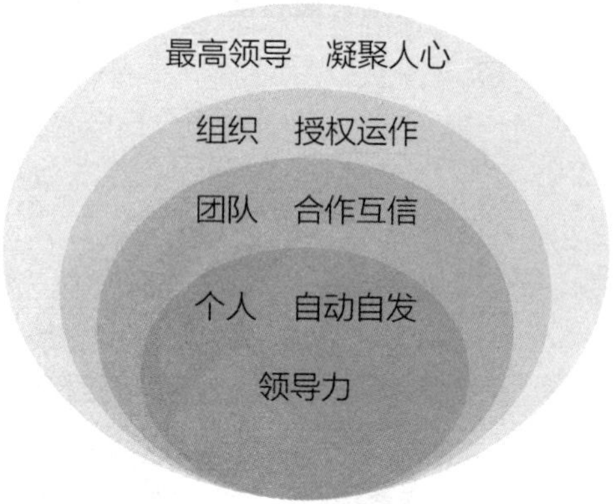

图 9-2　领导力提升四大突破口

1. 个人自动自发

领导别人之前，先领导自己。你是谁？你从哪里来？你要到哪里去？回答的正是个人使命、愿景和核心价值观方面的问题。向内看，向内探索，向内获取力量，个人就会变得不再纠结，无论外部环境如何变化，不变化的是自己的内心，自己知道应该追求什么，特别是在困难的时候，用马云的话说，在没有掌声，没有肯定，没有奖励，没有支持的情况下，会用自己的左手，温暖自己的右手，坚定前行。

在凤凰卫视鲁豫访谈节目中，有一个这样的真实故事。

有一个叫作李东田的孩子，1972年出生，土生土长的北京人，从小不爱学习，不是一个传统意义上的好学生。初中毕业时，他就不想继续学习了，而想学美容美发。他就觉得美容美发太神奇，一心想干这样的工作。在当时，这是一个离经叛道的选择，但从此改变了他的人生。自己的选择，自己扛，从零开始，吃多少苦，都无怨无悔，最终成了中国彩妆的教父。

最有意思的是，李东田的成名，是从中国的第一超级女模特吕燕开始的。当时他的东田公司刚成立，吕燕还是一个刚从江西出来，在北京模特大赛中落榜的选手，只能混迹于时装舞台做杂工。李东田见到面试的吕燕时，便被她的塌鼻梁、小眼睛、厚嘴唇、短下巴吓了一大跳，情不自禁地冲她说了一句：“你真漂亮。”

吕燕让李东田的灵感不期而至，他为她设计了一系列造型，包括后来那张上镜率极高的雀斑妆造型，摆在公司的门口，不过几乎所有的人都说他看走了眼，说这种照片有损公司的形象，就连他们去工商局申请在王府井大街上悬挂吕燕的巨幅宣传画时，工商局的人都会问，要挂也得挂一幅漂亮的啊，你们就不能找一个更好点的模特吗？

那段时间，吕燕的发展一直不太好，也没有什么人赏识她。可是李东田总是对她说，拥有特别的脸会在21世纪流行起来，你一定会红遍全世界的！吕燕听着这话犹如天方夜谭。2000年春节过后，吕燕打电话告诉李东田说，在这里发展前途不明，自己想回江西老家。李东田鼓励她留在北京发展。没多久，李东田的话应验了，吕燕在一家酒店里碰到了一家法国模特公司的星探，被一眼看中，李东田来帮她做翻译，协助办理出国手续，将吕燕顺利地送到巴黎。后来，吕燕这个颠覆亚洲人传统审美的女孩，参加了世界超级模特大赛，并获得了亚军，成为历届中国模特在此项赛事中成绩最好的选手，中国的超级女模特。

2. 团队合作互信

一个人可以走得更快，但一群人可以走得更远。团队不是团伙，团队合作互信需要解决如下五个方面的障碍：①如何构建相互之间的信任？②如何直面冲突？③如何提升责任感，愿意做出个人的承诺与奉献？④如何让团队成员之间相互负责，相互督促？⑤如何构建一个团队的共同目标？如何带领一群人，构建一个团队，让一群普通的人做不普通的事业，需要强有力的领导者和团队成员高度的责任感。

一则笑话，是关于团队合作的。在俄罗斯的一条道路旁，两个人在忙活：一个拿铲子每隔三两米就挖一个坑，跟在他后面的另一个人，又把前一个人刚挖好的坑用挖出来的土重新填埋起来。两个人忙活得满头是汗。有一个经过的外国人看见了，感觉很奇怪，就问挖坑人："为什么你刚挖好坑，后面的仁兄就又把它回填起来呢？你们这是在干什么呢？"那位俄罗斯人抹了一把头上的汗水，说："我们在种树呀。"外国人更不理解了，他说："我没有看见你们种树呀？你们的树呢？"那个俄罗斯人回答说："哦，事情是这样的。我们一共有三个人，我负责挖坑，第二个人负责种树，第三个人负责埋土。今天我们的第二个人不巧生病请假了。"外国人惊讶无比："你们这样岂不是白白耗费力气了？"第一个人回答："这有什么好奇怪的？我们有自己的做事原则，我们要各负其责。"估计大家听了这个故事会哑然失笑的。现实中没有这样种树的蠢事，但是，类似这样的事情，在企业里有没有呢？

3. 组织授权运作

战略决定组织，组织决定流程，流程决定效率。那么，战略又由什么决定呢？是客户。组织如何构建一套流程机制为客户提供产品和服务，是组织成败的关键。谈到授权，不能不展开谈一个问题。授权的本义是把权力授予出去，现在我问一个问题，责任可不可以授予出去呢？有人说能，有人说不能。这就是一个问题。事实上，权力与责任构成一个四象限，一共有四种选择方案。一是授权不授责，二是授责不授权，三是授责又授权，四是既不授责也不授权。应该说，最好的组织授权运作是既要授权，也要授责，这样下属与团队才会有积极性。

阿里巴巴的前 CEO 卫哲讲过一件事情让人印象深刻，他说阿里巴巴的最高机密就是组织结构图。阿里巴巴的文化、阿里巴巴的运作流程都可以公开，但组织结构图绝不能公开。每一次组织变革的背后，战略调整的背后，都会涉及组织结构的调整，用人的调整，权力与职责的调整。组织结构的背后，其实是一套组织授权运作的机制。从一家企业的组织结构的变化中，往往能看清楚一家公司的商业战略的变迁。

4. 最高领导凝聚人心

如今的组织越来越像是一个有机的生命体。组织拥有自己的独特使命，这是组织存在的理由。任何一个组织，其顶层战略设计都要从使命、愿景和核心价值观开始，回答我们是谁，我们要去哪里，我们为什么要在一起。阿里巴巴的马云，是最懂得企业顶层设计的企业家，也是最重视企业文化与价值观的老板。阿里巴巴的干部考核，业绩占 50%，阿里巴巴的六脉神剑核心价值观占 50%。把文化价值观纳入绩效考核，而且权重与业绩一样重要。没有钱是万万不行的，但凝聚人心光靠钱是不行的。马云懂得使命、愿景和价值观的价值与意义，一开始就打出了“让天下没有难做的生意”的大旗，正是这样的使命，广招天下英雄，吸引天下豪杰，包括阿里巴巴的二号人物蔡崇信，当年之所以愿意放弃年薪 70 万美元的投行工作，加入阿里巴巴，每月只要 500 元人民币，背后一定是有更高深的想法。越是天才的人物，越在意工作的目的与意义。电影《士兵突击》中的许三多有一段话，他说，活着就是要做有意义的事。班长继续追问：什么是有意义的事？许三多想了想，回答说，有意义就是好好地活着。许三多好像想清楚了，又好像没有想清楚，这就是许三多的可爱。凝聚人心，赋予团队工作目的与意义，是组织领导力的最高境界。

萨提亚・纳德拉在 2014 年被任命为微软的第三任 CEO 时，他对员工表示“重塑企业文化是我的首要任务”。上任后，他开始思考微软的新使命。追问比尔・盖茨当年为什么要让每一个家庭、每一张办公桌都拥有一台电脑，其真正的意义是什么。纳德拉从冰山的上面，“提供电脑、设备与服务”，进入冰山的下面，寻找更深层次的意义。微软在新时期、在后 PC 时代、在移动互联时代，存在的目的与意义是什么？他找到了答案，重新定义了微软的新使命：赋能地球上的每一个人，每一个组织，帮助他们成就更多。纳德拉巧妙地重新定义了文化，重新定义了微软，重新找到了新的增长点。由此，微软的操作系统不能是限制，Office 也可以应用于苹果的设备之中。一旦赋予了意义，方向更容易明确，成长就不再受限制。2019 年，微软在蛰伏近 10 年后，再一次重回宝座，超越亚马逊公司和苹果公司，成为全球市值最高的公司，与纳德拉的贡献不无关系。

▸ 关于领导力的五项最佳实践

伟大的领导力并非高高在上，而是存在于每一天、每一项工作、每一个项目、每一次沟通对话之中。领导力的学习和提升，总是要回到行为的层面。库泽斯和波斯纳关于领导力的五项实践（图 9-3）和十大承诺，是最好的行为指南。

图 9-3 领导力五项实践

领导力的起点是以身作则。领导者首先要领导自己，然后才能领导他人。如何赢得他人的信任呢？领导者首先需要回答的是：我是谁？大家凭什么信任我？

下面是以身作则的六项关键行为，可以用于检验和评估自己的领导力：

（1）在要求他人之前我会以身作则。

（2）我履行我做出的誓言和承诺。

（3）我会花精力来确保同事按已经达成一致的原则和标准工作。

（4）我清楚自己的领导理念。

（5）我会努力让他人接受对组织运营最为有利的价值体系。

（6）我就我的行为如何影响他人的表现征询反馈意见。

共启愿景是与他人建立目标连接，激发大家的想象，创建共同的理想与梦想，寻找共同的利益，描绘激动人心的未来。

下面是共启愿景的六项关键行为，可以用于检验和评估自己的领导力：

（1）我阐述我们所做工作的意义和目的，对我所说的确信不疑。

（2）我能勾画出我们渴望实现的宏伟蓝图。

（3）我同他人探讨未来的发展对我们现在所做工作的影响。

（4）我向他们展示他们的长期利益是可以在共同的目标和愿景下实现的。

（5）我能描绘出令人信服的未来远景。

（6）我呼吁他人与我一起分享对美好未来的憧憬。

挑战现状强调的是如何寻求新思想、新方法，突破现有的舒适区，不断变革和创新。面对快速变化的世界，面对激烈的竞争环境，如何不被现实的环境所限制，不被现实的困难所吓倒，不被现实的资源所困扰，领导者最需要的是挑战现状的勇气，变革创新的勇气。

下面是挑战现状的六项关键行为，可以用于检验和评估自己的领导力：

（1）我会打破部门或组织之间的界限，在部门或组织之外寻找创新的方法改变工作。

（2）即使有失败的可能，我也敢于尝试和冒险。

（3）我会寻找具有挑战性的机会来检验自己的技能和才干。

（4）我要求员工在所做的工作中尝试创新。

（5）对正在实行的计划和项目，我能够确保设定具有挑战性的目标，制订具体的计划，并设立可衡量的标准。

（6）当事情同我们预期发展不一样时，我会问：“我们能从中学到什么？”

如何使众人行？如何把大家拧成一股绳？如何让大家沿着一个共同的目标前行？这不仅需要团队的每一个人有意愿，还要团队的每一个人有能力。意愿不足总是会发生，能力不足也是常态。如何授权赋能，打造一个有行动力的团队，一个能够打胜仗的团队，是区分平庸领导与卓越领导的一个分水岭，是卓越领导者的一项重要能力。

下面是使众人行的六项关键行为，可以用于检验和评估自己的领导力：

（1）我尊重他人的尊严。

（2）我可以和同事建立起良好的合作关系。

（3）我让员工自由决定如何进行他们的工作。

（4）我支持他人独立做出决定。

（5）我乐于倾听各种不同人的见解。

（6）我确保员工能通过学习新的技能在工作中成长，得到自身发展。

激励人心一时不难，但要长期激励人心，特别是在困难的时候，在枯燥的工作中，在物质激励有限的时候，在方向目标不明的情况下，绝不是一件容易的事情。但领导者就是要学会激励人心，做一名永不知疲倦的拉拉队队长，不断为团队加油打气，为团队赋予激情和能量。激励人心，既是科学，更多的时候，还是艺术。

下面是激励人心的六项关键行为，可以用于检验和评估自己的领导力：

（1）我会对工作完成得好的人员提出表扬。

（2）我对团队成员所做的贡献给予许多表扬和支持。

（3）我让团队的同事知道我对他们胜任工作的能力充满信心。

（4）我确保以富有创意的方式对项目中做出突出贡献的员工进行奖励。

（5）我用不同的方法来为我们取得的成果进行庆祝。

（6）我会当众表彰那些为实现共同价值而奋斗的人。

关于管理的 1、2、3、4、5

什么是管理？管理做什么？虽然管理这个词时常挂在嘴边讲，但真正要把它讲清楚，还真不容易。

对于管理的定义，“科学管理之父”弗雷德里克·泰勒说：“管理就是确切地知道你要别人干什么，并使他用最好的方法去干”；诺贝尔奖获得者赫伯特·西蒙认为：“管理就是决策”；“现代管理学之父”彼得·德鲁克认为管理就是两件事：一是做正确的事，二是把事情做正确。当然，关于管理，被人们提起最多的，应该还是亨利·法约尔在其著作《工业管理与一般管理》中给管理下的定义。法约尔认为：管理是所有的人类组织都有的一种活动，这种活动由五项要素组成，即计划、组织、指挥、协调和控制。

在企业管理中，非常强调管理的四项基本活动，即 PDCA，也称戴明环。PDCA 是由一个叫作戴明的美国人发明的。所谓 PDCA，指的是计划、执行、检查与改进提高。在这里我们可以看到，管理的 PDCA 是一套做事的方法和流程。

下面是管理大师们，关于管理的一些思想观点，由此我们对管理可以有一些更深的认识。

▸ 关于管理的一件事

玛丽·派克·福列特说：管理就是指挥他人完成任务的艺术。德鲁克把福列特称为“管理学的先知”。甚至有人把她与泰罗相提并论，宣称这位杰出的女性应当与“科学管理之父”弗雷德里克·W. 泰勒并列，可称之为“管理理论之母”。

▸ 关于管理的两件事

很多人，甚至很多专业人士，都把管理定义为管人、理事（图9-4）。人真的能被管住吗？如果问一个问题：是人的变量多，还是事的变量多？是人的不确定性高，还是事的不确定性高？是人更复杂，还是事更复杂？从工程控制论的角度来看，变量越少，越容易控制。因此，我倒愿意把管理定义为管事、理人，而不是管人、理事。对待人，我们需要的是理解、尊重、认同，需要因人而异，需要求同存异。

图 9-4 关于管理的两件事

▶ 关于管理的三件事

如何理人？如何管事？要理人，领导者要做什么？领导者要具备的素质与能力是什么？要管事，领导者要做什么？领导者要具备的素质与能力是什么？管理在这种意义上可以定义为三件事，一是要管理事，二是要领导人，三是要管理好自己（图 9-5）。管理他人的前提是要管理好自己。一个连自己都管理不好的人，不大可能管理好别人。看一看身边的成功人士，他们都具备一个典型的特征，即非常自律，纪律性很好，都具有内在的驱动力。冯仑讲过一个王石登山的故事，让他佩服得不得了。同样是爬山，冯仑发现，王石跟别人的行动很不一样，最大的区别就是他能管得住自己。每次爬山前他都非常认真地做准备工作，比如涂防晒油，要求两层，他一定会涂两层，而且涂得特别厚。爬山过程中，在作息上，其他人很不规律，累的时候早早就睡了，聊得高兴的时候可能要很晚才睡。但王石不一样，说几点进帐篷，到点肯定进帐篷，无论聊得多高兴，因为他要保证足够的休息时间，不然第二天体力不够，可能爬不了。

爬山时吃的食物是一个问题，我们觉得不好吃的时候宁愿挨饿，但王石不管食物多难吃，都强迫自己往下咽，为的是摄取足够的能量，保持体力。珠穆朗玛峰爬到 7000 多米的时候，许多人都兴高采烈地看风景，王石不管别人怎么做，都克制自己不出帐篷，因为动一次能量就损耗一次。他对自己的这些严格要求在 8000 米以后就体现出效果了。当时跟王石一起爬山的还有一个朋友大刘，大刘属于兴奋型的，8000 米以下时，在电视直播里看到的都是大刘的镜头，结果他太放纵了，没有管理好自己，到 8000 米体力不行了，恐惧了，开始打退堂鼓。作为一个业余运动员，王石能够顺利登顶，自我管理的能力是功不可没的。

所谓“管理自己”，其实就是自律，是人的一种重要的品质，同时也是最容易被人忽略的。很多企业的领导者管理做得很好，但在自律上不太注重，大都放纵自己，放纵自己的欲望，结果战略、组织系统等都受到影响，甚至因此失败。

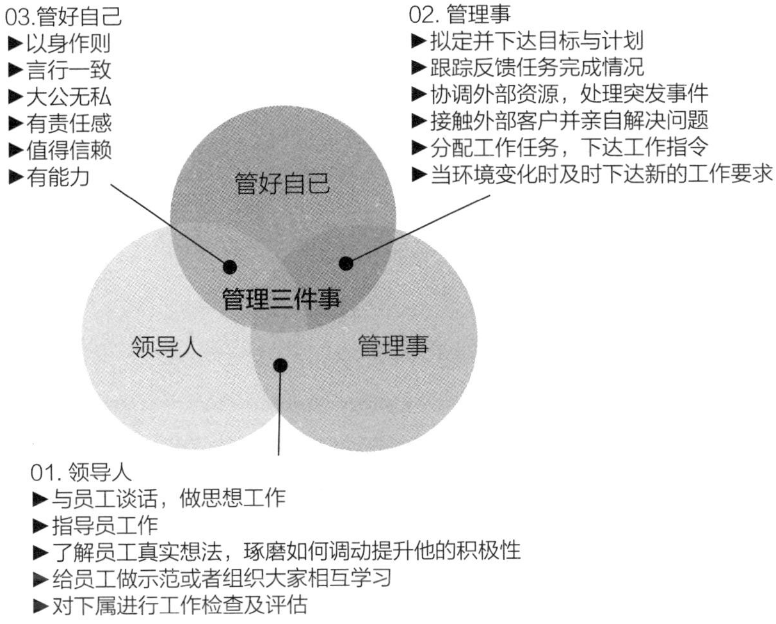

图 9-5　关于管理的三件事

在电视上，邓亚萍讲过一个关于自我管理的故事。邓亚萍是中国乒坛奇才，她身材不高，打球的基础条件并不好，但球技一流，在 1992 年巴塞罗那奥运会和 1996 年亚特兰大奥运会上连续夺得女子单打和双打冠军，成为中国奥运历史上第一个夺得四枚奥运金牌的人。一次，她的脚踝长了骨刺，但因为比赛逼近，不方便做手术，为了比赛，她会在上场之前，自己把脚踩麻木，不让伤痛影响比赛。我们都知道，邓亚萍打球风格凶狠，但没有人知道，她对自己更狠。成功真的自有成功的道理。

▸ 关于管理的四件事

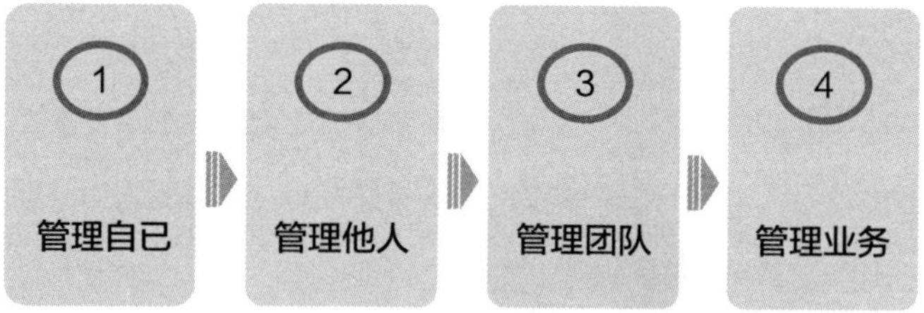

图 9-6　关于管理的四件事

如上图所示，关于管理的四件事，我们在管理自己和管理他人的基础上增加了另外二项：一是管理团队，二是管理业务。管一个人和管一个团队面临的问题有很大的不同。先讲一个拔河的案例。你一定拔过河，设想一个 8 人的团队，每一边都是 8 个人，每一个人的出力最大是 100 斤。拔河如何能赢呢？关键成功因素至少有如下几项：

- ❖ 团队领导；
- ❖ 共同目标；
- ❖ 全力参与；
- ❖ 相互信任；
- ❖ 节奏一致；
- ❖ 重心一致；
- ❖ 增强能力。

就团队管理而言，中国有一句话叫作“人多力量大”。其实，在群体组织中，并不必然得出 1+1 > 2 的结果。法国工程师林格曼做过一个拉绳实验，告诉我们一个特别有意思的结论：

参与测试者被分成 4 组，每组人数分别为 1 人、2 人、3 人和 8 人。林格曼要求各组用尽全力拉绳，同时用灵敏的测力器分别测量拉力。测量的结果有些出乎人们的意料：2 人组的拉力只为单独拉绳时两人拉力总和的 95%；3 人组的拉力只是单独拉绳时 3 人拉力总和的 85%；而 8 人组的拉力则降到单独拉绳时 8 人拉力总和的 49%。

现代社会把人们组织起来，就是要发挥团队的整体威力，使团队的整体功效大于各部分之和。而拉绳实验却告诉我们：1 + 1 < 2，即整体小于各部分之和。这一结果向团队的组织者发出了挑战。

在一个团队中，只有每个成员都最大限度地发挥自己的潜力，并在共同目标的基础上协调一致，才能发挥团队的整体威力，产生整体大于部分之和的协同效应。那么，到底是什么因素影响了团队的整体绩效呢？

从物理学的角度，我们不难解释，每一个人出力的方向有偏差都会影响团队合力的结果。单边最大的合力，8 个人的团队最后的结果，只能是小于或等于 800 斤，而绝不可能大于 800 斤。这是物理学的常识。回到团队管理，我们可以负责任地给出一个结论：一个人一旦进入一个组织，无论他愿意还是不愿意，都会对组织产生一些破坏性的作用（方向不一致）。

此外，在拔河中，我们把胖子是放在前面，还是放在队伍最后呢？团队的重心是放得高一点，还是低一点呢？针对对手的实力和规则，如何设计节奏，是快一点好，还是慢一点好，是速战速决，还是坚持持久战？这些都涉及团队的组织安排，和任务的管理有关，或者说与项目的管理有关，它们都属于任务管理的一部分。如何让组织产生最大的合力，如何让组织具有凝聚力和向心力，如何让组织减少团队的内耗，如何做好任务的分配和设计，这些都是管理的重要任务。

▸ 关于管理的第五件事

亨利·法约尔是管理学的先驱，做过30年的矿冶公司的总经理，他是一位真正既懂理论又懂实践的法国管理学家。他在1916年出版了一部《工业管理与一般管理》的书籍，提出了管理的五项职能和十四条法则，为管理学奠定了基础，成为管理学的开山鼻祖。

法约尔认为，管理就是计划、组织、指挥、协调和控制，这是管理的五项职能。

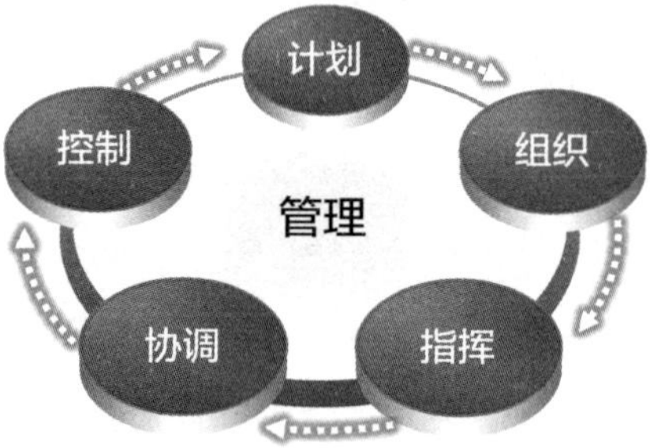

图9-7　关于管理的五件事

（1）**计划**。法约尔认为制订一个好的行动计划要求有一个精明的、有经验的领导，他必须具有管理人的艺术、积极性、勇气和专业能力。缺乏计划或一个不好的计划是领导者没有能力的标志。计划即预见，是管理的首要因素，具有普遍的适用性，而且是一切组织活动的基础。这是法约尔那个时代的管理思想，对今天的移动互联网时代仍有指导意义。像丰田的生产计划一样，做的是滚动计划，不断修正的计划，以满足不断变化的需要。事实上，越是敏捷实践，越需要做好系统框架设计，要不然就不会有扩展性，迭代都做不下去。

（2）**组织。**法约尔认为组织是指企业如何为企业的经营提供所需的必要支持，包括原料、设备、资金、人员。法约尔特别强调企业对员工的培养，并强调教育在培养企业人员中的作用。

（3）**指挥。**指挥是指对人员和资源的调遣与安排。担任指挥工作的领导应该做到：①对职工有深入的了解；②淘汰没有工作能力的人；③对企业和职工之间的协定很了解；④做出榜样；⑤对组织要定期检查，并使用概括的图表来促进这项工作；⑥召开会议，统一指挥；⑦不要陷入琐碎事务；⑧确保团队成员团结、主动、积极和忠诚。

（4）**协调。**协调是指企业的一切工作都要相互配合，以便于企业经营的顺利进行，并确保企业取得成功。在法约尔看来，协调是一种平衡艺术。

（5）**控制。**控制就是要证实一下各项工作是否都按计划进行，是否需要纠正以及如何避免重犯。

法约尔关于管理的 14 项基本原则：

（1）劳动分工原则

法约尔认为，劳动分工属于自然规律。劳动分工不只适用于技术工作，而且也适用于管理工作。应该通过分工来提高管理工作的效率。但是，法约尔又认为：“劳动分工有一定的限度，经验与尺度感告诉我们不应超越这些限度。”

（2）权力与责任原则

有权力的地方，就有责任。责任是权力的孪生物，是权力的必然结果和必要补充。这就是著名的权力与责任相符的原则。法约尔认为，要贯彻权力与责任相符的原则，就应该建立有效奖励和惩罚的制度，这也就是我们现在讲的权、责、利相结合的原则。

（3）纪律原则

法约尔认为纪律是一个企业兴旺发达的关键，没有纪律，任何一个企业都不能兴旺繁荣。他认为制定和维持纪律最有效的办法是：①好的领导；②制定尽可能明确而又公平的规则；③合理执行奖惩。

（4）统一指挥原则

统一指挥是一个重要的管理原则，按照这个原则的要求，一个下级人员只能接受一个上级的命令。如果两个领导人同时对同一个人或同一件事行使他们的权力，就会出现混乱。

（5）统一领导原则

统一领导原则是指："对于力求达到同一目的的全部活动，只能有一个领导人和一项计划。"统一领导原则讲的是，一个下级只能有一个直接上级。

（6）个体服从整体利益原则

对于这个原则，法约尔认为人们都十分了解，但是，往往无知、贪婪、自私、懒惰以及人类的一切冲动，总是使人为了个人利益而忘掉整体利益。为了能坚持这个原则，法约尔建议的办法是：①领导人的坚定性和树立好的榜样；②尽可能签订公平的协定；③认真监督和执行。

（7）人员的报酬原则

对于各种报酬方式，法约尔认为不管采用什么报酬方式，都应该能做到以下几点：①它能保证报酬公平；②它能激发热情和让人更加努力工作；③它不应导致超过合理限度的过多的报酬。

（8）集中的原则

法约尔指的是组织的权力的集中与分散的问题。按照法约尔的观点，影响一个企业是集中还是分散的因素有两个：一个是领导者的权力；另一个是下级人员的态度。

（9）等级制度原则

等级制度是指组织中各个环节之间的权力关系，通过这个等级链，组织中的成员就可以知道，谁可以对谁下指令，谁应该对谁负责。贯彻等级制度原则，有利于组织加强统一指挥原则，保证组织内信息联系的畅通。但是，一个组织如果严格地按照等级系列进行信息的沟通，则可能由于信息沟通的路线太长，而使得信息联系的时间延迟，同时也容易造成信息在传递的过程中失真。

（10）秩序原则

法约尔所指的秩序原则包括物品的秩序原则和人的社会秩序原则。对于物品的秩序原则，他认为，每一件物品都有一个最适合它存放的地方，坚持物品的秩序原则，就是要使每一件物品都在它应该放的地方。

（11）公平原则

法约尔主张在管理中要贯彻“公平”原则。所谓“公平”原则就是在“公道”原则的基础上，善意对待员工。也就是说在贯彻“公道”原则的基础上，根据实际情况对职工的劳动表现进行“善意”的评价。

（12）人员的稳定原则

法约尔认为，一个人要适应他的新职位，并做到能很好地完成他的工作，这需要时间。这就是人员的稳定原则。按照这一原则，要使一个人的能力得到充分的发挥，就放他在一个工作岗位上相对稳定地工作一段时间，使他能有一段时间来熟悉自己的工作，了解自己的工作环境，并取得别人对自己的信任。

（13）**创新精神**

法约尔认为人的自我实现需求的满足，是激励人们的工作热情和工作积极性的最有力刺激因素。对于领导者来说，“需要极有分寸地，并要有某种勇气来激发和支持大家的创新精神”。当然，纪律原则、统一指挥原则和统一领导原则等的贯彻，会使得组织中人们的创新精神的发挥受到限制。

（14）**团队精神**

人们往往由于管理能力的不足，或者由于自私自利，或者由于追求个人的利益等而忘记了组织的团结。法约尔认为管理者需要确保并提高劳动者在工作场所的士气，个人和集体都要有积极的工作态度。

法约尔的管理思想，在今天仍然闪耀着思想的光芒，可以继续指导我们的管理实践。

从管理到领导的四大转型

中国企业要转型、创新和升级，首先要从管理方式的转型开始，即从管理到领导。为什么要从管理到领导？问大家一个问题：什么情况下，人们会有创新精神？一个人是在压力的情况下更有创新，还是在宽松的情况下更有创新？一个人是在个性被约束的情况下更有创新，还是在个性能够得到张扬的情况下更有创新？什么样的环境，什么样的管理方式，会让人更有创新呢？答案不言自明：是自由思想，是宽松环境，是个性张扬。

此外，为什么要从管理到领导？美国项目管理学会（PMI）的调查报告说：95% 的高管认为，项目成功的关键取决于具有正确能力的人才。PMI 的结论是，项目要成功，项目经理光有专业和技术能力是不够的。PMI 给出了一个项目经理的金三角素质能力模型。PMI 指出，一个好的项目经理，一是要有专业技术能力，二是要有领导力，三是要拥有战略和商业思维能力。这个金三角模型（图 9-8），对于企业一般领导者而言，也具有重要的指导意义。

图 9-8　金三角素质能力模型

如何转型？如何从管理到领导？转型的路径与方法是什么？下面给大家分享一个 AMBR 的四步流程，从注意力、心态、行为和结果四个方面阐述，帮助大家做好转型实践。领导力是可以学习的，转型、创新与升级也是有规律可循的。

- A（Attention）是指关注点的转型。关注所向，力量所在。
- M（Mindset）是指心态与思维方式的转型。培养正确心态，才能打造正确行为。
- B（Behavior）是指行为转型。如何将行为转变成习惯。
- R（Result）是指结果。领导力最终要靠结果说话。

▸ 第一个转型：转移注意力，从关注事到关注人

技术专家型的管理者，往往都喜欢做事，而不大关注人。他们还有一个教条，就是对事不对人。他们自己是这样行事的，他们的上级也是这样教他们的。对事不对人是一个流传很广的错误。事情是要靠人做的，怎么可能当我们说一件事情的时候，只是对事而不对人呢？比如，小王出现了一个错误，被领导批评了，老王对小王说：这个事情，为什么不请示？下一次，一定要按流程请示后再做。虽然是从办事流程的角度来说的，但从此以后，小王做任何事情，不敢擅自做主了，都要看老王的脸色，需要老王的首肯和批准。错误是不犯了，但小王的积极性也没有了。

技术型管理者表现出来的一个常见错误，就是喜欢微观管理，喜欢关注细节，喜欢一竿子插到底，往往造成管理过度，而不是管理不足。他们忘了管理的初衷，不知道管理是为业务服务的，管理是为效率服务的，管理是为人服务的，管理是工具，是手段，不能为了管理而管理。一名优秀的管理者，必须知道为什么管理，必须回到人的层面，重视人、关注人、研究人。

管理的二件事，一是管事，二是理人。因此，管理既要对事，也要对人。比如，新一代的 90 后，他们对工作回报的期望比 80 后、70 后高很多，他们不仅期望工作本身要有价值、有意义，他们还期望钱要多，活要少，离家要近，而且老板要让他们过得舒适。即使是涨工资、发奖金，也是一门学问。作为领导者，你在涨工资、发奖金的时候烦劳过吗？平时没有涨工资、发奖金的时候，大家都还挺好，但一旦涨工资、发奖金，反倒矛盾来了。这不仅涉及你发多少的问题，还涉及你如何发的问题，你是公

开发，还是私底下发；你是发现金，还是发奖励数字，都是学问。这就是人性的一面。既要多关注事，还要多关注人，是从管理到领导的重要转型。因此，了解自己是一个什么样的人，个人是什么样的一个领导风格，对领导力的提升至关重要。

为什么重事不重人，分析背后的原因，至少有两个方面。一是被动的，由于事情的压力，时间节点的限制，问题的解决迫在眉睫，火烧眉毛，不马上处理和应对，事情就过不去；二是主动的，完全是因为个人的风格，个人的成就感导向，个人的价值诉求，喜欢处理事，用科学的、理性的方式，而不喜欢应对人，用艺术的、情感的方式。很多人在工作中的快感与成就感都是来自事，学习了一个新知识，解决了一个难题，发表了一篇文章，写了一本书，申请了一个专利等，而不是培养了一个人，与人进行了一次谈话，分享了一个经验，帮人克服了一个困难，结交了一个新朋友。

一个重事不重人的管理者，往往表现出下面的这些典型行为特征。我们可以对一对标，看一看自己的表现，想一想如何做好从管理到领导的转型：

（1）我要求下属依照明确的工作程序做事；

（2）我指导下属如何开展一项具体工作；

（3）我重视下属在工作过程中所使用的方法；

（4）我为下属解决他们工作上的困难；

（5）我以身作则，告诉他们怎么做，为他们提供示范；

（6）我不能容忍一件事情的不确定与拖延；

（7）我在乎事情的有效完成，不管下属是不是情愿；

（8）我在相当快的效率下进行工作；

（9）我会关注一件事情交付给下属执行的细节；

（10）在我的具体指示与引导下，下属的工作表现才会提升。

▸ 第二个转型：改变心态，从“逼”结果到“促”结果

“逼”结果和“促”结果，虽一字之差，心态和行为却大相径庭。逼结果和促结果，它们的出发点有什么不同？一个相信的是人性的恶，一个相信的是人性的善。传统的管理理论认为，人性是天生厌恶并尽可能逃避工作的，他们追求自己的安全和安逸；胸无大志，缺乏进取心，不愿承担责任；往往以自我为中心，经常缺乏解决组织问题的能力；缺乏理性，容易受环境影响。因此，我们在管理中，为了促使人们更加努力工作，应该采取严格的管理制度，明确每个人的任务和责任，通过指挥、控制、监督和严格绩效考核的制度，来确保绩效的达成。换句话说，管理就是要以经济利益为中心，要采用激励手段，使人的行为尽可能地符合组织要求。若员工的行为和工作结果不符合组织期望，就要采取严厉的惩罚制度，即“胡萝卜加大棒”的激励政策和惩罚手段。这就是X理论的思想，它们基于“经济人”的人性假设，认为人们是懒惰的、厌恶工作的和逃避责任的。

与X理论相对应，还有一种Y理论。Y理论将人性假设为人们是可以喜爱工作的，也是愿意发自内心地承担责任的。美国行为科学家麦格雷戈于1957年在《企业中人的方面》一文中指出：人的本性是喜爱工作的，工作是人的本性的一部分。在一般情况下，人们是愿意承担责任的，是愿意发挥自己的才能和创造性的；大多数人都具有解决组织问题的能力。因此，我们在管理中，为了促使人们努力工作，应考虑工作对于员工的意义，鼓励员工参与目标的制定；以“启发和诱导”来代替“命令和服从”，要用信任代替控制和监督；要重视员工的各种需要和内在激励，并尽可能在实

现组织目标过程中予以最大的满足。这就是Y理论的思想。

麦格雷戈认为传统的X理论的管理方式是错误的，是有缺陷的，X理论是建立在错误的人性假设基础之上的。Y理论对人性的基本假设是：人生性并非懒惰的和不可信任的，组织成员对工作的好恶，取决于他们所处的环境，如果组织给予积极诱导和激励，成员是愿意发挥其才智的，反之则视工作为一种痛苦。强制和惩罚虽然可以迫使组织成员完成组织目标，但是这种方式往往不能持续。Y理论相信，人们在执行自愿的任务时，能够做好自我控制和自我指挥；人们在正常条件下能够学会承担责任，并能主动要求承担责任，而且会表现出自己的创造力、想象力和解决工作中问题的能动性。但在现代社会条件下，实际上人们的才智仅有一部分得到了发挥和使用。

你相信X理论，还是Y理论？因为相信，所以看见；因为相信，所以行动。你相信什么，你就会采用什么样的管理方式。我相信人性既是善的，也是恶的。人性有恶的一面，也有善的一面。因此，管理工作中，我们要想尽一切方法，想方设法激发人性善的一面，同时，我们也要想尽一切办法，设计相关的制度与流程，扼制人性恶的一面。这才是一名成熟的管理者所应具备的管理思想。

如何从“逼”结果到“促”结果，我们可以学习当下互联网时代的一个新词汇，它的名字叫赋能。赋能的英文词是Enabling Empowerment，把它翻译通俗一点，就是让其成为可能，赋予人们力量或能量。阿里巴巴的曾鸣曾说：未来组织的最重要功能已经越来越清楚，那就是赋能，而不再是管理。换句话说，领导者如何由过去的简单粗暴的管控到复杂多元的赋能激发，从红萝卜加大棒的逼结果到育人赋能的促结果，是一个重大的管理方式转型。传统型的领导者把大部分的精力都用在了组织绩效的管理或说增长之上，而现代的赋能型领导者则需要把更多的精力放在关注员工的学习和成长方面。

逼结果的背后，领导者扮演的往往是指挥官、司令官的角色，给下属设定强制性的目标与任务，然后通过强奖惩、强 PK 的方式督促下属工作的完成。对于知识工人来说，这样的管理方式已越来越不可行。新一代的员工和团队，他们更喜欢教练的方式，辅导的方式，娱乐的方式，期望在快乐中学习和工作。当下属缺少态度或意愿的时候，领导者要学会激发；当下属能力不够的时候，领导者要会教练和辅导。总之，团队对领导者的要求越来越高，需要管理者采用一种新模式，不仅有分，分工、分权、分责、分利益，还要有共，共创、共享、共责，还要一起共成长。

▸ 第三个转型，改变行为方式，从“管控”“到“激发”

很多人错误地认为，管理就是管控，这其实还是在沿用 19 世纪古典管理学家泰勒的管理思想。泰勒早在 1911 年的《科学管理原理》一书中就提出了管理蓝领工人的方式与方法。如果说，对待机器用控制的方法，可以让机器更好地服务，计算机程序是最好的榜样，但是对待人用控制的方法，却不能让人更好地服务。因为人是有情感的，人是会变化的。在今天，人工智能技术飞速发展，李世石与阿尔法狗的世纪之战，已表明机器可以战胜人类，于是有人恐惧，有人忧愁。我们恐惧什么？我们真的不怕 AI 机器会像人一样思考，但是我们真的很害怕人类像 AI 机器一样思考。我们今天管理的都是有思想的知识工人，我们不能像计算机一样，往每一个人的脑子输入一套标准的作业程序，然后就让他们去工作。人与机器是这样不同，人与人的差异是这样大，以至于管理张三的方式，不一定能用来管理李四；更要命的是，今天管理张三的方式，明天不一定有效。在管理方面，有一些地方是可以标准化的，但也有很多地方是不能标准化的。什么样的事情、什么样的地方可以标准化，通俗地说叫搞一刀切；什么样的事情、什么样的地方不能标准化，不能搞一刀切，这是管理中的一个难题。

有人说管理就是要把人管好。人可不可以被管住呢？人心能被管住吗？思想能被管住吗？人在本质上是管不住的，人需要“理”。大禹治水，疏而不堵。但在另外一面，事是可以被管住的，通过 0 和 1 的控制，通过计算机程序，通过 PDCA 的流程，通过项目管理的方法，可以把一件事情管控得很好，管控得很精准，管控得很到位。比如，一个计算机芯片的加工，现在可以控制到几个纳米的精度，想象一下，1 纳米是一根头发丝的六万分之一，是多么的精准。《原则》一书的作者瑞·达利欧在演讲时说：我的终极目标，是创建一部运转得极好的机器，我只需在一旁坐看美好的事情发生。这真的是一种超现实的理想！我们真的期望这样美好的事情能够在现实生活中发生。

管控是一种工具，管控不是目的。那么，管理的目的是什么呢？举一个案例，一辆好车，有很多的标准，但至少包括两个关键部分，一是发动机，二是刹车系统。发动机和刹车哪一个重要呢？当然二者都重要。如果一辆车的发动机特别好，而刹车不行，将会发生什么？一定会有危险。反过来，如果一辆车的刹车特别好，而发动机不行，又会发生什么？发动机和刹车是什么关系呢？是发动机为刹车服务，还是刹车为发动机服务呢？答案当然是刹车要为发动机服务。因为一辆车的目的，最终是要被开动起来，为人们的生产与生活服务，而不是整天刹车，在那做无用功，不让车跑起来，那倒是没有任何风险。如果说有风险的话，那就是废掉了一辆好车，忘记了一辆车的目的。

管控其实就是一种刹车，激发才是目的。管理的目的不是管控，而是要激发人的善意，激发人的能量，激发人的创造性。在北京的大街上，我经常见到一个场景，为了不让人停车，就在好好的水泥马路上打上厚重的交通栓，车是不能停了，但停车的问题并没有得到解决。这便是典型的管控。在北京的机场，进安检之前的闸口，同样精心设计着红色的栏杆，就是不让标准的行李箱通行，而在上海的虹桥机场，尽管也有栏杆，但标准的行李箱是可以顺利通过的。这就是区别，一个是为了管控而管控，忘掉了管控的目的，另一个则是服务方式，为客户创造价值与利益。

作为管理者，当然既要管控，也要激发；不能管控不足，管不住风险，但也要注意，不要管控过度，忘记了管控的目的。管控是手段，激发是目的。把人管死容易，把人激活很难。反思一下，检讨一下，我们在企业里制定的机制、流程与制度，有多少是试图要控制人和限制人的，如果不允许、不让做的事情太多，那么企业也就进入了一个“保险”的状态，大家都会选择无所作为。管理知识工人，不能像管理蓝领工人一样，需要的是多一点激发，少一点管控，这是新时代的挑战。

▸ 第四个转型：超越短期利益，既要关注效率，也要关注效能

史蒂芬·柯维博士在《高效能人士的七个习惯》一书中，讲了一只会下金蛋的鹅的故事，强调了效率与效能的关系。

很久以前，有一对非常勤劳的夫妇，农夫用卖豆的钱买回来一只鹅。第二天，这只鹅竟然下了一个金蛋，农夫高兴坏了，非常兴奋。没想到的是，第二天，这只鹅又下了一个金蛋，第三天、第四天，鹅每天都会下一个金蛋。农夫从此发财了，变得越来越富有，也越来越贪婪。有一天，

农夫对妻子说：为什么鹅一天只能下一个金蛋，不能多下几个金蛋呢？于是，他们把鹅杀了，想把所有的金蛋都拿出来，但鹅的肚子里空空如也。别说金蛋了，连鹅蛋都没有。鹅没了，他们想要的金蛋也没有了。

这个故事确实发人深省。柯维博士总结说：鹅一天下一个金蛋，叫作效率；鹅每天都能下一个金蛋叫作效能。对于一个真正的高效率的人士来说，不能只要效率，还要效能。通俗一点说，就是不能只要金蛋，而不懂得养鹅。一个真正聪明的人，要想获得金蛋，首先要懂得养鹅，要把鹅养好，养健康，这样鹅才能每天下一个金蛋。这便是效率与效能的真谛。可惜，太多的人总是太过世利，不懂得养鹅，也不愿意投资于鹅的健康与能力，一心只想要金蛋，到头来只能是竹篮打水一场空。

德鲁克在《卓有成效的管理者》一书中指出：“效率是‘以正确的方式做事’，而效能则是‘做正确的事’。效率和效能不应偏废，但这并不意味着效率和效能具有同样的重要性。我们当然希望同时提高效率和效能，但在效率与效能无法兼得时，我们首先应着眼于效能，然后再设法提高效率。”但遗憾的是，对很多的领导者来说，无论是企业的商业行为，还是个人的工作与生活，人们关注的重点往往都是当下的效率，而忽视效能。

“正确地做事”强调的是效率，其结果是让我们更快地朝目标迈进；“做正确的事”强调的则是效能，其结果是确保我们的工作是在坚实地朝着自己的目标前进。换句话说，效率重视的是做一件工作的最优方法，效能则重视的是长期价值产出。

“正确地做事”与“做正确的事”有着本质的区别。“正确地做事”是以“做正确的事”为前提的，如果没有这样的前提，“正确地做事”将变得毫无意义。先要做正确的事，然后才存在正确地做事。试想，在一个企业里，员工在生产线上，按照要求生产产品，其质量、操作行为都达到了标准，他确实是在正确地做事，但是如果这个产品根本就没有用户，这就不是在做正确的事情。这时无论他做事的方式方法多么正确，其结果都是徒劳无益的。

要正确地做事，更要做正确的事，这是一种很重要的管理思想，是领导力转型的一个重要方面。任何时候，对于任何人、任何组织而言，“做正确的事”都要远比“正确地做事”重要。对企业的生存和发展而言，“做正确的事”是由企业战略来解决的，“正确地做事”则是战略执行与落地问题。如果做的是正确的事情，即使执行中有一些偏差，也是可以纠偏的，其结果不会致命；但如果做的是错误的事情，则执行得越完美，错得越离谱，其结果对于企业来说是灾难。

对于一名领导者而言，如何跨越短期利益，关注长远方向与战略，确保组织持续发展，德鲁克提出了八个方面的问题，供我们反思和探索：

（1）我们想要做什么？

（2）我们应该做什么？

（3）我们的行动计划是什么？

（4）谁应该负责，对采取的决策负责？

（5）谁负责沟通协调？

（6）我们应该聚焦机会，还是问题？

（7）我们如何召开富有成效的会议？

（8）我们如何思考和解决问题，多用“我们”而不是“我”？

总之，如何做好从管理到领导的转型，我们面临的挑战很多，如何从关注点、心态、行为和结果四个方面做好转型，还需要我们不断付出艰辛的努力。一分耕耘，一分收获，这个世界上从来没有随随便便的成功。

10 Leadership Workshops Empower Your Leadership

第十课

十大著名领导力导师及其核心观点

大学之大，非大楼之大，乃大师之大。大师之所以为大师，是因为其思想的光辉，照亮着我们前进的道路。下面我们分享十大著名领导力导师与流派的思想，帮助我们更深入地了解领导力的本质，提升领导力的思想境界。如今的中国，很多领域已进入战略的无人区。想做第一容易，如何做到第一很难。在战略的无人区，如何领航？在茫茫的森林中，如何行动？越是这样的时候，越需要思想的灯塔给我们以指引。思想引领变革，思想引领创新，思想引领我们跨越无人区。

库泽斯、波斯纳关于领导力的八个核心观点

我有幸和徐中博士一起翻译了库泽斯和波斯纳的《领导力》第6版，在此，我从他们的观点说起。

1983年，詹姆斯·库泽斯和巴里·波斯纳开始研究一个项目。他们想要了解当人们“处于最佳领导力状态”下时会如何表现。他们的研究别具特色，不像其他研究那样把研究对象聚焦于杰出的领导者，他们不仅研究领导者，也研究普通的民众，期望从每一个人的身上，找到领导力的成功模式。

库泽斯和波斯纳通过几千例的访谈和个人最佳故事的实证研究发现：领导他人都经历了一条相似的历程，即领导力之旅。虽然每个人的

事迹都很特别，但也存在着共同的行为模式。

首先，两位研究者探寻个人最佳领导力的成功故事，他们站在领导者的角度，询问各色各样的领导者，当发挥最佳领导力的时候，自己都做了什么？从领导者的角度，库泽斯和波斯纳总结出了卓越领导者的五项行为习惯：以身作则、共启愿景、挑战现状、使众人行和激励人心。研究的一个让人震撼的结论是，卓越领导者的五种习惯行为对直接下属工作敬业度的影响巨大：当领导者"非常频繁"或"几乎总是"践行这五项习惯行为时，95.8% 的直接下属在工作中高度敬业；当领导者几乎没有或者只是"偶尔"践行这五项习惯行为时，只有 4.2% 的直接下属工作敬业！

其次，两位研究者站在被领导者的角度，询问人们，一名受人尊敬的领导者的素质与能力是什么？他们通过大数据统计，在几十万的样本中，得出了排在前四位的人们的选项：真诚、前瞻性、能激励人和有能力。其中有 89% 的人选择了真诚这一项，另外三项分别是 71%、69% 和 69%。非常有意思的是，五项行为习惯与四项素质与能力彼此之间存在着紧密的逻辑关系。我们通过一个人是否真诚，看一个人是否以身作则；前瞻性是关于未来的，与共启愿景相一致；挑战现状和使众人行是领导者最重要的两项素质与能力；能激励人与激励人心强调的是同一个意思。这样的研究结论，不能不让人想到两个词：大道至简、殊途同归！

领导能力不完全取决于个人的人格魅力，它也是一种行为实践，把这些共同的实践提炼出来，就形成了一个实实在在的领导力模型，"卓越领导五种习惯行为"。为了在组织中创造卓越成就，领导者应该展现出以下五种习惯行为：

❖ 以身作则；

❖ 共启愿景；

- 挑战现状；
- 使众人行；
- 激励人心。

这五种领导力行为的意义在于，它们具有普遍适用性，不只是一部分人的专属特质。库泽斯和波斯纳旗帜鲜明地指出，领导力并不关乎性格，而只关乎行为。任何人在面对领导力挑战的时候，都需要展现出这五种行为。

领导力是带领他人和组织到达从未到过的地方。挑战现状让人们超越平凡，成就卓越。卓越领导力的五项实践经历了时间的考验。30 多年来，领导的情境发生了巨大的改变，但领导力的内涵没有改变。自 1982 年两位大师开始研究，一直到今天，卓越领导力的基本行为实践并没有变化。每位最佳领导者经历的挑战，数百万名被调查者和数百名学者基于实证的研究，一再证明了卓越领导力的五项实践是全球领导者的“操作系统”。

为了让领导力的五项实践进一步落地，每个行为习惯下面又强调两个关键行为，让领导力成为每一个人都可以学习的活动，这也是库泽斯和波斯纳二位导师之所以成为我的首选的主要原因。

第一，在以身作则方面，强调两个承诺，一要明确自己的价值观，找到自己的声音；二要使行动与共同的价值观保持一致，为他人树立榜样。领导者首先一定要有价值观，其次还要让自己的价值观和组织共同的价值观一致，践行自己的价值观，做到知行合一。

第二，在共启愿景方面，也有两个承诺，一个是展望未来，想象令人激动的崇高的各种可能，它是关于未来、关于理想和梦想的；二是描绘共同的愿景，让大家一起为了共同的愿景目标去奋斗。愿景如何从“我”变成“我们”，是共启愿景的关键。

第三，在挑战现状方面，一要善于捕捉创意和从外部获得创新的方法来找到改进的机会；二要敢于尝试和冒险，不断取得小小的成功，从小小成功中找到成就感，在实践中学习和提高。

第四，在使众人行方面，一要通过建立信任和增进关系来促进团队合作，这里强调的是信任和增进关系；二要通过增强自主意识和发展能力来增强他人的实力，其核心是要培养人，赋能于人，要让员工有自主意识。

第五，在激励人心方面，一要通过表彰个人的卓越表现来认可他人的贡献，二要通过创造一种集体主义精神来庆祝价值的实现。简言之，一要表彰个人，二要表彰集体。一个好的领导者，不能仅重视业绩指标，还要重视激励团队，领导者的使命之一，就是要帮助团队克服前进道路上的艰难险阻，鼓舞团队的士气，提升团队的战斗力和凝聚力。

领导力的五项实践和十项承诺，如表 10-1 所示。

表 10-1　领导力的五项实践和十项承诺

五项实践	十项承诺
以身作则	● 找到和发出自己的声音，明确自己的理念，知行合一，赢得他人的信任。 ● 使行动与共同的理念保持一致，为他人树立典范与榜样。
共启愿景	● 展望未来，想象令人激动的各种可能。 ● 诉诸共同愿景，感召他人为共同的愿景而奋斗。
挑战现状	● 发挥首创精神，向外寻找改进的创新方法，猎寻发展机会。 ● 进行试验和冒险，不断取得小小的成功，从错误中学习。
使众人行	● 通过强调共同目标和建立信任来促进合作。 ● 通过分享权力与自主权来增强他人的实力，赋能于他人。
激励人心	⑨通过表彰个人的卓越表现，认可他人的贡献。 ⑩通过庆祝价值的实现和胜利，创造一种集体主义精神。

通过研究，两位大师总结出了关于领导力的八个核心观点：

（1）领导力是每个人的事；

（2）领导力的学习有一套流程；

（3）领导力是一项技能，是可以学习的；

（4）领导力是关于人际关系的；

（5）领导力是关于自我发展和提升的；

（6）领导力是关于更高目的和意义的；

（7）领导力的发展是基于行为的；

（8）领导力是关于激励人心的。

▸ 领导力是每个人的事

领导力的一个最大误区，就是认为领导力是领导者的事情，只与领导者有关，与普通人无关，或者说普通百姓不需要领导力。这显然是一个过时的和错误的观点。

时代变了，面临的问题与挑战变了，领导力的观念也需要改变。

让我们先研究一个情景案例。端午节的划龙舟比赛的时候，谁是领导者？是坐在前面喊口号指挥的人，还是坐在后面摇桨掌舵的人？

从引领方向的角度看，坐在前面喊口号的和坐在后面掌舵的，他们两个人都在扮演着领导者的角色。

再试想另外一种情景，激流漂移运动。在船上，谁是领导者？是坐在船前面的人，还是坐在船后面的人？即使我们没有玩过漂流，但理智会告诉我们，好像没有任何一个人能决定这艘船的方向。那么，谁决定这艘船的方向呢？答案是每一个人，这艘船上的每一个人，是他们的共同努力，决定着这艘船的命运和安全。

我们今天所面临的环境，是像划龙舟，还是像激流漂移运动？划龙舟是在一片风平浪静的宽阔湖面上比赛，而激流漂移则是在一个充满不确定性和变化无常的险恶环境中前行？答案当然是更像后面的一种。人人都是领导者，人人都要承担责任，人人都会承担风险，人人都要做出贡献，这是不确定性时代的新需求。为了应对快速变化的外部环境，我们不得不选择要让听得见炮声的人指挥，让前线作战的士兵做决策，以便及时决策，只有这样才能降低风险。

领导力是每一个人的事，不仅仅是领导者的事，这是新时代的新要求。真正的领导力，与地位和头衔无关，与组织权力和权威无关，与名气和财富无关，与个人出身和家庭背景无关，与是不是总裁、总经理也无关。领导力与个人的行为有关，与人际关系有关，与个人信誉有关，最终与你的一言一行和所作所为有关。

领导力首先是一个不断向内探索的旅程。你不需要到高层领导者那里去寻找领导力，也不需要到外界去寻找领导力，你唯一要做的事情是眼睛向内，探索自己的内心。其次，领导力是一种关系。所谓领导力，就是要带人们去他们从来没有去过的地方；所谓领导力，就是要带人们去做他们原本不愿意去做的事情。你如何带领你的追随者到达他们从来没有去过的地方？你又如何带领你的团队去做他们从来没有做过的事情呢？在你能够领导他人之前，你得相信你能够对他人产生积极的影响；你得相信你的价值观是对的，你做的事情是有意义的；你得相信你说的话会激励他人，你的行动会感动他人。在这个多变的时代里，从来不缺少领导的机会，我们缺少的是领导者。这个世界需要更多的人，他们愿意先改变自己，然后再去改变世界。我们常常认为领导力是一个很宏伟的东西，但领导力其实就存在于我们的日常生活和工作之中，它无处不在。只要抓住生活中的机会，我们每个人都可以成为领导者。

如何成为一名领导者？前提是，你是否愿意成为一名领导者。因为愿意，所以领导，这是领导力的首要条件。

▸ 领导力的学习有一套流程

从哪里开始学习领导力？如何提升自己的领导力？这是学习领导力的人都会问的一个问题。学习领导力，要解决两方面的问题。一是知，二是行，最终达成知行合一。知行合一是一个古老的话题。宋朝著名的理学家、思想家、哲学家、教育家朱熹提出了一套系统的知行观，在“知”和“行”的关系上，朱熹主张“知先行后”，指出“知之愈明，则行之愈笃；行之愈笃，则知之益明”，生动地阐述了“知”与“行”的辩证关系。我国明代的另一位大思想家、哲学家王阳明在知行观上，进一步强调了行的重要性，强调知行合一的统一性，要知，更要行，知中有行、行中有知。

陶行知先生是我国近代著名的教育家，他一生曾两次给自己改名，陶行知原名叫陶文浚。19 岁读大学期间受王阳明“知行合一”的影响，给自己改名为陶知行，认为知是行之始，认识先于实践。到了 43 岁时，提出行是知之始，有实践才有认识，于是他再一次给自己改名，叫作陶行知。不过，陶行知很快又认识到，从行到知只是认识的第一阶段，再由知到行则是认识的更高阶段。他曾写了一首小诗：行动是老子，知识是儿子，创造是孙子。这就是他的“行—知—行”理论。

领导力的学习，如何解决知行合一的问题，需要从测量知与行开始。360 度领导力行为反馈与评测，成为领导力学习的最佳入口。评测—改进—再评测，如此循环，不断改进提高，是领导力学习的最佳流程。

库泽斯和波斯纳开发的 LPI 评测，已成为全球最广泛使用的 360 度领导力评测工具之一。它通过 30 个精心设计的领导力行为问题，提供个人自评和他评的领导力现状，使领导力成为可测量的、可学习的和可教授的一套行为科学，让任何人在任何职位上都可以使用。通过全方位的差距分析，让参与者能够集中精力，向内反思，做好自身的行为改变。在 LPI 评测的帮助下，任何人都可以成为一名卓越的领导者。

LPI 评测对领导力的提升具有重要的作用与意义。通过深入分析解读 LPI 报告，学员能够：

❖ 了解自身的领导力表现，对个人的领导力行为做一个诚实的自我评估；

❖ 了解他人对您的领导力行为评价，包括上级、下级以及其他重要合作伙伴；

❖ 了解自己领导力的长板与短板，明确自己今后持续提升领导力的方向与目标；

❖ 基于评估反馈，制订行动计划，并根据行动计划开展个性化辅导及教练项目；

❖ 重复应用 LPI360 度评测，持续不断地提升个人、团队和组织的领导力。

▸ 领导力是一项技能，是可以学习的

总会有人问：“领导者是天生的，还是后天培养出来的？”每当有人问这样的问题，我们总是面带微笑地这样回答：是的，所有的领导者

当然都是父母生出来的。因此，所有的会计师、律师、艺术家、企业家，凡是你叫得出名字的，皆是如此。我们都为父母所生所养。

让我们说得直接一点，每个人都有成为领导者的潜力。你不应该问自己："我是一名天生的领导者吗？"而要问："我明天是否能成为一个比今天更好的领导者？"我们希望每个人的回答都是"是的"。我们必须打破一个观念，领导力并不神秘，不是只有某些人才会拥有；领导力也并不由基因决定，需要具有某种天生的特质。

LPI 评测，从全世界收集了数百万人的评测数据，毫无疑问的是，领导者存在于各行各业，从老到少，从男到女。领导力是天生的，这种说法是不能成立的。领导力不是天生的，领导力是一种可以学习的技能。看一看身边的成功人士，他们性格各异，长相也各不相同。他们有人外向，有人内向；有人善于表达，有人不善于表达；有人懂技术，有人不懂技术，但最终都不妨碍他们成为卓越的领导者。马云曾经说，如果事情重新再来一次，他也不能保证阿里巴巴还能成功。领导力在本质上，有两种模式，一是与行为有关，二是与品质有关。总之，领导力是可以后天学习和后天培养的。

当然，领导力有没有一些天生的要素？比如，有的人学得慢一些，有的人学得快一些；有的人对人际关系天然敏感一些，有的人对人际关系天然迟钝一些。这样的差别，还是存在的。从领导力的素质与能力而言，哪些方面可以培养出来，哪些方面不能培养出来，这是一个还在探索中的课题。此外，就一个卓越的领导者而言，至于天生与后天培养的比例，目前也还是一个没有共识的世界级的难题。设想，有一天，如果有了这样的答案，那对人才的选、用、育、留，显然具有重要的意义。

但毋庸置疑的是，领导力是一组可以观察到的行为模式，是一套可以定义的技能。任何技能都是可以学习的，在一定的激励条件下，人们可以通过训练、反馈、向榜样学习和教练辅导的方式，加强和提升领导力的技能。例如，当我们追踪人们在领导力开发项目中的表现时，研究显示，他们在不断改进和提高，他们正在学习成为一名更好的领导者。

领导力是可以学来的，其难点在于，并不是所有人都想学习，也并不是所有想学的人都能学到最好。为什么？因为成为最好，首先需要拥有坚定的信念，相信自己能够不断学习和成长，需要拥有强烈的不断超越自我的决心，需要不断的亲身实践，并在实践中改进和提高。

如何学习和提升自己的领导力？你必须首先解决的是，自己想成为一名领导者，然后拥有学习的激情，才能成为期望的领导者。真正区分优秀人士和普通人才的是刻意练习。那些顶尖的运动员也好，成功人士也好，都是刻意练习的结果。然而，对所有行业的领袖而言，真正的秘密是，他们都花费了终生的时间来追逐他们的梦想。从来没有一种随随便便的成功。

要想成为一名卓越的领导者，你要让学习领导力成为一种日常习惯。学习领导力并不是你忙碌日程上压死骆驼的最后一根稻草，也不是你只在周末或者月底才做的事情，更不是一个三天打鱼两天晒网的事情，而是你要主动地、自动自发地将其当成每天生活中必不可少的事情，学习、学习、再学习，实践、实践、再实践，如此反复，以至无穷。

▸ 领导力是关于人际关系的

优秀的人才需要优秀的领导者，最好的员工应该配上最好的领导者。伟大的领导者创建出伟大的工作场所；平庸的领导者创建出平庸的工作之地。这点你肯定有亲身的体会。

库泽斯和波斯纳在《领导力》一书中，有这样的一组调查数据：

当人们与糟糕的领导者一起工作时，他们认为自身被调用的能力只有 2% ～ 40%（平均 31%），也就是说，人们觉得自身只有 1/3 的能力得到了发挥。即便他们工作非常努力，可结果却不尽如人意。许多人辞职时的谈话也表示，相比离开这家公司，更多的是在逃离他们的领导者。调查显示，每两个人中的一个，在职业生涯中，都会因为不想再与领导者相处而选择辞职。

与此形成鲜明对比的是，那些认为自己是在与受尊敬的领导者一起工作的人，实际工作能力发挥的比例却高得多。优秀的领导者至少能调动人们 40% 的潜力，而这却是那些糟糕领导者的极限。事实上，很多人甚至表示超过了 100%！你知道，从数学的角度来说，这是不可能的，但是人们却会反驳道："不，领导者确实让我超常发挥，完成了那些我原来想都不敢想的事情。"优秀的领导者调动人才能力的平均值保持在 95% 左右。

这其中的绩效差距是巨大的。优秀的领导者与糟糕的领导者相比，他们使其下属们发挥出高于后者近 3 倍的能力和生产率。

领导力是一种关系，对他人拥有巨大的影响力。它可能是好的影响，也可能是坏的影响。领导力会对人们产生的影响，包括人们是否愿意付出更多的努力，是否愿意承担更多的责任，是否愿意超越自我去追求更高的目标。而糟糕的领导者则会对这些因素产生不良的影响。你将如何影响他人，选择权在你的手中。

你想成为一名领导者吗？这不仅仅是为了你自己，更是为了他人，为了你所追求的目标的成功。如果你不想成为领导者，你是不会读这本书的。

美国第六任总统约翰·昆西·亚当斯说：如果你的行为能激励他人梦想更多、学习更多、行动更多、成就更多，那么你就是一个领导者。这“四个更多”，是对领导力是一种关系的最好阐述。

▸ 领导力是关于自我发展和提升的

领导者可以利用的最好工具就是自己，向内探索和研究自己是最行之有效的领导力实践。工程师利用计算机，画家运用画布和画笔，音乐家依靠乐器，领导者只能依赖他们自己。说得简单一点，要成为最好的领导者，就意味着要成为最好的自己。所以，领导力的开发过程也就是一个自我完善的过程。

自我完善和自我提升并不意味着用海量的新信息填充自己的大脑，也并不意味着要尝试使用最新的技术，它意味着要释放那些业已存在于你心灵深处的某些东西，意味着要解放你内心受到的约束和领导力潜能。它始于对自我的内省。你对自己了解得越多，就越容易对不好理解的和相互冲突的信息做出正确的分析和判断，做这件事情还是做那件事情，支持这个提议还是支持那个提议，决定这样做还是决定那样做，改变这个还是改变那个。在今天这个高度不确定的环境中，你需要坚持内心的原则，才能确保在风暴中还能保持正确的航向。

潘石屹，一个从甘肃天水的贫穷山村走出来的地产大鳄，虽然小时候的生活很苦，但他说：“这块土地是我最熟悉的土地，是我梦中出现最多的地方。”有人问他：你见过许多的人，走过许多的路，读过许多的书，你认为做事什么最重要？他想了很久，没有回答。过去被问及类似的问题，他总有答案，当时看都是对的，但随着年龄的增长，答案似乎不那么确定了。最重要的是什么呢？潘石屹说："过去许多的人和事在我眼前飘过，无论是从政、从商，还是从事学术研究，最重要的是要有纯洁的动机。许多栽了跟头的人很聪明，技巧很多，短期看，便宜都让他占了，但从长期来看，结局都不好。相反那些憨厚朴实，有点认死理，不偷奸耍滑的人，结果都很好。做事，纯洁动机最重要……"

潘石屹的童年经历和成年之后的阅历，锻炼了他的意志，完善了他的人格。当开启卓越领导力之旅的行程时，我们需要向内挖掘自己，不断询问自己下面这些具有挑战性的问题：

❖ 我人生的巅峰时刻在何时？是什么激励着我，让我有动力获得它们？

❖ 我的价值观是什么？它如何指导我做出决定和行动？

❖ 我需要做些什么去提升自己的能力，以便带领组织前进？

❖ 我在今后的 10 年里，要将组织带到一个什么样的水平？

❖ 我如何直面不确定性和逆境？我的勇气从何而来？

❖ 我和追随者之间要保持一个什么样的关系？我值得信任吗？

❖ 我要做什么，才能让自己和他人感觉有希望？

所有卓越的领导者都曾试图回答这些问题。这样的自我询问对于提升领导力是非常重要的。只有当你通过自我发掘来领导自己的时候，你才有可能领导别人。研究显示，如果你每天花上一点时间，反省自己学到了什么，就会显著地提高你的绩效。

如果想成为自己期望的领导者，你必须花时间反省自己，反省自己的过去、现在和未来，发现你的激情所在。

▸ 领导力是关于更高目的和意义的

人们期望领导者对未来充满激情、充满活力、积极乐观。一个对未来的可能性充满热情和激情的人会比一个很少或没有激情的人，向人们传达出对实现这些可能性更强的坚定信念。美信集团公司的营销专家安布尔·威利茨说："从我的经验来看，最糟糕的领导者是在一群人面前，或者一个人独处的时候，没有把生命和精力投入他们的梦想中。绝望和消极的情绪会随之蔓延。如果领导者不提供鼓励、乐观和兴奋的语言，人们怎么会有动力做到最好呢？"

因此，对于领导者来说，仅有梦想是不够的。领导者必须能够以鼓励他人投入的方式来传达愿景。人们渴望在日常工作中找到更大的意义和价值。尽管领导者的热情、活力和积极的态度可能不会改变工作的内容，但他肯定能让工作变得更有意义。无论在何种情况下，当领导者为梦想和抱负注入生命时，人们更愿意加入这个共同的事业。鼓舞人心的领导说出了人们在生活中对意义和目的的追求。

如果要人们自愿去做他们从未做过的事情，领导者必须提升追随者的精神境界，给予他们希望。领导者的热情和兴奋至关重要，它展现了领导者对实现梦想的个人承诺。如果领导者对一项事业缺乏激情，那别人为什么要有激情呢？此外，领导者追求卓越、积极主动、乐观豁达，会让人们对美好的未来更加充满希望。这在任何时候都是至关重要的，尤其是在面对巨大不确定性的时候，领导者高昂的积极情绪是激励人们向上和向前的根本动力！

当人们对当前的情况感到担心、气馁、害怕、不确定的时候，他们往往会努力去关注明天的可能性，而他们最不需要的就是一个助长这些负面情绪的领导者。恐惧并不能说服人们通过创新和抓住机会来前进，而会促使人们明哲保身、但求无过。恐惧可能带来顺从，但永远不会产生承诺。相反，领导者需要用言语、风范和行动来沟通，他们相信障碍会被克服，梦想也会实现。领导者要让人们在根本上感受到，融入这项事业可以改善他们自己和其他人的生活。情绪是有感染力的，积极的情绪会在整个组织中产生共鸣，并与其他追随者建立联结。要让非凡的事情在非凡的时刻发生，领导者必须用积极的情绪来推动。

在受人尊敬的领导者的调查中，有 62% 的受访者认为，有前瞻性是他们最看重的领导能力之一。人们期望领导者有方向感和对公司的未来密切关注。简言之，如果领导者想要让其他人来跟随他们，领导者需要告诉他们，他们要去哪里，并让每个人都朝着同一个方向前进。如果愿景只是新瓶装老酒，那么，领导者的目的究竟是什么呢？真正的领导者不会满足于今天的现状，他们关注的是如何让组织的明天更美好。无论你把未来看成愿景、梦想、目标、使命，还是个人计划，其含义都是不言自明的：如果领导者希望他人自愿加入他们的旅程，他就必须清楚要去哪里。他们必须对组织的未来有一个明确的观点，以便和追随者的梦想连接起来。当要求别人与自己一起踏上未知的旅程的时候，领导者必须在心中有一个终极的目标。对组织最高层领导者的调查显示，近 95% 的人认为有前瞻性是必备的领导素质，而这一比例在一线经理人的调查中则下降到 60%。对于大学生来说，这一品质通常排在他们的前七名，而不是前四名。这一巨大的差距表明，人们的期望和工作的广度、范围和时间有很大关系。当人们在组织中获得晋升时，对他们的前瞻性的要求会变得越来越高。

然而，具有前瞻性的能力并不意味着人们期望他们的领导者拥有预见未来的魔力。人们希望领导者对未来有一个明确的方向。他们希望领导者能够描绘出组织未来的样子，让他们仿佛能够感受到 4 个季度，或者 4 年就能到达目的地。他们想要有详细的描述，让他们在到达之前就感知到，让他们可以选择合适的路线到达那里。

▸ 领导力的发展是基于行为的

要想成为一个好的领导者，我们应该从哪里开始？这个问题一直困扰着很多人。很多人甚至幼稚地认为，要成为一名好的领导者，就意味着要干一些大事情，只有雄心勃勃和轰轰烈烈，才能展示出他是一名领导者。但领导力的真相并非如此。领导力的发展与进步存在于每一天的每一个行动之中。比如，我们可以更好地帮助他人，更仔细地聆听他人，更积极地对待他人，更经常地说“谢谢你”。总之，我们可以做很多的事情。我们每一个人、每一天都有无数的机会去做出改变，机会可能来自一次与下属的私人谈话，或者和同事的一次聚会，也可能来自家庭的聚餐。领导力存在于工作和生活中的每时每刻。你可以选择做一名领导者，你可以选择去做一点改变。每个这样的时刻都会帮助你留下长久的印记，让你成为一名更好的领导者。

领导力的五项实践与十大行为是基于行为的，LPI 评测的 30 个问题也是基于行为的。如果你想提升领导力，就从领导力的行为习惯培养开始吧。领导力存在于生活中，存在于生活中的每时每刻和每一件事情中。

▸ 领导力是关于激励人心的

卓越的领导者对他们自己和他们的追随者都有很高的期望。他们希望人们能做到最好，希望每一个人都实现自己的梦想，让平凡的人干不平凡的事情，取得不平凡的结果。卓越的领导者总是会帮助下属设定清晰的目标，并激励人们将精力集中于他们需要做的重要事情上。他们不断为下属提供反馈，不断强化他们的行为与动机。领导者所做的一切，就是要激发和点燃他人的激情，聚焦人们的能量，鞭策人们前行。

卓越的领导者特别擅长个性化的认可，他们的奖励方式远远超过了组织正式奖励体系的局限。他们喜欢及时地、创造性地表达感谢。个性化的表扬与认可并不简单，并不总是一件容易的事情。要做好个性化的表扬与认可，需要领导者对人的个性和需求有充分的了解。对于一名优秀的领导者而言，花一些时间和每一个人建立联系是非常值得的，通过不断地了解你的追随者，了解他们的兴趣与爱好，了解他们的所思所想，了解他们的快乐与痛苦，才能让激励变得有效。越是个性化的东西，越能激励人心。

陶行知作为著名的教育家，在如何激励人心方面有一个“四块糖果的故事”。

陶行知先生在做校长时，一天，在校园里看到一名男生正想用砖头砸另一个同学。陶行知及时制止，同时令这个学生去自己的办公室。

在外了解情况后他回到办公室，发现那名男生正在等他，便掏出第一颗糖递给他：“这是奖励你的，因为你很准时，比我先到了。”接着又掏出第二颗糖："这也是奖励你的，我不让你打人，你立刻就住手，说明你很尊重我。"该男生将信将疑地接过糖。陶行知接着又掏出了第三颗糖："据了解，你打同学是因为他欺负女生，说明你有正义感。"

这时那名男生已经泣不成声了：校长，我错了。不管怎么说，我用砖头打人是不对的。"

陶校长这时掏出第四颗糖："你已经认错，我们的谈话也结束了。"

陶先生以出其不意的奖励感化教育，轻而易举地攻破了学生的心理，圆满地达到了教育的目的。

下面的 10 个问题，可以帮助你评估和了解你在激励人心方面做得如何，哪些方面做得好，哪些方面需要改进：

（1）你是如何激励人心的？

（2）你是如何激发团队士气的？

（3）你是表扬多，还是批评多？

（4）你什么时候表扬？什么时候批评？

（5）你是如何为团队树立标杆榜样的？

（6）你知道员工团队喜欢什么样的表扬吗？

（7）你知道什么最能激励员工吗？你是如何因人而异的？

（8）你是如何认可他人的贡献、认可他人的能力、给人以自信心的？

（9）你对团队成员做过什么让人终生难忘的、个性化的激励活动吗？

（10）你的团队目前处于一种正向激励状态还是负向激励状态？你应该做一些什么？

伯恩斯关于交易型领导力

变革型领导是继领导特质论、领导行为论、领导权变论之后，在20世纪80年代由美国政治社会学家詹姆斯·麦格雷戈·伯恩斯在他的经典著作《领袖论》中提出的一种领导类型。伯恩斯认为传统的领导可以称为一种契约式领导，即在一定的体制和制度框架内，领导者和被领导者总是进行着不断的交换，在交换的过程中，领导者以被领导者的服从作为交换的条件，用资源进行奖励（包括有形资源奖励和无形资源奖励），双方在一种“默契契约”的约束下完成交易，获得满足感。与这样的交易型领导相对应，伯恩斯提出了一种全新的领导力类型，即变革领导力。

变革型领导（Transformational Leadership），是让人们对目标感到兴奋，通过目标的激励让他们追随领导者，这就是所谓的内在动机激励（intrinsic motivation）。

交易型领导（Transactional Leadership），是一种更普通的工作场景，即对成员的外在动机（extrinsic motivation）进行激发。在交易型领导中，领导者实际和组员达成的是一种交易，比如：“如果你做这份工作，我会付给你报酬、加薪或其他一些补偿。”

交易型领导的特征是强调交换，在领导者与部下之间存在着一种契约式的交易。在交换中，领导给部下提供报酬、实物奖励、晋升机会、荣誉等，以满足部下的需要与愿望；而部下则以服从领导的命令指挥，完成其所交给的任务作为回报。而变革领导力则更多强调的是目的、意义，特别是愿景目标的作用。

人们通常所说的“领袖”是相对于“追随者”的一个概念，但伯恩斯对“领袖”一词的定义与追随者无关，并且认为作为特定“角色”的“领袖”，是一种客观的和必然的存在。如果组织官方无人能有效地扮演这个角色，那么总会有人自然和自发地成为其中的领袖。伯恩斯定义了三种领袖角色，即组织的精神领袖、内权领袖和外权领袖，一名好的领导者必须集这三种权力为一身，或说“三位一体”。

第一种角色，是成为组织的精神领袖，这种角度有可能是由“官方”主导的，也有可能是“民间”自发形成的。无论哪一种形式，都是在扮演“精神领袖”的作用。

第二种角色，是拥有组织的内部控制权，成为组织实质上的“法定领袖”，它们拥有组织赋予的法定权力，领袖的领导力与权力是分不开的。

第三种角色，是拥有一些特殊的权力，为组织做出决策，决定组织的对外行为和前进方向。对外权力通常是对内权力的延伸，通常是根据内部权力所获得的特殊授权。

约翰·科特关于变革领导力

约翰·科特是一名变革领导力专家，企业领导与变革领域的代言人，他的核心思想是领导与变革。

《商业周刊》在2001年将科特评选为“领导大师第一人”。他发表于《哈佛商业评论》上的《领导者应该做什么》一文，被2004年1月号中文版评选为“管理史上的奠基之作”，与“竞争战略之父”迈克尔·波特、“现代管理之父”彼得·德鲁克等管理大师并驾齐驱。

约翰·科特出生于圣地亚哥，早年先后就读于麻省理工学院及哈佛大学，1972 年开始执教于哈佛商学院，1980 年，年仅 33 岁的科特成为哈佛商学院的终身教授，是哈佛历史上此项殊荣最年轻的得主。

1990 年，约翰·科特出版了变革领导力三部曲的第一本书籍《变革的力量》，1996 年出版了《领导变革》，2002 年出版了《变革之心》。科特在《变革的力量》一书中，第一次刻意区分了管理与领导。科特关于变革领导力的核心思想是：

❖ 取得成功的方法是 75% ～ 80% 靠领导，其余 25% ～ 20% 靠管理，而不能反过来。

❖ 领导和管理是两个互不相同但又互为补充的行为体系；在日趋复杂和变幻无常的商业社会中，这两者缺一不可，都是取得成功的必备条件。

❖ 领导未必优于管理，也未必可以取代管理；要获得成功，真正的挑战在于将强有力的领导能力和管理能力结合起来，并使两者相互制衡。

❖ 领导是决策过程，管理是执行过程。

❖ 领导是关于变革与创新的，管理是以维护秩序为目的的，在很大程度上，管理是变革的天敌。

沃伦·本尼斯关于如何成为领导者

1985 年，沃伦·本尼斯出版了《领导者》一书，之后又出版了《成为领导者》等一系列著作，成为领导力领域的权威。沃伦在《领导者》

这本书中，明确提出了一句广为流传的箴言：领导者做正确的事，管理者把事情做正确（也有人说，这是德鲁克最先提出的）。

沃伦 · 本尼斯是麻省理工学院博士，美国当代杰出的组织理论、领导理论大师。他曾是四任美国总统的顾问团成员，并担任过多家《财富》500 强企业的顾问。1993 年、1996 年两度被《华尔街日报》誉为“管理学十大发言人”，被《福布斯》杂志称为“领导学大师们的院长”，《金融时报》则赞誉他是“使领导学成为一门学科，为领导学建立学术规则的大师”。

本尼斯对领导理论的贡献有目共睹。他对领导的本质、领导行为的特征、领导团体的信任关系、影响领导行为的影响因素等都进行了卓有成效的研究，得出了许多重要的结论。

他认为领导行为不是天生的，是可以后天培养的。也就是说，领导不但是一门艺术，还是一门科学。领导力作为科学，有其内在的规律，通过正式的教育、学习和实践，可以在后天培养。

本尼斯有许多关于领导力的名言，发人深省，如：

❖ 只有当浪潮消退时，你才可以看到谁在赤裸着身体游泳。

❖ 一个不断取得成功的领导者，其成功之处在于能不断感知环境的变化。

❖ 伟大的领导者都是伟大的学习者。

❖ 构建信任是领导者的重要特质，他们必须被认为是值得信任的人。

本尼斯最负盛名的著作是《领导者》，该书研究了 90 位美国的领导者的行为和特征，他发现，领导者可以是左脑发达，也可以是右脑发达；他们高矮不等，胖瘦不一；他们的衣着不同，形象各异，但是他们都显示出一种杰出的能力，即对当时复杂环境状况的把握。领导的职位对所有的人都是敞开的。

他有一个研究结论，优秀的领导者要拥有四项重要能力，分别是：注意力管理、意义管理、信任管理和自我管理。

注意力管理的核心是，领导者要有一个激动人心的愿景目标，愿景是大家一起共享的目标，并且拥有清晰的通向未来的路径。

意义管理则要求领导者有能力沟通愿景目标及其目的和意义，让人们知晓为什么，并愿意努力为愿景目标而奋斗。

信任对所有组织而言都是根本性的，其核心是人的可靠性，或者说是坚定性、一致性。

自我管理意味着自律和责任，并且善于学习，在实践中成长。

诺埃尔·蒂奇关于可教的领导力

诺埃尔·蒂奇（Noel M. Tichy）是第一个提出教导型组织的领导力大师。他曾是密歇根大学商学院教授，全球领导力项目主任，通用电气公司克罗顿维尔领导力培训中心的前任主席。他被《商业周刊》评为世界上最有才华的十位管理大师之一，著有《领导力引擎》和《决断》等书籍。

蒂奇的传奇与通用电气前 CEO 杰克·韦尔奇分不开。1985 年，当时蒂奇还在密歇根大学任教，是杰克·韦尔奇邀请他到克劳顿村，担任了培训中心的负责人。蒂奇在那里度过了两年的时光，他目睹、参与和推动了通用电气的重大变革。蒂奇说，他在这两年中学到的东西，比过去 15 年加起来还要多。蒂奇在 2010 年，被任命为哈佛商学院的院长，足见其影响力。

蒂奇讲述过一段关于杰克 · 韦尔奇的故事，说韦尔奇对领导力的培养是多么的重视，让人对韦尔奇敬佩不止。1981 年，杰克 · 韦尔奇成为通用电气的 CEO，对 GE 在克劳顿村的培训中心进行了全新的改造，不仅让培训中心成为 GE 培养各级领导者，还成为推动公司变革的引擎。韦尔奇在当 CEO 的 20 年间，每个月都要到培训中心与中高管们交流，每年亲自教学 40 个学时，20 年间只缺席过一次，那次是因为心脏手术。

蒂奇对领导力的最重要的贡献是，他主张领导者要当老师，领导者要有观点，而且要有可教的观点。所谓可教的观点，蒂奇指的是，伟大的领导者不仅自己有思想，而且还能清晰地表达和沟通自己的思想，把自己的思想传授给他人。就像一个好的网球教练，不仅要懂打网球，更重要的是，要把自己的网球思想、理念和技能，传授给球员，让球员们变得更优秀。

领导者要教什么？蒂奇在《领导力引擎》一书中，总结出要教的四个方面。

第一，教思想。伟大的企业总是构建在伟大的思想之上，领导者必须把这些思想传递给他人。这些思想包括，企业的战略、管理哲学及领导力思想。

第二，教价值观。伟大的企业总是有伟大的价值观，正是这些价值观支撑着其伟大的商业思想。正如德鲁克所指出的，企业的宗旨是解决一个重大的社会问题，利润只是企业持续经营的一个必要条件，是一个副产品。例如，华为的任正非创建的华为价值观：以客户为中心，以奋斗者为本，不断坚持艰苦奋斗的作风，就是一个典型。

第三，教情感动力。伟大的领导者是激励大师，他不仅激发人们产生伟大的思想，坚守价值观，还会激发人们的情感动力，推动人们创造出卓越的成果。

第四，教如何做决断。伟大的领导者是决策者，总是能做出很多艰难的决策，这也是最难教的一种能力。决断的背后是勇气，勇气的背后是信念。所谓信念，是指一个人坚信不移疑的、正确的东西。最艰难的决策是关于人的决策。在企业中往往有四种不同类型的人：（1）业绩好，价值观也好；（2）业绩不好，价值观也不好；（3）业绩不好但价值观没问题；（4）业绩好但价值观有问题。对于第一类和第二类的人，决策相对容易；对于第三类人，我们往往会给第二次机会。最难决策的是第四类人，我们常因为业绩的压力，而采取放任或容忍的态度。对待第四类人，不同的领导会采取不同的做法，杰克·韦尔奇的做法比较强硬，第四类人必须离开。

蒂奇认为，管理者最重要的事情是完成目标与任务；领导者最重要的事情是培养领导者。

此外，蒂奇还提出，领导者必须要学会讲故事，必须是讲故事的高手，特别要能讲三种类型的故事：我是谁，我们是谁，我们将向何处去。

罗纳德·海菲兹关于适应性领导力

罗纳德·海菲兹（Ronald Heifetz）是最奇特的一位领导力大师，因为他不仅是一位思想家，一位领导力大师，还是一位从哈佛医学院毕业的神经外科医生和一位在朱莉亚音乐学院专业学习过大提琴的音乐家。

罗纳德·海菲兹在医学院毕业后，做了一名职业的外科医生。但之后，他转行去朱莉亚音乐学院学习音乐。在音乐学院时，为了维持生计，兼职做着职业医生。他的第一份医生工作是为监狱的犯人做体检和看病。在那里，他发现监狱里的犯人大多数是穷人，很少有来自纽约的富人。他像中国的鲁迅一样，由此思考如何更好地解决社会疾病问题，而不是一个一个的个体病人。

1994 年，罗纳德·海菲兹出版了他的奠基之作《没有容易答案的领导力》，他用独特的医生视角和音乐家的视角，对领导力做出了一个别具一格的定义："动员群众，解决适应性问题。"他把领导者要解决的问题分为两类，一种叫作技术性的问题，另一种叫作适应性的问题。

所谓技术性问题，是指那些问题的定义本身是清晰的，问题的解决方案本身也是清晰的，如像感冒这样的常见病，这个时候，我们并不需要什么领导力，只需要领导者的权威即可，开出相应的药方，指示病人遵从医嘱，即可解决问题。

而对于非技术性的问题，他们在问题的定义上是不清晰的，更为有挑战性的是，问题的解决方式与方法也是不清晰的，这个时候，则需要领导力。比如，生活中的各种疑难杂症，像 2020 年的新型冠状病毒，医生也并没有肯定性的解决方案，只能是不断努力尝试各种方案，有的能治好，有的不能治好。这个时候，问题的解决，不仅与医生有关，还与病人有关，需要双方一起共同努力和探索。

罗纳德·海菲兹从医生的独特实践中总结出一个规律，对于技术性的问题，只要听从医生的指示即可，或者说听从权威即可，因为他们有经验，有问题的解决方案；而对于适应性问题，医生也没有解决方案，或说权威已不再存在，需要的是医生与病人一起，不断探索，尝试解决问题，换句话说，也就是要用领导力的方式，动员群众，一起解决难题，成为领导力的真正挑战。最常见的一种错误，一个所谓的权威人士不知道答案，却又假装知道答案，把一个本来是适应性的问题，当作一个技术性的问题来解决，最终带来的一定是灾难性的后果。

罗纳德·海菲兹对领导力的独特贡献，不仅是对领导力进行了两类问题的区分，而且为了揭示领导力的本质，从反面，特别强调了什么不是领导力，让我们对领导力有了一个更深层次的认识。

▸ 权力不是领导力

许多实际权力，不管是用于管理还是领导，均来自非正式权威。不是来自职位规定或者法定的正式权力，而是来自你的个人影响力，让别人对你拥有发自内心的尊重、信任、钦佩或者恐惧。

▸ 管理不是领导力

管理和领导是有区别的，至少表现在如下两个方面:（1）领导力和权力的区别，没有权力，但可以有领导力，可以领导一场群众运动；权力来自组织所赋予的职位、角色和权威，有权力不一定有领导力，不一定成事。（2）技术性问题和适应性问题，二者需要不同的解决方式，前者需要的是权力，或说管理；后者需要的是领导力和影响力，没有已知的解决方案，人们需要在实验中学习和试错。

▸ 激励人不是领导力

领导力是关于解决真正问题的，或说动员群众，解决难题。只有激励人们在解决自己所面对的问题上取得成功才叫领导力。如果你做的只是让人们高兴，或说让自己大受欢迎，那不是真正的领导力。

罗纳德·海菲兹是一名音乐家、一名精神病医生、一名领导力大师，站在跨界的角度，用音乐系统和医学系统的观点，阐述了什么是领导力，真的是别具一格，让人眼睛一亮，让我们不得不由衷地佩服。同行学习是革新，跨行学习是革命。这就是跨界的力量!

比尔·乔治关于真诚领导力

比尔·乔治是我最喜欢的领导力大师，因为我是做业务出身，也做过高科技制造企业的一把手，如今从事企业领导力的培训与咨询，不仅对大师的思想格外渴求，而且十分重视理论联系实际。比尔·乔治就是这样一位我理想中的领导力大师，他曾经是一个世界 500 强企业的 CEO，是一名企业家，在著名的医疗设备制造商美敦力公司执掌帅印 12 年，最终将这家当时市值为 11 亿美元的医疗技术公司提升到市值 600 亿美元。他被美国管理学会选为“2001 年度风云高阶经理人”、全美董事协会选为“2001—2002 年度最佳董事”、*Business Week* 选为“25 位年度最佳经理人”之一。在从企业离任后，他到哈佛大学教授领导力，出版了《真诚领导力》和《真北》等著作，被公认为真诚领导力大师。但有意思的是，我所能查到比尔·乔治的资料极其有限，不像其他的领导力大师。值得庆幸的是，比尔.乔治的思想在最新的美国人才发展协会（ATD）的《领导力开发手册》中得到了重视并被列于其中。

比尔·乔治对领导力的独特思考与贡献:

（1）传统的领导力往往使用一个框架，即通过领导者与追随者之间的关系来定义领导力，但比尔·乔治认为，领导力的本质不是关于领导者和追随者，领导者的核心工作也不是为了得到很多的追随者，是要能把人们组织起来，让他们团结在一个共同的使命和价值观下。这是领导力的最大挑战！

（2）在《真北》一书中，比尔·乔治认为“领导的心智不是学来的”，领导力是从个人危机及其独特的个人生活经历中塑造出来的，他特别引用了一个专门词汇——“熔炉”，即一个人的领导力是在革命的大熔炉中锻炼出来的。一个人只有经过熔炉的考验，不会不陷于对金钱、权力与个人名声的追逐，而是为一种使命感，一种意义而奋斗，才会拥有永久的动力。比如，乔治说他非常佩服的一位华人企业家，就是雅芳的创始人钟彬娴，她身居高位，在 35 岁辞职时，是因为一种内心的使命感：“她不想花费余生为上层阶级的妇女制作奢侈品。”她终生想做的事业是，帮助贫困的妇女取得经济上的独立与自主。

（3）比尔·乔治不认为领导者有什么共同的特质，他认为领导者的个性与特质迥然不同，有咄咄逼人的，也有谦逊温和的；有才华横溢的，也有智力平平的。他不认同吉姆·柯林斯的第五级领导者，根据柯林斯的定义，第五级领导者是执着的谦逊者。比尔·乔治认为，不是所有的伟大领导者都是谦逊的，有很多领导者并不谦逊，比如，微软的比尔·盖茨，还有 GE 的杰克·韦尔奇。在中国，我们也可以发现，万科的王石，阿里巴巴的马云，他们也都是张扬之人，不属于谦逊之列。

（4）比尔·乔治认为，所谓真诚的领导力，即做真诚的自我，不要模仿，不要当其他人。在比尔·乔治时代，杰克·韦尔奇是世界第一 CEO，如明星般被崇拜的时候，他提醒大家不要模仿杰克·韦尔奇。他认为，一个人的优点与弱点其实是一枚硬币的两面。不要试图在别人面前隐藏自己的缺点，其实别人看到的缺点比自己更清楚，想掩盖也掩盖不了。任何试图掩盖自己缺点的做法，其实都是在愚弄自己。如果了解了这一点，在与别人打交道时，就会变得非常真诚、非常坦然、非常舒服，而不会纠结、不会痛苦、不会让人觉得虚伪。

比尔·乔治总结出的真诚领导者应具备的五大品质是：

- 具有明确的使命和价值观；
- 真诚地践行价值观；
- 用心领导，关怀他人；
- 与下属建立持久的人际关系；
- 严于律己，取信于人。

吉姆·柯林斯关于第五级领导力

吉姆·柯林斯（Jim Collins）曾获斯坦福大学商学院杰出教学奖，先后任职于麦肯锡公司和惠普公司。他在领导力方面研究的重点聚焦于企业如何持续和健康发展，先后出版了《基业长青》和《从优秀到卓越》等畅销书籍，我们可以把他叫作组织领导力大师。

吉姆·柯林斯指出，“伟大的公司的创办人通常都是制造时钟的人，而不是报时的人。他们主要致力建立一个时钟，而不只是找对时机，用一种高瞻远瞩的产品打入市场；他们并非致力于培养高瞻远瞩领袖的人格特质，而是致力于构建高瞻远瞩公司的组织特质，他们最大的创造物是公司本身及其代表的一切。”

吉姆·柯林斯通过实证研究，发现基业长青的公司具有三个基本特征。

▸“造钟”而非“报时”

“造钟”指的是建立一种机制，让公司能依靠组织的力量在市场中生存与发展，而不是依靠某一个个人、产品或机会。大多数中国企业的领导人在“造钟”上都不成功，中国的企业领导人都是超级英雄，都喜欢能人导向，都经常扮演着一个报时人的角色，是他们在完成着最艰难的项目与任务。企业能人导向的弊端是，能人可以在一时成就一家企业，也可以在另一时毁掉一家企业。企业要想基业长青，恐怕还是要依靠一个好的机制、好的组织、好的绩效体系、好的战略管理等。

▸信奉“利润之上的追求”与“教派般的文化”

所有伟大的公司都是“务实的理想主义者”，吉姆·柯林斯在《基业长青》一书中写道，“利润是生存的必要条件，而且是达成更重要目的的手段，但对很多高瞻远瞩的公司而言，利润不是目的，利润就像人体需要的氧气、食物、水和血液一样，这些东西不是生命的目的。但是，没有它们，就没有生命”。利润之上的追求是伟大公司的优秀基因，他们追求“教派般的文化”，有很强的共同价值观，这是企业成为伟大公司的最大挑战。对利润的贪婪和追求，缺乏利润之上的目的与使命感，是平庸公司与伟大公司的区别。

▸ 注重培养"自家长成的经理人"

吉姆·柯林斯经过研究后发现，"18 家伟大的公司在总共长达 1700 年的历史中，只有 4 位 CEO 来自外部"。"自家长成"的经理人熟悉公司文化，更容易带领公司进行变革。我在过去的近 10 年培训与咨询工作中，几乎跑遍了国内的世界 500 强、大央企和优秀民企，从国内企业的实际情况来看，大家还未能真正重视领导力体系的培养，当内部面临危机或缺少领军人物时，不得不通过猎头到处挖人，利用空降兵解决短期的用人所需。空降兵有的好用，有的不好用，更多的是发挥不了作用，这方面的经验与教训很多，一些企业为此付出了沉重的代价。任何试图依赖能人发展的企业，都面临一种现实的风险，能人可以成就一家企业，也可以毁掉一家企业，拥有自己的人才体系，让"自家的经理人能成长起来"，才是企业基业长青的必要条件。

企业如何从小变大？如何从弱变强？如何从优秀到卓越？

吉姆·柯林斯发明了第五级领导人的概念。他把领导力分成五个等级，就像企业成熟度模型和项目管理成熟度模型一样，我们也可以把它叫作领导力成熟度模型。

第一级，是个人能力；

第二级，是团队能力；

第三级，是管理能力；

第四级，是传统观念上的领导力；

第五级，是不仅拥有前四个层级的所有技能，而且还有一种"超常能力”，既要有谦逊的品质，还要有坚定的执行意志。这些人大多不愿抛头露面，不接受阿谀奉承，但有着坚强的毅力，愿意为公司付出，让公司变得伟大。吉姆·柯林斯的第五级领导人，正是企业要寻找和要培养的接班人。

培养第五级领导者的三个步骤：

（1）发现、雇用合适的人选；

（2）将他们安排到他们“想要”干的工作岗位上；

（3）制定一个真正的高标准的长期目标，即 BHAG 目标（Big，Hairy，Audacious Goal）。

企业如何从优秀到卓越，需要做好如下四个方面的工作：

（1）训练有素的人，第五级领导者；

（2）训练有素的思想，刺猬理念；

（3）训练有素的行动，飞轮效应；

（4）训练有素的结果，持续绩效。

帕特里克·兰西奥尼关于团队领导力

帕特里克·兰西奥尼（Patrick Lencioni），圆桌咨询公司（The Table Group）创始人兼总裁，是团队领导力方面的大师，他在团队协作和组织健康等方面，做出了卓越的贡献，其主要作品有《团队协作的五大障碍》《CEO 的五大诱惑》和《优势》等。

兰西奥尼指出，具有讽刺意味的是，几乎所有的高管都信奉团队协作的重要性，至少在口头上都是这么说的，但遗憾的是，只有极少数的领导在组织中建立了真正的团队。在《财富》公布的世界500强中，有超过1/3的企业都宣称团队协作是他们的核心价值观，但只有少数企业真正解决了团队协作的问题。团队协作是一个世界级的难题，这一点并不夸张。

帕特里克·兰西奥尼抓住了团队领导力的问题，针对团队管理中五个普遍的问题，提出了一套切实可行的解决方案，不因文化和行业而不同，在全世界得到广泛应用。

如何打造高绩效的团队？帕特里克·兰西奥尼提出了克服团队五项障碍的实操方法论。

▸ 第一项，建立基于弱点的信任

帕特里克·兰西奥尼一针见血地指出，任何团队都是由一群有缺点的人组成的，团队协作有一个前提，或者说必须建立在这样一个基础之上，即“基于弱点的信任”。这意味着团队成员一方面要承认自己的弱点，另一方面又要看到他人的优点，只有这样，才能相互合作，形成一个团队。对领导者来说，这实在不是一件容易的事。我们往往看到别人缺点的多，看到别人优点的少。

▸ 第二项，倡导健康的冲突

妨碍团队协作的第二个重要因素是害怕冲突，其背后的原因有两个，一是害怕团队失控，团队不和谐；二是害怕内斗，导致执行力降低。事实上，避免冲突的做法，本质上是掩盖了真实的问题，最终的根本问题没有被解决，事情即使表面上缓和了，但还会重复，最后演变为救火的状态。打破虚伪的和谐，激发建设性的冲突，是团队协作的一个重要基础。

▸ 第三项，团队成员勇于承诺、敢于担责

要建设一个有凝聚力、能相互协作的团队，能产生高绩效的团队，团队成员必须学会认同一种文化，培养一种行为，在团队未能达成一致意见时，一旦按规则做出决定，就要坚决执行，这是高绩效团队最关键的行为特征。执行并不意味着 100% 共识，没有共识，还要执行，这才真正体现了执行力的精髓。

▸ 第四项，相互问责

团队的每一个成员只对自己的承诺承担责任，这是不够的。真正的高绩效团队，当团队中有人没有尽到自己的职责时，总是有人敢于站出来，为了团队的大目标，要么问责他人，要么帮助解决问题。问责不仅是团队领导的事情，也是每一个团队成员的责任。问责的背后，真正体现出人人都是领导者，这样的团队才会有凝聚力。当然，问责除了要求团队成员有责任感、有勇气、有担当，同时还要求团队成员拥有清晰的职责与目标，要描绘得非常清晰才行。

▸ 第五，聚焦于团队的共同目标

团队之所以为团队，是因为有一个共同的目标。没有共同目标的团队不叫团队，只能叫团伙。评价团队是否成功的唯一标准，是团队的共同目标是否达成。团队面临的一个最常见的挑战是，铁路警察各管一段，在个人利益、小团队利益与大团队利益冲突时，人们更多的时候，选择的往往是牺牲大团队的利益，保全自己和小团队的利益。

要建设一个优秀的团队，就必须抵制精致的个人主义。这说起来容易，做起来真难。因此，要求团队协作，需要领导者有勇气，需要每一个团队成员有勇气，他们要敢于直面个人主义，抵抗个人主义，一切为了团队主义。

帕特里克·兰西奥尼对于组织健康的研究得到了很多世界知名企业的认可与推崇。他认为任何想获得最大成功的组织，都必须具有两个基本特征：一是聪明，包括战略、营销、财务、技术；二是健康，体现为最少的办公室政治、最少的混乱、高涨的士气、高效的生产率，以及优秀员工的低流失率。健康比聪明更重要，因为一个健康的组织，一定会变得越来越聪明，而一个很聪明的组织，却很可能不健康。一群聪明人在一起，如果团队不健康，很有可能把资源和智慧浪费在相互的冲突和办公室政治上面，这样的冲突是更为可怕的一件事情。事实上，这样的团队，这样的组织，在我们的身边并不少见。

西点军校的品格领导力

有人问德鲁克先生：在培养领导者方面谁做得最好？德鲁克的回答是“美国陆军”。德鲁克写道：“军队所培养和发展的领导者，比所有机构的总和还要多，并且失败率更低。”因此，德鲁克一直都建议，企业管理者应该向军队学习领导力。

美国西点军事学院，被人简称为西点军校，是在 1802 年由美国第三任总统、《独立宣言》的主要起草人托马斯·杰弗逊签署成立的。

它是美国第一所军事学校，与英国桑赫斯特皇家军事学院、俄罗斯伏龙芝军事学院以及法国圣西尔军事专科学校并称世界“四大军校”。西点军校在其200多年的历程中，培养了众多的美国军事人才，其中有3700人成为将军。事实上，西点军校不仅是锻造将军的基地，也是培养CEO的摇篮，是全球领导力的实践标杆。有数据统计，从西点军校出来的世界500强的CEO，比任何一所商学院培养出来的CEO都要多，这确实让人有一点意外。

无论是西点军校也好，还是美国陆军也好，事实上全世界的军队都特别重视军人价值观的培养与训练，这是行动纪律的保障，是军队打胜仗的基础。在美国陆军的操作手册上，对领导者提出三条要求，即要做一名有品格的领导者，一名有风度的领导者，和一名有才智的领导者。排在第一位的是要有品格。

西点军校在人才培养方面是苛刻的，是成效显著的。西点军校的价值观一共有七条，分别是：

- 忠诚——真诚效忠于美国宪法、军队、所在部队和战友；
- 责任感——履行义务；
- 尊敬——以正确的方式对待他人；
- 无私奉献——将国家、军队和下属利益放在首位；
- 荣誉——遵守军队价值观；
- 正直——做事情要合情、合理、合法；
- 个人勇气——勇于直面恐惧、危险或灾难。

那么，在西点军校，如何让组织的价值观内化为团队成员的信念和行为呢？这是价值观培养方面的真正难题。让我们来看一看西点军校是如何操作的，这也是西点领导力有特色的一部分，可以为企业所借鉴。

西点军校在军人的培养和训练中，如何让价值观内化，有如下五个步骤：

步骤一：自我认同与选择。西点在招收士兵时，选拔非常严格，其中第一条，一定是自愿参军（这在全世界都一样，为什么？），并且总是努力招收那些在某种程度上拥有军队价值观的人。事实上，军队的征兵广告，从一开始，就体现了军队价值观。我们发现，各国的征兵广告传递的信息几乎一样：如果你喜欢挑战，有冒险精神，愿意投身于保家卫国，愿意牺牲，那么部队就是你实现梦想的地方。选择大于培养，部队也一样。

步骤二：早期社会化进程，或说训练过程。新兵的训练总是最严苛的，不仅是军事科目和体能方面的训练。在早期，西点军校特别重视价值观的培养和灌输。每一次集体训练的活动，可以使每个人拥有共同的经历，这有利于加强团队的凝聚力，对军人来说至关重要。早期训练活动的三个特征：

❖ 通过明确的条例，要求参与者具有共同的价值观；

❖ 犯错付出的代价非常高昂；

❖ 拥有一套正式的方法与流程进行长期的训练，比如出操、拉练等活动，养成行为习惯。

步骤三：使用行为榜样。榜样的作用具有巨大的影响力，对传递组织价值观具有非常重要的作用。如果你与当过兵的人交谈，问他们是否还记得当年军训教官的名字，几乎所有的人都能回答，没有人会忘记，因为教官对新兵的改造和影响实在是太大了，让人印象太深刻了，不论是积极的，还是消极的，他们都会铭记在心。在早期的社会化进程中，教官往往扮演着一个强大的行为榜样，不仅是说教，还有行为标准示范。作为榜样和标杆，西点军校的教员大多由处于职业生涯的中期的军官组成，他们大多 30 多岁，正值人生黄金阶段，向学员们展示着正确的日常行为和规范，诠释着正确的价值观，正确的事情应该是怎样的，以及怎样把它们做正确。

步骤四：分享故事和案例。有时候榜样可能不足以强化价值观，让人把价值观理解到位，这时候就需要非正式的故事或者案例，包括积极和消极的情形，目的都是帮助学员对组织和个人价值观的理解。比如，个人如何基于价值观做决定，如何做出努力挽救所在组织的声誉，甚至是挽救其他士兵生命的故事。这就是为什么部队里总是充满着各种传奇故事，从部队的番号，到各种英雄和将军的英勇事迹。部队里的领导者，总是通过故事和案例，列举正确的行为和展现组织的价值观，让这些故事与案例为学员提供一个清晰的画面，帮助学员把价值观运用到实际行动之中。在处理危机的时候，这些价值观就总是能够派上用场。

步骤五：反馈和绩效评估。军队价值观之所以能够落地，能够被成功地塑造出来，这与军队严格的正式绩效评估与反馈机制密不可分。正是这些让人肃然起敬的机制，大大促进了组织价值观的行为培养与内化。很少有组织会将其价值观与反馈和评估程序结合起来。但西点军校的领导力实践告诉我们，反馈和评估是领导者将组织价值观内化的最强有力的工具，没有之一。

西点军校的绩效评估强调三个方面，包含下面三个动作：

首先，士兵们将被问及什么是价值观；

其次，交流关于价值观的重要性的认识；

最后，士兵们将被明确告知，他们应该如何将价值观付诸行动，如何被评估，以及评估后的影响。

人们总是羡慕部队的执行力，但殊不知，执行力的另一面是领导力。如果没有了领导力，执行力也就只能是缘木求鱼，成为无本之源。

后　记

写这本书比想象的困难，也比计划花费了更长的时间。原本以为是一件很轻松的事情，没想到却比想象的痛苦。

最困难的事情有三件，一是框架，二是边界，三是出处。

首先，框架涉及定位，确定领导力的十堂课到底写什么，为谁而写，目的和意义是什么，花费了不少心血。我想把我在企业高管培训的精彩内容呈现出来，我可不想只是在书城的书架上又多了一本领导力的书籍而已。一件事——企业中高管领导力培训，我做了 10 年，符合 10000 万小时法则，既然在企业里受到领导们的欢迎，那么写成书，可以让更多的人受益。在写作的过程中，我脑中不时闪现出企业中高管们的形象，他们的需求，他们的痛苦，他们的问题，他们的建议。因为他们，所以有了这本书的框架与定位。我试图站在不同的角度，从 Why（为什么）,What（是什么）和 How（怎么办）的不同层面以及领导力的道、法、术、器的四个维度，讲述领导力的故事。

其次，是边界。写领导力，就应该聚焦领导力，但如何聚焦，聚焦到什么程度，如何与管理的书籍、战略的书籍区别开来，真不是一件容易的事。

最后，是出处。我想写一本通俗的领导力书籍，一本为企业中高管服务的书籍，但通俗不意味着庸俗。一些经常用的概念、工具、名人名言，过去的使用并不严谨。如何找到其出处，尽可能做出标注，耗费了大量的时间与精力，但也由此收获良多。

从写作之初的兴奋感，到写作之中的痛苦，再到完成之后的成就感，真的体会到写作是最好的老师，是最好的学习方式。就讲课而言，说是一回事，但真的要把一件事写出来，写得有逻辑，写得有价值，就需要考证，就需要观点，就需要把价值抽丝剥茧出来。一些在课堂上讲得很精彩的故事与案例并不适合搬到书中来；一些在课堂上的幽默也不能迁移到文字中。写写停停的背后，其实是一个学习和思考的过程。

我个人的收获至少有三个方面。收获之一是重读和细看了原先很多买过但没有读完的书籍，同时也购买并阅读了很多原来没有读过的书籍，现在差不多都配套齐全了。比如，德鲁克系列，约翰 · 科特系列，沃伦 · 本尼斯系列，拉姆 · 查兰系列，阿代尔系列，约翰 · 麦克斯韦尔系列，等等。写作是一种最好的学习方式，倒逼个人的学习和成长，让压力成为进步的老师。

收获之二是提升了对领导力的系统认知，可以对五花八门的各类领导力书籍进行一个大致的分类。比如，领导力是说服力，是领导力之器；领导力是影响力，是领导力之术；领导力是一种关系，是领导力之法；领导力是爱，是领导力之道。由此，形成了对领导力的道、法、术、器的体系认知。比如，库泽斯和波斯纳在《领导力》一书中的信誉留言模板是器；行为习惯的刻意练习是术；LPI 评测工具是法；五项实践与十项承诺的总结则是领导力之道。

收获之三是原来不清晰的一些概念，如今清晰了，更透彻了，更逻辑了，而且图形化了。

书写完了，又开始后悔了，回头重读总感觉有很多让人不满意的地方。互联网时代强调“快”，强调“迭代”，期望把所有的错误和遗憾，留待下一个版本去更新吧。

参考书目

[1] 大卫・戴、约翰・安东纳基斯:《领导力的本质》，林嵩、徐中译，北京大学出版社 2015 年版。

[2] James M. Kouzes and Barry Z. Posner:《领导力》，徐中、沈小滨译，电子工业出版社 2018 年版。

[3] SusanneMadsen:《项目管理中的领导力》，沈小滨、李延译，电子工业出版社 2016 年版。

[4] DougCrandall:《西点军校的领导力》，刘智强译，电子工业出版社 2020 年版。

[5] 王明兰:《敏捷转型》，人民邮电出版社 2019 年版。

[6] RistoSiilasmaa:《偏执乐观》，高大众、汪宏强译，机械工业出版社 2019 年版。

[7] TacyM. Byham and Richard S. Wellins:《领导力的精进》，颜超凡、杨曼译，中信出版集团 2018 年版。

[8]StuartCrainerand Des Dearlove:《领导力的本质》，葛志宏、孟丽译，中国人民大学出版社 2017 年版。

[9] RobertA.Burgelman and Webb Mckinney:《七次转型》，郑刚、郭艳婷译，机械工业出版社 2018 年版。

[10] 黄卫伟:《以客户为中心》，中信出版社 2016 年版。

[11] 刘澜:《领导力沉思录》，中信出版社 2009 年版。

图书在版编目 (CIP) 数据

领导力 10 堂课：从 0 到 1 培养赋能领导力 / 沈小滨著．—北京：中国法制出版社，2019.12

ISBN 978-7-5216-0476-4

Ⅰ．①领…　Ⅱ．①沈…　Ⅲ．①领导学－通俗读物
Ⅳ．① C933-49

中国版本图书馆 CIP 数据核字（2019）第 185284 号

策划编辑：潘孝莉

责任编辑：郭会娟（gina0214@126.com）　　封面设计：汪要军

领导力 10 堂课：从 0 到 1 培养赋能领导力

LINGDAOLI SHI TANG KE: CONG 0 DAO 1 PEIYANG FUNENG LINGDAOLI

著者 / 沈小滨

经销 / 新华书店

印刷 / 三河市紫恒印装有限公司

开本 / 880 毫米 ×1230 毫米　32 开　　印张 / 10　字数 / 256 千

版次 / 2019 年 12 月第 1 版　　2019 年 12 月第 1 次印刷

中国法制出版社出版

书号 ISBN 978-7-5216-0476-4　　定价：69.00 元

北京西单横二条 2 号　邮政编码 100031　　传真：010-66031119

网址：http://www.zgfzs.com　　**编辑部电话：010-66054911**

市场营销部电话：010-66033393　　**邮购部电话：010-66033288**

（如有印装质量问题，请与本社印务部联系调换。电话：010-66032926）